赵心慧 著

RESEARCH ON THE EFFECT OF FAMILY

EDUCATION ON CHILDREN'S

HUMAN CAPITAL DEVELOPMENT

家庭教育对子女人力资本发展的影响研究

北京大学出版社
PEKING UNIVERSITY PRESS

图书在版编目(CIP)数据

家庭教育对子女人力资本发展的影响研究 / 赵心慧著. -- 北京：北京大学出版社, 2025.8. -- ISBN 978-7-301-35708-8

Ⅰ. G78; F241

中国国家版本馆 CIP 数据核字第 2024R5R743 号

书　　　名	家庭教育对子女人力资本发展的影响研究 JIATING JIAOYU DUI ZINÜ RENLI ZIBEN FAZHAN DE YINGXIANG YANJIU
著作责任者	赵心慧　著
责 任 编 辑	刘冬寒
标 准 书 号	ISBN 978-7-301-35708-8
出 版 发 行	北京大学出版社
地　　　址	北京市海淀区成府路 205 号　100871
网　　　址	http://www.pup.cn
微信公众号	北京大学经管书苑（pupembook）
电 子 邮 箱	编辑部 em@pup.cn　　总编室 zpup@pup.cn
电　　　话	邮购部 010-62752015　发行部 010-62750672　编辑部 010-62752926
印 刷 者	北京市科星印刷有限责任公司
经 销 者	新华书店
	787 毫米×1092 毫米　16 开本　16.25 印张　271 千字 2025 年 8 月第 1 版　2025 年 8 月第 1 次印刷
定　　　价	66.00 元

未经许可，不得以任何方式复制或抄袭本书之部分或全部内容。
版权所有，侵权必究
举报电话：010-62752024　电子邮箱：fd@pup.cn
图书如有印装质量问题，请与出版部联系，电话：010-62756370

前　言

生命周期的早期是人力资本积累的关键时期。在影响子女人力资本形成的诸多因素中，家庭教育发挥着不可或缺的作用。近年来，随着我国"双减"政策的出台、《中华人民共和国家庭教育促进法》的正式实施，家庭教育在儿童成长过程中占据越来越重要的地位。因此，探讨家庭教育对子女人力资本发展的影响具有鲜明的现实意义，有助于为改善人力资本不平等、促进弱势儿童发展以及缓解弱势地位代际传递等重要话题提供经验证据。

基于新人力资本理论以及家庭教育的理论解释，本书将包含家庭教育在内的人力资本生产函数、人力资本代际传递模型以及考虑不同时期家庭教育变量的人力资本形成技术联系起来，构建理论框架。在此基础上，采用中国教育追踪调查（China Education Panel Survey，CEPS）的两轮数据，以及中国家庭追踪调查（China Family Panel Studies，CFPS）的五轮数据进行实证研究。首先，估计了家庭教育的两个层面——父母教育投入（parental investment）和父母教养方式（parenting style）——对子女认知能力及非认知能力的影响及作用机制，并进一步分析了家庭教育对子女教育产出（即学业表现）的影响，教育产出包括短期的学业成绩和长期的教育获得。其次，探讨了认知能力及非认知能力的代际传递以及家庭教育在其中发挥的作用，从而有助于解释社会经济产出中不同代际传递性背后的原因。最后，通过构建人力资本的不变替代弹性（constant elasticity of substitution，CES）生产函数，探讨了从子女出生到成年时期的家庭教育对子女人力资本动态形成的非线性影响，从而识别认知能力及非认知能力的自我生产效应，不同能力形成的敏感时期，以及早期和晚期父母教育投入分别带来的效果等重要问题。此外，本书还在第四章、第五章的拓展分析部分着重关注了隔代照料与家庭教育的交互作用对子女人力资本发展带来的影响，以及家庭教育在认知能力和非认知能力的隔代传递中发挥的作用，从而为隔代照料的有关研究提供新的证据。综上，本书通过理论和实证的系统研究，试图丰富和拓展已有文献，为下一步实施相关政策提供依据。

本书的主要结论包括以下三个方面：

第一，有利的父母教养方式主要促进的是子女认知能力的发展；而增加父母教育投入主要提升的是子女非认知能力水平。其中的影响机制为：增加父母教育投入或者选取有利的教养方式通过促使子女参加学科辅导和兴趣辅导、交到更高质量的朋友，从而提升了子女认知能力和非认知能力水平。具体而言，亲子沟通和关系、父母要求和期望显著提升了子女认知能力和非认知能力水平；父母时间投入增加主要促进的是子女非认知能力发展。进一步研究发现，家庭教育不仅能够促进子女短期学业成绩的提升，而且对子女学业表现有长期影响，能够提高子女接受高中或高等教育的概率。此外，有利的教养方式能够缓解隔代照料对子女人力资本发展带来的负面影响。

第二，本书从代际传递的视角估计了我国父母对子女认知能力和非认知能力的代际传递效应，并探讨了家庭教育在能力代际传递中的作用。主要发现：字词能力、数列能力、情绪稳定和信心都存在代际传递性；而且相对于父亲，母亲在能力的代际传递中扮演着更重要的角色。父母教育投入以及父母权威型、专制型和宽容型教养方式显著缓解了父代与子代间认知能力和非认知能力的传递现象。异质性分析表明，父母教育投入和父母教养方式都有可能改善弱势群体认知能力和非认知能力从父代到子代的传递。同时，家庭教育的各维度（尤其是父母时间投入和父母要求）显著缓解了能力的代际传递。进一步研究发现，家庭教育还可以缓解认知能力和非认知能力的隔代传递以及教育的代际传递。

第三，本书基于CES生产函数估计了从子女出生到成年时期的家庭教育对子女人力资本动态形成的非线性影响。主要发现：早期是父母教育投入效率相对较高的敏感时期。子女认知能力和非认知能力与父母教育投入之间存在互补性，早期且持续增加父母教育投入能够极大地提升子女认知能力和非认知能力水平。父母金钱投入在子女儿童时期认知能力和非认知能力的形成中作用更大；而父母时间投入则在子女青少年时期人力资本发展中占据重要地位。在合适时期增加父母教育投入，能够有效提高弱势群体的人力资本水平。同时，父母教育投入还有助于促进子女成年时期的教育、观念和行为等方面的产出。此外，父母教养方式对子女认知能力和非认知能力的动态形成同样发挥了重要作用。

根据上述研究结果,本书具有如下政策启示:

第一,家庭教育的早期干预至关重要,不仅包括对贫困家庭进行现金补贴,还包括促进父母与孩子之间的互动,以及父母对孩子的鼓励和指导。

第二,非认知能力培养应成为家庭教育的重心。虽然个体儿童时期是父母教育投入效率相对较高的敏感时期,但是青少年时期仍旧可以通过增加父母教育投入促进子女非认知能力发展,并进一步改善其学业表现。

第三,通过家庭教育缓解弱势地位的代际传递。成功的家庭教育可以改善两代人之间的能力传递,避免处境不利的孩子陷入能力持续低下的困境。

第四,积极引导家庭教育中的父亲养育行为。父亲需要充分发挥角色榜样作用,尽可能多地参与子女的教育和生活。

第五,提高隔代照料质量。随着隔代照料现象逐渐普遍,祖辈与父辈养育行为的协同有助于实现子女人力资本的提升。

第六,促进家庭教育、学校教育、社会教育的良好衔接和平衡。

第一章 绪 论 /1

第一节 研究背景与意义 /3
第二节 研究思路、内容与方法 /11
第三节 研究创新与不足 /16

第二章 概念界定与文献综述 /19

第一节 概念界定 /21
第二节 家庭教育与子女认知能力和非认知能力 /29
第三节 家庭教育、子女认知能力和非认知能力与学业表现 /33
第四节 家庭教育与能力的代际传递 /38
第五节 家庭教育与子女人力资本的动态形成 /43
第六节 文献述评 /45

第三章 理论基础 /49

第一节 多期人力资本生产函数 /51
第二节 本书的理论框架 /58
第三节 本章小结 /65

第四章　家庭教育对子女认知能力和非认知能力的影响　/69

　　第一节　数据和方法　/71
　　第二节　实证分析　/79
　　第三节　稳健性检验　/94
　　第四节　拓展分析　/100
　　第五节　本章小结　/106

第五章　家庭教育对人力资本代际传递的影响　/109

　　第一节　数据和方法　/111
　　第二节　实证分析　/117
　　第三节　稳健性检验　/128
　　第四节　拓展分析　/134
　　第五节　本章小结　/140

第六章　家庭教育与子女人力资本的动态形成
　　　　　——基于 CES 生产函数的研究　/143

　　第一节　模型与数据　/145
　　第二节　实证分析　/151
　　第三节　稳健性检验　/161
　　第四节　拓展分析　/172
　　第五节　本章小结　/181

第七章　主要结论与政策启示　/183

　　第一节　主要结论　/185
　　第二节　政策启示　/188
　　第三节　研究展望　/193

目 录

参考文献 /195

附 录 /215

　　附录1　第四章未显示的图表　　　　　　　　　　/217
　　附录2　第五章未显示的图表　　　　　　　　　　/227
　　附录3　第六章未显示的图表及说明　　　　　　　/230

第一章 绪 论

第一节 研究背景与意义

家庭在人力资本投资、形成和代际传递中发挥了重要作用(Cunha & Heckman,2008)。高质量的家庭教育能够有效促进人力资本积累,而缺乏父母的指导、陪伴和鼓励则不利于儿童发展(Doepke et al.,2019)。近年来,中国社会各界都在关注家庭教育。2018年9月召开的全国教育大会中,习近平总书记提出"家庭是人生的第一所学校,家长是孩子的第一任老师",由此将家庭教育推向学界的研究热点。随后,教育部颁布的2019年工作要点宣布要为家庭教育提供立法保障。《中华人民共和国家庭教育促进法》已于2022年1月1日正式施行,家庭教育从"家事"上升到"国事",正式开启父母"依法带娃"的时代。2021年7月,中共中央办公厅、国务院办公厅印发《关于进一步减轻义务教育阶段学生作业负担和校外培训负担的意见》(下文称为"双减"政策),该政策的出台意味着家校协同育人机制将逐渐完善,随着校内作业和校外培训负担的减轻,未来家庭教育会在儿童成长过程中占据越来越重要的地位。因此,探讨我国家庭教育对子女人力资本发展的影响富有意义,不仅符合当前政策背景和社会现实,而且有助于为改善人力资本不平等、促进弱势儿童发展以及缓解弱势地位代际传递等重要话题提供经验证据。

一、研究背景

随着数字经济时代的到来,新兴产业高速发展,当前对人力资本的需求正在发生从"量"到"质"的转变。国家经济发展依靠自主创新推动,需要大批高素质、强技能人才与之匹配。在此背景下,如何促进高质量人力资本积累是目前社会各界所关注的重大课题,对于国家打造创新人才梯队、提升未来自主创新能力、实现高质量发展具有重要意义。

21世纪初,诺贝尔经济学奖得主詹姆斯·J.赫克曼(James J. Heckman)及其团队结合经济学、教育学、心理学、遗传学、流行病学和神经科学对人力资本发展进行了跨学科研究,提出了以能力而非教育为核心的新人力资本理论,自此成为学界关注的焦点。新人力资本理论认为能力具有多维性,主要包含认知能力和非认知能力(Cunha & Heckman,2007)。前者通常指智力,后者用来描述那些不容易被智力测试衡量的个人特质,通常被称为软技能、人格特征、性格技能或者社会情感技能(Heckman,2011)。

近年来,我国逐渐重视学生综合能力的发展。2019年,中共中央、国务院印发《中国教育现代化2035》,指出"发展中国特色世界先进水平的优质教育""强化实践动手能力、合作能力、创新能力的培养",均指向对于青少年非认知能力的培养。2020年,中共中央、国务院印发《深化新时代教育评价改革总体方案》,进一步强调考试内容体系应当引导学生德智体美劳全面发展,"坚决改变用分数给学生贴标签的做法,创新德智体美劳过程性评价办法,完善综合素质评价体系"。

然而,当前我国青少年综合能力水平仍然留有较大上升空间。2018年,由北京、上海、江苏、浙江四省市学生组成的中国部分地区联合体参与了国际学生评估项目(Programme for International Student Assessment,PISA)。该项目不仅关注15岁学生的学科能力素养,还关注运算思维、创造性思维、幸福感和全球素养等多方面能力素养。如图1-1所示,与其他参测国家(地区)相比,中国四省市参测学生的阅读、数学、科学能力素养都排名第一,平均成绩分别为555分、591分、590分。但图1-2显示,中国四省市参测学生的成就目标、学习信念、

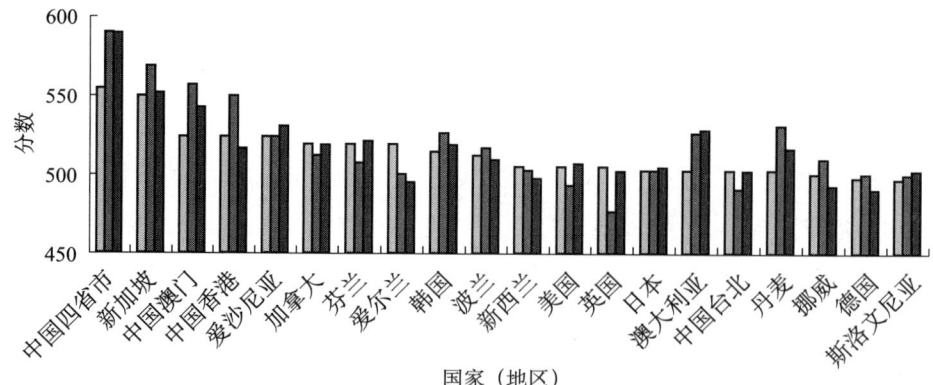

图1-1 青少年认知能力的国家(地区)比较

注:数据来源于2018年PISA,由笔者整理而得。

成就动机三项非认知能力得分均不拔尖,远低于科学能力素养同样排在靠前位置的新加坡,以及丹麦、挪威、新西兰等国家。

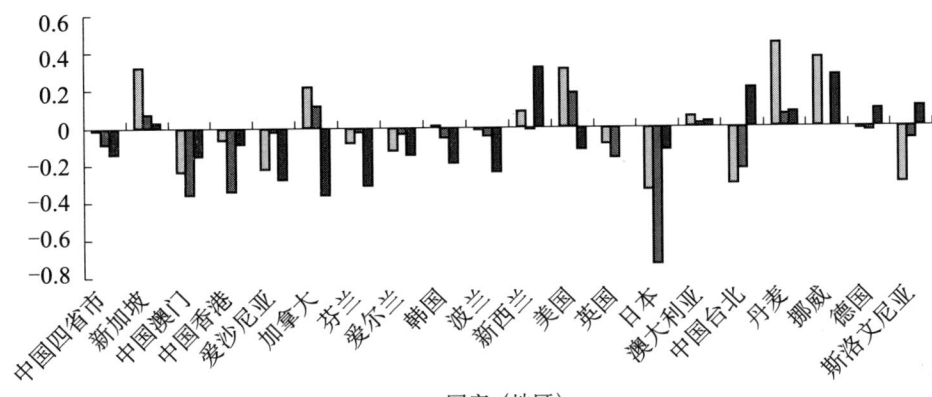

图1-2 青少年非认知能力的国家(地区)比较

注:数据来源于2018年PISA,由笔者整理而得(原始数据中,英国样本的成就目标数据、挪威样本的学习信念数据缺失)。笔者依据OECD(2019)对于非认知能力的定义进行指标构建,通过因子分析法分别计算得出成就目标、学习信念、成就动机三项非认知能力的分数,得分为负代表低于平均水平①。限于篇幅,上图仅选取了2018年PISA学科能力素养得分排名前二十的国家(地区)参与比较。

上述有关青少年认知能力和非认知能力的国家(地区)比较应当引起重视。虽然以往学者对人力资本积累的分析侧重于被认为与教育和收入等密切相关的认知能力(Cawley et al.,2001),但是最近越来越多的文献发现毅力、耐心、社交能力以及其他性格特征等非认知能力也是影响童年时期和成年时期产出的决定因素(Heckman et al.,2006)。Kautz et al.(2014)进一步指出,认知能力和非认知能力都是个体获取成功的重要因素,并且在生命周期的不同阶段具有不

---

① 其中,成就目标包括项目"我的目标是学得越多越好""我的目标是完全掌握课堂上的教学内容""我的目标是尽可能彻底理解课堂内容"。学习信念包括项目"我经常有办法达到目标""我对我完成的事情感到自豪""我认为我可以同时做很多事""我的信心使我能够克服困难""我在困境中总能寻找到出路"。成就动机包括竞争力("我喜欢在有竞争的环境中工作""对我而言,在交付的任务上比其他人表现得更好非常重要""与他人竞争时,我会更加努力");工作掌控力("我会从竭尽全力的工作中收获满足""一旦开始工作,我就会坚持到底""我在做事时得到的乐趣,部分来自能突破自己过去的表现""遇到不擅长的事,我会努力克服它,而不是转向我可能擅长的事");害怕失败("当我失败时,我会担心别人对我的看法""当我失败时,我会担心自己天分不足""当我失败时,我会怀疑自己对未来的计划")三个维度。各项目均采用李克特四点计分法,1=非常不同意;2=不同意;3=同意;4=非常同意。

同程度的可塑性。不同的能力可以相互促进,只注重单维能力而不考虑多维能力,或者只考虑生命周期的一个阶段而不考虑其他阶段,将难以体现能力形成过程中的协同作用。图1-3和图1-4利用2018年的CFPS数据分别绘制了认知能力和非认知能力与受教育年限、收入的关系。如图1-3和图1-4所示,无论是认知能力还是非认知能力,都与个体的受教育年限和收入呈正相关关系,这进一步印证了两种能力在解释社会经济产出上的重要性。

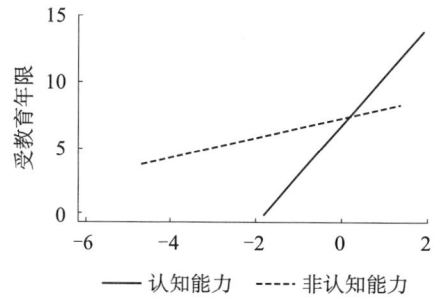

图1-3 认知能力和非认知能力与受教育年限的关系

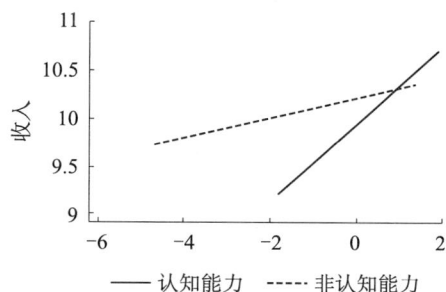

图1-4 认知能力和非认知能力与收入的关系

注:数据来源于2018年CFPS成人样本。笔者以字词和数列测试的标准化得分衡量认知能力;以大五人格特征中的神经质衡量非认知能力①。图1-4中的收入已取自然对数。

由于认知能力和非认知能力对于个体社会经济产出以及最终获取成功具有重要作用,与教育获得(Heckman et al.,2006)、工资收入(程虹和李唐,2017;王春超和张承莎,2019)、金融市场参与(李涛和张文韬,2015)、创业行为(周洋和刘雪瑾,2017)等方面密切相关,因此诸多研究将视野转向认知能力和非认知能力的培养。生命周期的早期是培养认知能力和非认知能力的关键时期(Kautz et al.,2014),此阶段的人力资本投资一般在家庭内部进行。一方面,Cunha & Heckman(2007)构建的能力形成模型将子女的能力发展与父母的认知能力和非认知能力联系起来,自此有文献开始探讨能力的代际传递。图1-5初步表明,我国父代与子代之间的认知能力和非认知能力存在正向的代际相关性。探讨认知能力和非认知能力的代际传递有助于更好地理解社会经济产出

---

① 包括项目"我感到情绪低落""我觉得做任何事都很费劲""我的睡眠不好""我感到愉快""我感到孤独""我生活快乐""我感到悲伤难过""我觉得生活无法继续",其中,"我感到愉快""我感到悲伤难过"为反向计分。各项目均采用李克特四点计分法,1 = 一周内大多时候有(5—7天);2 = 一周内经常有(3—4天);3 = 一周内有些时候有(1—2天);4 = 一周内几乎没有(不到1天),通过因子分析法计算得出神经质的得分。

中不同代际传递性背后的原因(Anger & Heineck,2010)。以教育为例,如图1-6所示,随着时间推移,我国教育的代际传递系数逐渐提高,越年轻的出生组有着越高的教育代际传递性。这种现象不容乐观。考虑到父母向子女传递的认知能力和非认知能力有可能是教育代际传递性的中间机制,因此,研究认知能力和非认知能力的代际传递具有相当重要的政策含义——如果将低认知能力和非认知能力的父母作为政策关注对象,可能有助于更早地识别出智力、情绪或者行为问题存在风险的孩子(De Coulon et al.,2011)。

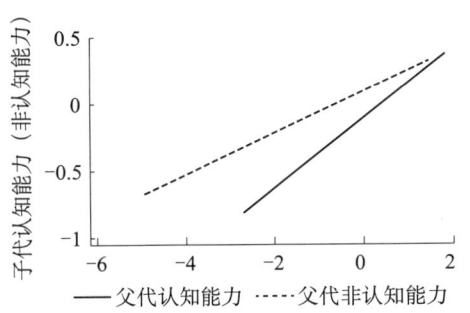

图1-5 认知能力和非认知能力的代际相关性

注:数据来源于2018年CFPS。

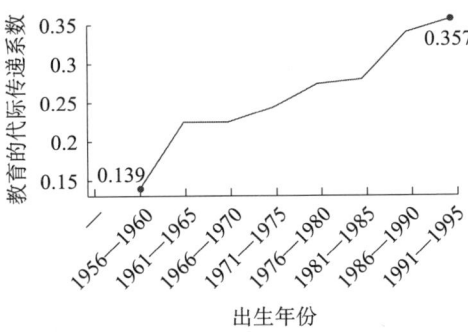

图1-6 教育代际传递性的变化趋势

注:数据来源于2018年中国家庭收入调查(Chinese Household Income Project Survey,CHIP)。教育的代际传递系数是在控制性别、户口、年龄、省份之后通过最小二乘法回归得到的父母受教育年限对子女受教育年限的影响效应。

另一方面,除了父母自身的能力,Cunha & Heckman(2007)构建的能力形成模型还表明家庭教育是早期人力资本积累的决定因素。家庭教育通常指父母为支持子女成长所做的一切,从提供衣食住行到引导情感和智力发展(Doepke et al.,2019),包括父母教育投入和父母教养方式两个重要层面(Heckman & Mosso,2014;Francesconi & Heckman,2016)。前者指父母的时间和金钱投入等投资密集型互动,后者指父母的要求和反应等注意力密集型互动(Cobb-Clark et al.,2019)。家庭教育不仅能培养子女认知能力和非认知能力,长期来看还能促进个体的社会经济产出(Heckman & Mosso,2014)。本书将视角主要聚焦于子女的教育产出。教育生产函数中通常使用学业表现代表产出,投入则涵盖了家庭背景、学校环境、教师因素、同伴效应等(孙志军等,2009)。历史上著名的《科尔曼报告》(Equality of Educational Opportunity Study)认为,在诸多层面中家庭因素能够解释学业表现的绝大部分差异（Coleman，1966），此后一系列研究更是通过实证方法验证了家庭教育对子女学业表现的影响甚至大于学校带来的影响（Cheadle，2008）。然而，已有研究即使控制了家庭、学校等变量的固定效应，教育生产函数的残差项仍然较大。过往学者大多将此现象简单地归因于测量误差，忽视了那些难以衡量但与家庭以及学业表现紧密联系的因素，即本书重点关注的认知能力和非认知能力。考虑到家庭教育在子女认知能力和非认知能力形成中同样发挥着重要作用（Kautz et al.，2014），笔者做出以下猜想：家庭教育通过正向影响子女认知能力和非认知能力，提高其学业成绩，在长期发展中还可能有助于增加他们最终的教育获得。

此外，生命周期各阶段的能力与投资存在动态互补效应，协同促进下一阶段的能力发展（Kautz et al.，2014）。来自不同社会经济地位的孩子存在的能力差距在童年时期就开始显现，并且一直持续到成年时期（Heckman & Mosso，2014）。缩小能力差距的办法是对弱势儿童实施早期补救策略，其中最有效的策略是提高其家庭教育质量（Cunha & Heckman，2008）。诸多研究表明早期干预有助于促进儿童的认知能力和非认知能力发展，尤其是对于那些生活在贫困环境中的孩子而言（Heckman & Raut，2016）。虽然能力难以在短时间内改变，但是可以通过家庭干预进行改善，例如指导父母给孩子讲故事、与孩子互动玩耍等，以防子女认知能力和非认知能力发育迟缓（Zhao et al.，2019）。事实上，目前许多国家已经推出了家庭教育指导项目，例如社区工作人员通过每周一小时的家访活动，鼓励父母与子女互动。这些干预措施显著提高了弱势儿童的认知能力和非认知能力（Gertler et al.，2014；Attanasio et al.，2020a）。为那些低能力的父母提供高质量的养育实践，可能会促进子女认知能力和非认知能力的提高，从而不仅能够进一步提升其学业表现，还能促进教育、收入等产出的代际流动性，最终提高全社会的人力资本水平。

探讨中国背景下家庭教育对子女人力资本发展的影响，能为我国人力资本的动态形成、代际传递以及人力资本对于未来产出的影响等重要问题提供经验证据。此外，本书的研究结论与来自发达国家的结论相比有许多不同之处。除了上述背景，还包括以下三个方面的社会现实：第一，改革开放以来，我国贫富差距逐渐拉大，高等教育的投资回报率逐渐上升，这使得父母愿意把更多资源投入孩子的教育。2017年,中国家庭平均教育支出占家庭总支出的11.4%①,远远高于同年美国的2.5%②。家庭养育模式逐渐从"放养"变为"推娃"(Doepke et al.,2019),"直升机育儿"(helicopter parenting)一词也因此被频繁使用,指的是过去三十年变得越来越普遍的高参与、高投入、高控制的抚养方式(Doepke & Zilibotti,2019)。与改革开放之前相比,如今的中国父母除了关心子女的温饱,更加注重子女的教育。具体表现为父母对于孩子寄予很高的期望,随时担心子女可能落后于他人,因此从孩子很小的时候就投入更多的时间、努力来帮助他们成功。第二,生长在人口大国,中国学生的学业竞争非常激烈,在大多数地区,从初中升高中开始就必须采取考试录取的方式。对于某些省份的初中生而言,如果成绩不好,将不能上普通高中,只能选择中等职业技术学校、技工学校或者职业高中,甚至面临辍学的困境(Shi et al.,2015)。在这种较为残酷的教育体系中,除了学校教育,家庭教育也变得尤为重要。第三,随着中国双职工家庭数量的增加,约有58%的祖父母③密切参与了照看孙辈的任务(Ko & Hank,2014),例如送孩子上学、监督作业、日常照顾等。祖辈的过度保护和父母职责的缺失有可能会对儿童早期人力资本的发展产生不利影响(Chang et al.,2019)。中国的祖父母在孙辈的成长过程中扮演着越来越重要的角色,这也将导致我国家庭教育对子女人力资本发展的影响与发达国家的家庭相比可能存在差异。

综上,基于新人力资本理论框架以及家庭教育的理论解释,本书将家庭教育与人力资本的动态形成、人力资本对未来产出的影响以及人力资本的代际传递几个方面联系起来。通过理论和实证的系统研究,本书试图丰富和拓展已有文献,同时在当前我国大力推进家庭教育、积极培养青少年认知能力和非认知能力的背景下,对实施相关的干预措施提供经验证据。本书试图回答以下问题:家庭教育的两个重要层面——父母教育投入和父母教养方式——如何影响子女认知能力和非认知能力发展?父母教育投入和父母教养方式是否进一步

---

① 数据来源于中国国家统计局,https://data.stats.gov.cn/easyquery.htm?cn=C01&zb=A0A02&sj=2017(访问时间:2023年12月21日)。

② 数据来源于美国劳工统计局,https://howmuch.net/articles/consumer-spending-in-the-united-states(访问时间:2023年12月21日)。

③ 本书中,祖父母包括法律意义上的祖父母和外祖父母。

影响子女的教育产出（即学业表现）？家庭教育在能力的代际传递中发挥了何种作用？考虑到认知能力和非认知能力的形成具有动态性，在人力资本发展的不同阶段，早期和晚期的家庭教育分别带来何种效果？此外，祖辈参与孙辈照料又会如何影响上述结果？

二、研究意义

一方面，认知能力和非认知能力对于子女生命周期的各个阶段都有着持续和显著的影响，并且可以通过干预进行培养或改善。另一方面，家庭教育在子女认知能力和非认知能力的形成以及个体未来产出上发挥了重要作用。因此，本书探讨家庭教育对子女人力资本发展的影响富有意义。

本书具有现实意义。首先，《中国教育现代化2035》《深化新时代教育评价改革总体方案》等政策文件的颁布均体现了政府对于青少年综合能力发展的关注。随着高考制度的改革，"两依据，一参考"①意味着新高考不再仅仅考察学生的应试能力，还注重学生的综合素质考察，包括合作意识、创造力、责任心、动机等非认知能力。同时，认知能力和非认知能力的培养不仅能够提高学生学业成绩，长期来看还能增加学生的最终教育获得，改善学生的劳动力市场表现。其次，无论是2018年召开的全国教育大会指出"家庭是人生的第一所学校，家长是孩子的第一任老师"，还是教育部颁布的2019年工作要点表明要为家庭教育立法（正式法案已于2022年正式施行），以及2021年发布的"双减"政策提出"完善家校社协同机制"，都表明未来家庭教育将在儿童成长过程中占据越来越重要的地位。因此，本书探讨家庭教育对子女人力资本发展的影响，既符合当今教育思想的热潮，也具有相当深刻的现实意义。

本书具有理论意义。以往多数研究关注的是以教育为核心的人力资本，以及父母受教育年限、收入等外在特征或者家庭教育的单一层面对人力资本发展的影响。本书依据Cunha & Heckman(2007,2008)和Cunha et al. (2010)等研究提出的以能力为核心的新人力资本理论，以及Baumrind(1966)和Cobb-Clark et al. (2019)等研究对于家庭教育的理论解释，构建了本研究的理论框架。同时，

---

① "两依据，一参考"即依据统一高考成绩、高中学业水平考试成绩，参考学生综合素质评价信息进行人才选拔。

本书基于一个崭新的视角,探讨了家庭教育的两个重要层面——父母教育投入和教养方式对子女认知能力和非认知能力的影响及机制,又进一步分析了家庭教育对子女教育产出(即学业表现)的短期和长期影响。本书还分析了父母与子女之间认知能力和非认知能力的代际传递效应以及家庭教育在能力的代际传递中发挥的作用。不仅如此,本书首次估计了中国背景下子女人力资本动态形成的 CES 生产函数,识别了认知能力和非认知能力的自我生产效应以及不同能力形成的敏感时期,量化了家庭教育与子女认知能力和非认知能力之间的动态互补性,并且检验了不同阶段的父母教育投入带来的效果。此外,由于我国祖辈参与抚养的情况逐渐增多,本书还进一步讨论了隔代照料在家庭教育影响子女人力资本形成的过程中所发挥的作用。

第二节　研究思路、内容与方法

一、研究思路

基于社会各界广泛关注学生综合能力发展并且越来越重视家庭教育的现实背景,本书通过梳理和总结新人力资本理论以及家庭教育的理论解释,将包含家庭教育在内的人力资本生产函数、人力资本代际传递模型以及考虑不同时期家庭教育变量的人力资本形成技术联系起来,构建本研究的理论框架。在此基础上,首先考察了家庭教育的两个重要层面——父母教育投入和父母教养方式——对子女认知能力和非认知能力的影响,并对朋友质量、课外辅导(包括学科辅导和兴趣辅导)等中间机制进行了检验。进一步讨论了家庭教育对子女教育产出(即学业表现)的影响,其中既包括家庭教育对子女学业成绩的短期影响,还包括家庭教育对子女成年时期教育获得的长期影响。其次,本书从代际传递的视角分析了父母与子女之间认知能力和非认知能力的传递效应,以及家庭教育对于能力代际传递的影响,从而有助于解释社会经济产出中不同代际传递性背后的原因。由于家庭教育与子女认知能力和非认知能力之间并不一定总是呈现线性关系,而且人力资本的形成是一个动态发展的过程,因此本书又基于 CES 生产函数探讨了从子女出生到成年时期的父母教育投入对子女人力资本动态形成的非线性影响。此外,本书从性别、户口、独生子女、初始能力水平等多个角度对上述实证分析结果进行异质性分析,同时还在实证章节的拓展分析部分着重关注了隔代照料与家庭教育的交互作用对子女人力资本发展带来的影响效应,以及家庭教育在认知能力和非认知能力的隔代传递中发挥的作用,从而为隔代照料的有关研究提供新的证据。最后,本书结合实证分析结果,总结全文的主要结论并得出相应政策启示。

本研究的分析框架如图1-7所示。

二、研究内容

根据上述研究思路和框架,本书各章节内容如下:

第一章为绪论。本章内容主要包括研究背景与意义,研究思路、内容与方法,研究创新与不足。

第二章为概念界定与文献综述。本章首先引入相关变量的概念界定,介绍了以能力为核心的新人力资本理论,包括认知能力和非认知能力的含义;以及家庭教育的理论解释,包括父母教育投入和父母教养方式的含义。其次,结合本书实证分析内容分别梳理以下四个方面的研究成果:家庭教育对子女认知能力和非认知能力的影响;家庭教育、认知能力和非认知能力对学业表现的影响;家庭教育对认知能力和非认知能力代际传递的影响;家庭教育对子女人力资本动态形成的非线性影响。最后,本章还归纳总结了该领域的研究现状,指出了已有文献的不足和空白之处,并提出了未来值得深入探讨和解决的前沿问题。

第三章为理论基础。本章首先基于新人力资本理论的多期人力资本生产函数,分别介绍了以能力为核心的人力资本形成、以能力为核心的人力资本投资,以及能力对产出的影响。其次,以新人力资本理论和家庭教育的理论解释为基础构建了本研究的理论框架,包括考虑家庭教育在内的人力资本生产函数、人力资本代际传递模型以及引入不同时期家庭教育的人力资本形成技术。在此理论框架中,展开第四章至六章的实证分析。

第四章是家庭教育对子女认知能力和非认知能力的影响。基于CEPS数据,本章首先探讨了家庭教育的两个层面——父母教育投入和父母教养方式对子女认知能力和非认知能力的影响,并且从性别、户口、独生子女、父亲受教育

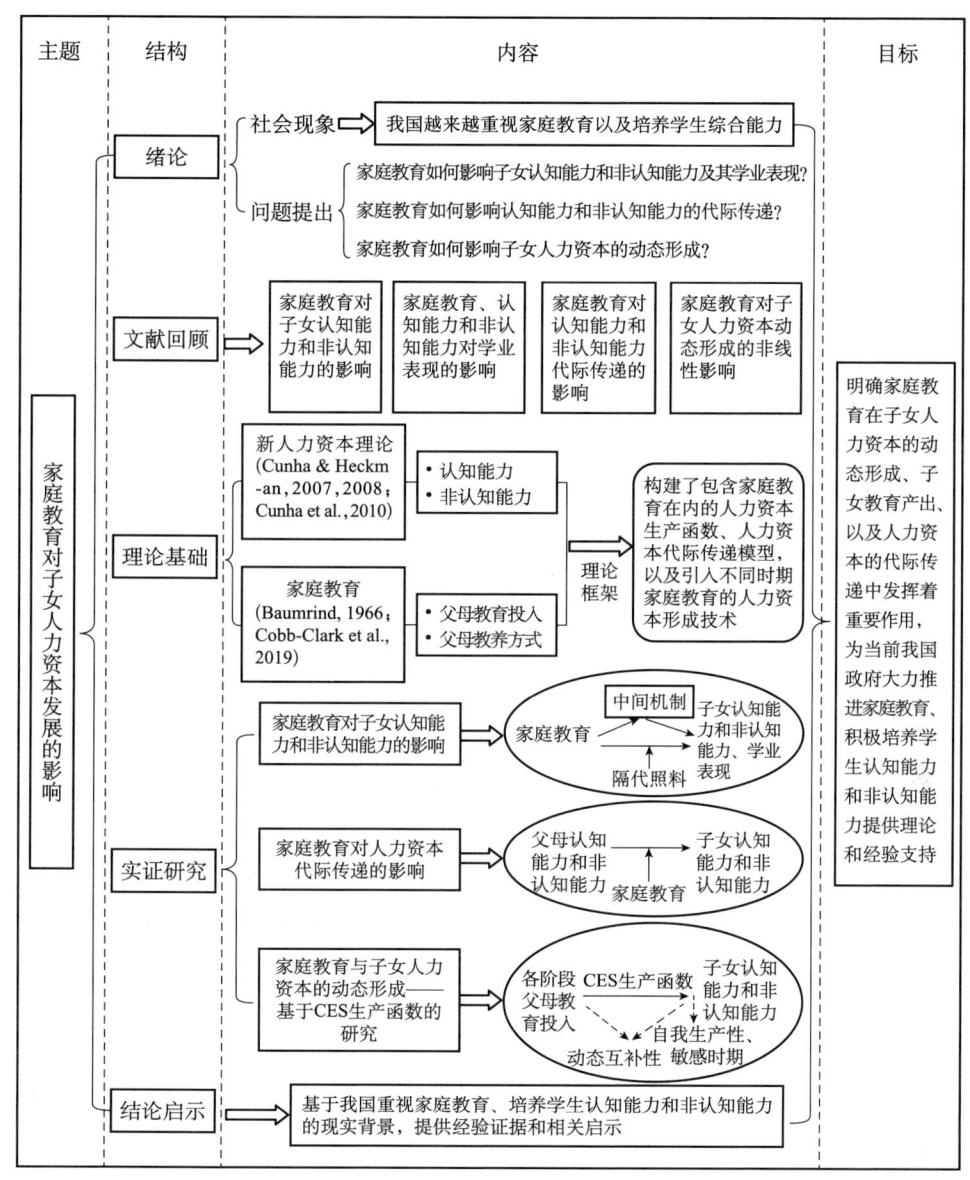

图 1-7 分析框架

年限、初始认知能力和非认知能力水平等多个角度分析这种影响在不同群体间的异质性。其次,以朋友质量、学科辅导和兴趣辅导为渠道,分析了家庭教育影响子女认知能力和非认知能力的中间机制。此外,从多个角度进行了稳健性检验,包括考虑两期家庭教育、家庭教育各维度的影响、教师特征和师生互动以及替换核心变量的衡量方式。最后,本章进一步分析了家庭教育对子女教育产出(即学业表现)的影响,包括短期视角的学业成绩和长期视角的教育获得。另外,本章还探讨了隔代照料与家庭教育的交互作用对子女人力资本发展的影响。

第五章是家庭教育对人力资本代际传递的影响。基于CFPS数据,本章首先运用代际回归系数和代际相关系数估计父母与子女之间认知能力和非认知能力的传递效应。其次,探讨了父母教育投入和父母教养方式在认知能力和非认知能力代际传递中发挥的作用。同时,从性别、户口、独生子女、父亲能力水平等多个角度分析了家庭教育影响能力代际传递的异质性。此外,采取代际相关系数衡量代际传递、家庭教育的不同维度对能力代际传递的影响,区分父亲和母亲的家庭教育在能力代际传递中的作用,使用固定效应模型等一系列方法对基准回归结果进行稳健性检验。最后,本章还进一步分析了祖辈与孙辈之间认知能力和非认知能力的传递效应,父母与子女之间教育的传递效应,以及家庭教育在能力的隔代传递和教育的代际传递中所发挥的重要作用。

第六章是家庭教育与子女人力资本的动态形成——基于CES生产函数的研究。基于CFPS数据,首先,本章在运用控制函数法解决父母教育投入内生性问题的前提下,探讨了父母教育投入对于各年龄组子女认知能力和非认知能力发展的影响,以及不同时期父母教育投入对子女认知能力和非认知能力的提高发挥的作用。其次,本章还进行了一系列稳健性检验,例如分别讨论父母时间投入和金钱投入所带来的影响效应;使用其他工具变量解决父母教育投入的内生性问题;使用嵌套CES生产函数形式估计子女认知能力和非认知能力的形成过程;从性别、户口、独生子女、初始能力水平等多个角度来估计父母教育投入对不同群体认知能力和非认知能力的异质性效应。最后,本章又进一步从四个方面证实了家庭教育在子女人力资本动态形成中的重要性。一是考察了父母教育投入的边际产出,从而识别出父母教育投入与子女认知能力和非认知能力之间的动态互补效应。二是基于CES生产函数的估计参数,对于不同年龄组实施了增加父母教育投入的反事实模拟,从而观察何时干预能对子女认知能力和非认知能力发展带来更好的效果。三是探讨了父母教育投入对子女发展的长期影响,包括早期和晚期的父母教育投入对子女教育获得、学业成绩等教育类产出的影响,以及对互联网使用频率、生活满意度等观念和行为类产出的影响。

四是同时考虑父母教养方式的回归结果,分析了父母教育投入涵盖的时间投入和金钱投入,以及父母教养方式涵盖的父母要求和父母反应与子女人力资本动态形成的非线性关系。

第七章是主要结论与政策启示。本章结合家庭教育对子女认知能力和非认知能力的影响,家庭教育对人力资本代际传递的影响,以及家庭教育对子女人力资本动态形成的非线性影响等实证研究结果,总结全书的主要研究结论;并针对如何通过家庭教育培养子女认知能力和非认知能力进而提升其学业成绩和未来教育获得、提高认知能力和非认知能力的代际流动性、选取父母教育投入最佳时期、提高隔代照料质量等方面提出相应的政策建议。

三、研究方法

为确保研究结果的准确性与可靠性,本书主要运用的是文献研究法和定量分析法。

(一)文献研究法

本书首先梳理了新人力资本理论和家庭教育的相关理论解释,包括认知与非认知能力的概念界定与测量,以及父母教育投入和父母教养方式两个重要层面的含义。后文将在一个完整的以能力为核心的家庭人力资本投资框架下,探讨家庭教育对子女人力资本发展的影响。其次,本书归纳总结了国内外相关文献,从能力的形成与家庭教育的作用两个角度切入,具体包括家庭教育对子女认知能力和非认知能力的影响,家庭教育、认知能力和非认知能力对于学业表现的影响,家庭教育对认知能力和非认知能力代际传递的影响,以及家庭教育对子女人力资本动态形成的影响等研究主题。同时评述了相关领域研究现状,并提出未来值得深入探讨的问题。最后,本书在第三章对于以能力为核心的人力资本的形成、投资、对产出的影响等新人力资本理论的重要内容也做了相应归纳和梳理。

(二)定量分析法

本书在探讨家庭教育对子女人力资本发展的影响时采用了较为丰富的计量方法,主要包括以下几个方面:第一,运用因子分析和聚类分析构建了衡量认知能力和非认知能力的代理变量,以及衡量父母教育投入和父母教养方式的代理变量。第二,运用最小二乘法估计了家庭教育对子女认知能力和非认知能力以及学业表现的影响。第三,运用工具变量法、固定效应法、控制函数法等来解决潜在的内生性问题。第四,运用无条件分位数回归法估计了家庭教育在子女人力资本不同水平上带来的不同效应。第五,使用因果中介分析法检验了家庭教育影响子女认知能力和非认知能力的中间机制。第六,基于 CES 生产函数,采用非线性回归法估计了家庭教育对子女认知能力和非认知能力的非线性影响。第七,使用反事实模拟法分析了何时增加父母教育投入会对子女人力资本发展带来更大的作用。此外,各章节都进行了分样本回归和一系列稳健性检验,从而考察基准回归结果在不同群体间的异质性,并验证基准回归结果是否稳定。

第三节　研究创新与不足

一、研究创新

本书立足于社会各界广泛关注家庭教育的政策背景,顺应国家大力推动人力资本水平提升、推动经济高质量发展的需求,从家庭视角出发探讨家庭教育对子女人力资本发展的影响及机制。研究问题来源于现实且面向国家需求,以推动科学合理的家庭教育普遍化为目标,具有较强的针对性和实用性。

与以往研究相比,本书的创新之处有以下四个方面:

首先,从研究视角而言,人力资本积累一直以来都是学界和政策制定者关注的热点问题,本书主要关注的是个体未成年时期人力资本的发展。不同于以往多数文献聚焦于父母受教育年限、收入等外在特征对子女人力资本发展的影响,本书通过分析家庭教育的两个重要层面——父母教育投入和父母教养方式——对子女认知能力和非认知能力以及教育产出等方面的影响,为人力资本发展的相关研究提供崭新视角。

其次,从研究理论而言,不同于以往多数文献关注的以教育为核心的人力资本,本书参照 Cunha & Heckman(2007,2008)和 Cunha et al. (2010)等研究提出的以能力为核心的新人力资本理论,结合 Baumrind(1966)和 Cobb-Clark et al.(2019)等研究对家庭教育的理论解释,构建了与本研究相关的理论框架。具体而言,通过构建包含家庭教育在内的人力资本生产函数、人力资本代际传递模型以及考虑不同时期家庭教育变量的人力资本形成技术,验证了家庭教育在人力资本的动态形成以及代际传递中发挥着重要作用,在一定程度上填补了我国在此领域的研究空白。

再次,从研究数据而言,不同于以往多数文献使用的单一数据,本书在绪论部分通过使用 2018 年 PISA 数据对比了我国与其他国家(地区)青少年的认知能力和非认知能力水平;使用 2018 年 CHIP 数据汇报了以教育为代表的产出结果的代际传递性。在实证分析部分主要使用了 CEPS 基期年份(2013—2014)和追踪年份(2014—2015)的两轮数据,以及 CFPS 2010 年、2012 年、2014 年、2016 年、2018 年的五轮数据①。得益于两个项目的多轮调查以及问卷中丰富的变量设计,本书不仅考察了家庭教育对子女认知能力和非认知能力以及学业表现的短期效果,还从长期视角分析了家庭教育对子女教育获得的影响,并且估计了不同时期的父母教育投入分别带来的效果以及父母教育投入的最佳阶段。这在一定程度上拓展了现有研究的边界。

最后,从研究内容而言,本书有以下几点创新:第一,以往多数文献只关注了家庭教育的单一层面对子女单维能力的影响,本书同时估计了父母教育投入和父母教养方式对子女认知能力和非认知能力的影响及机制;在此基础上进一步分析了家庭教育对子女教育产出即学业表现的影响,包括短期的学业成绩和长期的教育获得。第二,与现有关注收入和教育代际传递性的多数文献不同,本书探讨了认知能力和非认知能力的代际传递以及家庭教育在其中发挥的作用,从而有助于解释社会经济产出中不同代际传递性背后的原因。第三,不同于以往多数研究仅使用线性回归法探讨家庭教育对子女人力资本发展的影响,本书通过构建人力资本的 CES 生产函数,估计了二者之间的非线性关系。既识别了认知能力和非认知能力的自我生产效应以及不同能力形成的敏感时期,又分析了父母教育投入与子女认知能力和非认知能力之间的动态互补效应,从而

---

① 笔者写作期间,CFPS 2020 年的调查数据当时未公布,因此使用的是 CFPS 2010—2018 年的五轮调查数据。

更为广泛地解释人力资本的形成以及家庭教育在子女人力资本发展中的重要作用。第四，考虑到中国隔代照料的现象逐渐增多的现实背景，本书还在实证章节的拓展分析部分讨论了隔代照料对于人力资本发展的影响。通过分析祖辈参与照料带来的影响效应，祖辈与孙辈之间认知能力和非认知能力的传递，以及家庭教育在隔代传递中发挥的作用，从而为隔代照料的有关研究提供新的证据。

二、研究不足

受到数据的限制，本书主要存在以下两点不足：

第一，以CFPS为例，家庭教育的相关指标仅在0—15岁的少儿问卷中出现，这意味着参与2010年第一轮调查的样本在2018年第五轮调查中也仅仅处于8—23岁的阶段。此时由于样本量过少以及关键变量缺失，无法探讨家庭教育对子女的工资收入、职业选择等劳动力市场产出的影响。此外，基于家庭教育的概念界定以及本书的实证需求，无法在各年份问卷中寻找到1—5岁幼年时期衡量父母教养方式的代理变量，因此本书第六章主要关注的是不同阶段（从出生到成年时期）的父母教育投入与子女人力资本之间的非线性关系，仅在第六章拓展分析部分讨论了6—17岁期间父母教养方式对子女认知能力和非认知能力的非线性影响。

第二，由于笔者希望更为广泛地探讨家庭教育对子女人力资本发展的短期和长期影响，以及两者之间的线性和非线性关系，因此基于研究目标的需求，分别使用两个数据库完成实证章节的分析。随之也导致了一些问题，由于不同数据库有关认知能力和非认知能力、父母教育投入、父母教养方式的衡量指标并不一致，因此一定程度上可能会对研究结论造成影响。但是各章内部实证内容所得出的结论并不相悖。

第二章　概念界定与文献综述

第一节 概念界定

一、新人力资本理论

人力资本的思想最早见于亚当·斯密(Adam Smith)在《国富论》中的叙述，指的是"社会所有居民或成员习得的有用的能力"，后来的学者并未对其中的"能力"进行深入探讨。20世纪60年代，Schultz(1961)、Becker(1962)等研究纷纷围绕人力资本的投资和收益建立了人力资本理论，核心思想是"利用教育、培训等途径提高劳动者的生产能力，从而增加他们的收入"，但是也没有明确"能力"的具体含义。在这种情况下，"能力"成了以往文献中的"黑箱"(周金燕，2015)。由于传统人力资本中的"能力"难以测量，李晓曼和曾湘泉(2012)指出，许多实证研究把受教育年限或者经验看作"能力"的代理变量，人力资本的投资可以用学校或其他培训活动的支出来衡量。然而，越来越多的经验证据表明，以往狭义的人力资本内涵有非常多的局限性。

如果只考虑教育水平而忽视了个体内化的能力，将无法解释个体在劳动力市场上表现出的差异。例如，Bowles et al. (2001)基于对已有文献的分析抛出几个疑问：首先，即使明瑟收入方程①控制了受教育年限、劳动市场经验和人口学特征，仍然有2/3到4/5的收入差异无法解释(Solon, 1992; Zimmerman, 1992; Bowles, 1972)。如何理解这些未被解释的收入差异的来源？其次，代际收入相关性的1/3到3/5没有被父母社会经济地位与儿童智力(或受教育年限)之间的相关性所解释(Bowles & Nelson, 1974)。除了现有文献中提及的优质教育和认知分数，更好的劳动力市场产出究竟还通过什么途径从父母传递给了孩子？再次，看似无关紧要的个体特征，包括外貌、身高、身材，甚至个体住所是否干净，往往是收入的有力预测因素(Hamermesh & Biddle, 1994)。为什么这些看似不重要的特征导致个体在劳动力市场中获得不一样的回报？

---

① 明瑟收入方程是美国经济学家雅各布·明瑟(Jacob Mincer)根据人力资本理论提出的关于工资收入与教育、工作经验等变量关系的数理经济模型。

上述疑问难以用传统人力资本理论中单一维度的教育或培训来解释。近年来,随着心理学技术的迅速发展,有关能力的测评量表日趋成熟。21世纪初,诺贝尔经济学奖得主赫克曼及其团队运用经济学、教育学、心理学、遗传学、流行病学和神经科学对生命周期中的人力资本形成进行了跨学科研究,提出了以能力而非教育水平为核心的新一代人力资本理论,自此成为学界关注的焦点。Hanushek(2011)在向美国国家自然科学基金提交的一份规划中同样表示,当前亟需制定以能力为核心的新人力资本的研究议程,从而更好地理解人力资本对于经济和社会产出的影响。

新人力资本理论认为能力具有多样性,包含认知能力和非认知能力两个维度(Cunha & Heckman,2007)。前者通常指的是智力,后者用来描述那些不容易被智力测试衡量的个人特质,包括软技能、人格特征、性格技能或者社会情感技能等(Heckman,2011)。不仅如此,新人力资本理论还认为能力的形成是一个动态过程,在生命周期的某个阶段获得的能力会影响个体在下一阶段的生产效率(Cunha et al. ,2005)。Kautz et al. (2014)指出,认知能力和非认知能力都是个体获取成功的重要因素,并且在生命周期的不同阶段具有不同程度的可塑性。不同的能力可以相互促进,只注重单维能力而不考虑多维能力,或者只注重生命周期的一个阶段而不考虑其他阶段,将难以体现能力形成过程中各因素的协同作用。

与传统人力资本理论相比,新人力资本理论能够为学者们提供更广阔的思路去研究个体在经济生活或社会行为中的表现及差异,并且可以从生命周期的角度出发,围绕能力的形成提出相应的干预措施,从而使得研究成果更具政策含义。

(一)认知能力的含义

大量研究证实,认知能力是受教育程度、收入的重要预测指标(Cawley et al. ,2001),而且可以预测一系列社会行为(Herrnstein & Murray,1994)。传统认知能力的概念出现于20世纪早期心理学领域,Spearman(1904)将其区分为一般认知能力(general cognitive abilities)和特定认知能力(specific cognitive abilities)。此后,传统认知能力的内涵不断拓展,其中最为著名的划分方式是将认知能力分为流体智力(学习的速度)和晶体智力(获得的知识)(Catell,

1963),表2-1展示了流体智力和晶体智力的组成部分。一般而言,学业测试关注的是晶体智力(Roberts et al.,2000),而智力测试关注的是流体智力(Raven et al.,1998)。如今,广义的认知能力的概念早已超越了传统的流体智力和晶体智力的划分。国内学者李晓曼等(2019)借鉴了Heckman(2011)构建的认知能力类别及构成体系,详尽地展现了多层次认知能力的内涵,如表2-2所示。

表2-1 流体智力和晶体智力的组成部分

认知能力	组成部分
流体智力	数学推理,顺序推理,归纳推理,定量推理
晶体智力	语言理解,词汇知识,阅读理解,阅读速度,完形填空,拼写,语音编码,语法感受,外语,交流,倾听,口语,写作

资料来源:Heckman(2011),李晓曼等(2019)。

表2-2 认知能力的类别及构成

类别	构成
思维流畅性	概念流畅性,命名能力,表达流畅性,语言流畅,创造力,图形流畅性,图形灵活性
知识和成就	普通学校成绩,口头信息与知识,信息与知识、数学与科学,技术和机械知识,行为内容知识
学习和记忆	记忆广度,联想记忆,自由回忆记忆,意义识记,视觉记忆
感知速度	数字计算,斯特鲁普任务①,文书处理,数字/符号
视觉感知	可视化,空间关系,闭合速度,闭合灵活性,连续感知整合,空间扫描,意象

资料来源:Heckman(2011),李晓曼等(2019)。

以赫克曼为代表的一系列实证研究大多使用美国军队职业倾向测验(Armed Services Vocational Aptitude Battery,ASVAB)来衡量认知能力(Heckman et al.,2006;Cunha & Heckman,2009;Cameron & Heckman,2001;Cunha et al.,2010;Kautz et al.,2014)。ASVAB包括算术推理、词汇知识、段落理解、数学知识和编码速度五项指标,被广泛用作认知能力的衡量标准。也有许多文献使用

---

① 斯特鲁普任务由美国心理学家约翰·R. 斯特鲁普(John R. Stroop)提出,正式名称为"颜色与文字的冲突实验",是认知心理学中有名的实验。

智力测试作为认知能力的衡量标准(Agee & Crocker,2002;Flynn,2007;Black et al.,2009;Bjorklund et al.,2010;Anger & Heineck,2010;Nisbett et al.,2012),这些测试包含的指标能够捕捉到认知能力的不同方面。还有一些学者直接使用标准化的成绩衡量认知能力(Frey & Detterman,2004;Brown et al.,2011;De Coulon et al.,2011;Heckman & Corbin,2016)。

国内相关研究往往使用的是CFPS数据(张皓辰和秦雪征,2019;刘中华,2018;吴贾等,2020)或CEPS数据(李丽等,2017;方超和黄斌,2019;Li et al.,2019;李佳丽等,2020)自带的认知能力变量。前者问卷中包括识字题、数学题、记忆题和数列题四类认知测试;后者问卷则是从语言、图形、计算与逻辑方面设计了一套认知能力测试题。由于本书实证章节同样使用了这两个数据库,后文主要以调查问卷自带的认知能力变量来衡量个体的认知能力。

(二)非认知能力的含义

围绕教育和学校产出的政策往往侧重于通过标准化的成绩测试来衡量和提高认知能力(Heckman & Corbin,2016)。然而,非认知能力在解释社会和经济产出上也非常重要,对工资、受教育年限、青少年怀孕、吸烟、犯罪和学业成就等方面都有直接影响(Bowles et al.,2001;Borghans et al.,2008;Heckman et al.,2006)。

不同研究对于非认知能力的定义并不相同。具体而言,Kautz et al.(2014)认为非认知能力指的是在劳动力市场、学校和其他领域都具有价值的人格特质、目标、性格、动机和偏好,一般包括毅力、责任心、自我控制、信任、专注、自尊、自我效能感、逆境适应能力、开放性、同理心、谦逊、对不同意见的容忍度,以及参与社会的能力等诸多方面。Duckworth & Yeager(2015)将非认知能力简称为"除认知能力之外,其他促使学业成功的积极个人品质"。Farkas(2003)用"促进个人和组织有效运作的工作习惯(如遵循规则、顺从、创造力等)"表示非认知能力。Richardson et al.(2012)则将非认知能力定义为"非智力因素"。

尽管大多数经济模型及政策讨论没有关注非认知能力,但在20世纪,心理学家就已经对其进行了研究。心理学家主要通过自我报告或者他人报告的方式来衡量个体的非认知能力,并且形成了学界普遍接受而且广为应用的大五人格理论。Allport & Odbert（1936）最先提出大五人格理论，包括开放性（openness）、尽责性（conscientiousness）、外向性（extraversion）、宜人性（agreeableness）、神经质（neuroticism）五个方面，并由 Costa & McCrae（1992）正式构建出各维度包含的指标。表2-3展现了大五人格的各个维度及相应特征。

表2-3 大五人格及相应特征

人格维度	相应解释	与其相关的词语	早期人格特征
开放性	对新的美学、文化或智力体验持开放态度的倾向	富有想象力；审美观；兴趣广泛；求知欲；非传统的价值观	感官敏感；喜爱低强度活动；好奇心强
尽责性	有组织能力、责任心及努力工作的倾向	高效；有序；有雄心；尽职；自律；不冲动	注意力集中；自律；延迟满足；坚持；能动性强
外向性	对个人生活圈子以外的人和事物有兴趣；具有积极情感和社交能力	精力充沛；冒险；热情；友好；交际；自信	主导；社交活力；寻求刺激；活跃；积极的性格；喜好交际
宜人性	倾向于以合作、无私的方式行动	利他主义；信任；坦诚；谦虚；服从；共情	易怒；攻击性强；任性
神经质	神经质是一种长期的情绪不稳定和心理困扰；与之相反，情绪稳定是指情绪反应的可预测性和一致性，没有急促的情绪变化	焦虑；沮丧；冲动；自卑；敌意	恐惧；压抑；害羞；易怒；挫折；缺乏安抚性；忧伤

资料来源：Heckman（2011）。

除了大五人格特征，许多文献使用了单一维度的性格作为非认知能力的衡量标准（Briley et al.，2014）。近年来，一些研究常常运用罗森伯格自尊量表（Rosenberg，1965）和罗特内外控量表（Rotter，1966）衡量非认知能力（Heckman et al.，2006；Cunha et al.，2010；Heckman et al.，2014）。前者测量的是个体对自我价值的感知;后者测量的是个体对自己生活的掌控程度。

对于国内研究而言,诸多学者修订或研制了适合我国背景的、具有较高信效度的测量量表,为进一步开展非认知能力研究打下了良好基础。具体而言,已有文献使用了自尊(逢宇等,2011;刘中华,2018)、自我效能感(何先友,1998;王凯荣等,1999;李晓东和张炳松,2001;张日昇和袁莉敏,2004)、自控力(周迎楠和毕重增,2017)、人际交往(Li & Xie,2017;王骏,2018)、违纪和反社会行为(Wang,2014)等诸多变量衡量非认知能力。综上,参照有关非认知能力的定义以及衡量方式,结合本书所用数据库中相关测量指标的可获取性,后文实证章节主要通过构建大五人格特征或者单一维度的性格特征来衡量非认知能力。

二、家庭教育

(一)家庭教育的含义

我国学者针对家庭教育的概念界定比较多。改革开放初期,《辞海》中对家庭教育的定义为"父母或年长者在家庭里对儿童和青少年实施的教育"(辞海委员会,1979)。赵忠心于 1988 年出版的《家庭教育学》中指出"家庭是实施家庭教育的环境,年长者是教育者,子女或年幼者是受教育者"。由此可见,此阶段家庭教育的含义具有单向性的特点。随后,王兆先于 1992 年出版的《家庭教育辞典》认为广义的家庭教育存在双向性,即"父母与子女相互之间的教育"。步入 21 世纪,李天燕(2007)认为,家庭教育还包括"家庭氛围、父母交谈和行为对子女产生的教化",即家庭教育已经延伸到由家庭环境、家庭文化等因素带来的影响。缪建东(2009)则强调了家庭教育的终身性,认为其"不再局限于人生某个阶段,而是贯穿人的一辈子"。总体而言,家庭教育的定义经历了从单向性到双向性、再到更深层次的人与环境融合并且拓展到终身教育的过程,体现了家庭教育含义的广泛性和深刻性。

根据上述家庭教育的概念界定,结合下文实证分析所用数据库中变量可获取性的实际情况,参照已有研究设定,本书将家庭教育理解为父母为支持子女成长所做的一切,包括提供衣食住行以及引导情感和智力发展(Doepke et al.,2019);进一步地,将家庭教育拓展为父母教育投入和父母教养方式两个层面(Heckman & Mosso,2014;Francesconi & Heckman,2016),前者通常指父母的时间投入和金钱投入等投资密集型互动,后者通常代表父母的要求和反应等注意力密集型互动(Cobb-Clark et al.,2019)。鉴于此,下文将分别梳理父母教育投入和父母教养方式的含义。

(二)父母教育投入的含义

以往学者常常将父母教育投入概念化为金钱和时间的投入(Aiyagari et al.,2002;Attanasio et al.,2020b);或者划分为包括学区房、教育支出、课外补习等在内的货币性投入,以及包括文化资本、社会资本、付出的时间和精力等在内的非货币性投入(Liu & Xie,2015)。

父母金钱投入(货币性投入)的观点起源于加里·S.贝克尔(Gary S. Becker)的理论研究,贝尔克认为拥有经济资源的父母通过在子女教育和健康等方面投入金钱来提升其人力资本水平(Becker & Tomes,1986)。因此,家庭收入会直接影响子女的发展。具体而言,高收入的父母能够打造良好的家庭环境,为子女购买更多与教育有关的商品和服务(如书本和钢琴课),把子女送到更好的学校或者选择居住在高质量的学区,而更好的学校(学区)有更优秀的教师、同伴和基础设施资源,这些都有利于子女发展(Coleman,1966;Garrett et al.,1994;Miller & Davis,1997)。

随后,有学者认为父母的时间投入(非货币性投入)给子女人力资本发展带来了更大的影响(Mayer,1997;Heckman,2006;Heckman & Mosso,2014)。父母的时间投入可以补充或替代金钱投入,是影响子女认知能力和非认知能力形成的主要因素(Bernal & Keane,2010;Del Boca et al.,2014;Lee & Seshadri,2019),高质量的父母时间投入甚至可以减轻低收入家庭导致的子女早期人力资本发展劣势(Gertler et al.,2014)。原因可能在于,即使家庭的经济资源会发生波动,但是教育、文化和社会资本往往保持稳定。因此,时间投入(非货币性投入)对子女人力资本发展的影响比金钱投入(货币性投入)带来的影响更为全面和深远(Liu & Xie,2015)。

现有相关研究大多由西方学者开展,然而父母的金钱和时间投入对子女人力资本发展的影响效应可能取决于不同的社会背景。当某个社会中的经济资源对获得教育资源至关重要时,父母更有可能通过金钱投入将家庭优势传递给子女;当非经济资源更重要时,父母更有可能通过时间投入促进子女发展。因此,有必要了解中国背景下父母教育投入及其不同维度对子女人力资本发展的影响及内在机制。

(三) 父母教养方式的含义

父母教养方式的概念起源于发展心理学。20世纪60年代,Baumrind(1966)将父母教养方式归纳为三类,分别是权威型、专制型和宽容型。Maccoby & Martin(1983)进一步将父母教养方式划分为两个维度和四种类型。两个维度中,要求(demandingness)是指父母对子女的控制、监督和期望;反应(responsiveness)是指父母对子女的情感支持、沟通交流或生活参与。如图2-1所示,高要求和高反应代表权威型(authoritative);高要求和低反应代表专制型(authoritarian);低要求和高反应代表宽容型(permissive);低要求和低反应代表忽视型(neglecting)。这一分类至今仍在父母教养方式的研究中占主导地位,此后诸多心理学研究运用此分类探讨了不同父母教养方式对子女偏好、性格和产出等方面的影响(Aunola et al.,2000;Spera,2005;Chan & Koo,2011)。

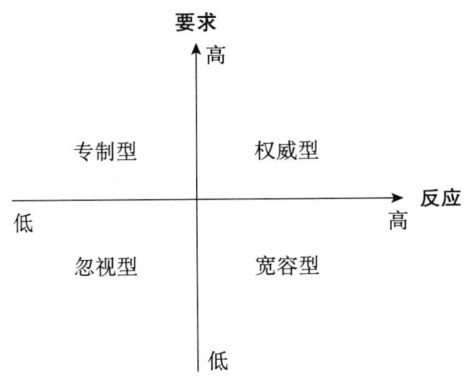

图2-1 父母教养方式的划分

自从Becker(1981)首次考虑了童年时期的家庭影响以来,经济学领域也涌现了大量关于养育子女的文献,可见经济学家对于育儿的关注度日益增加。一些学者认为父母教养方式指的是父母养育子女时所采取的广泛策略(Doepke et al.,2019)。例如,Lizzeri & Siniscalchi(2008)探讨了利他式(altruistic)家长的决策问题。虽然父母可以保护孩子免受因不知情的选择而带来的负面后果,但是也减少了孩子从教训中获得经验的机会,降低了他们的学习能力。这种情况下就会产生不同的育儿决策,决策取决于父母是想保护孩子避免因自身行为遭受负面影响,还是希望他们最大限度地获得学习机会。这项研究与已有多数文献中的模型设定相同,只关注了父母的利他式动机而没有考虑家长式(paternalistic)动机,即父母的目标都是让孩子成为他们想成为的最好的人(Heckman & Mosso,2014)。但是,Doepke & Zilibotti(2017)指出父母对于选择一个"适当"的教养方式其实存在不同观念,表现为利他式或家长式的冲突。利他式的父母关心孩子的效用,因此用孩子的效用函数来评价孩子的行为;而家长式的父母试图塑造孩子的偏好和选择,通过自己的效用函数来评价孩子的行为。Doepke et al.(2019)的养育决策模型进一步将父母教养方式与能力形成技术结合起来,构建了家庭人力资本投资方程的一般形式。

除了上述划分父母教养方式的方法,还有研究将父母教养方式划分为尊重(respectful)和监督/纪律(monitoring/ disciplinary)两个维度(Spera,2005;Cobb-Clark et al.,2019;Deng & Tong,2020);或者温暖(warm)和控制(control)两个维度(Darling & Steinberg,1993)。事实上,已有研究表明无论是哪种划分方法,都是基于 Baumrind(1966)和 Maccoby & Martin(1983)最初有关教养方式的分类(Cobb-Clark et al.,2019)。例如,利他式、尊重、温暖与父母的"反应"高度一致,而家长式、监督/纪律、控制也可以解释为父母的"要求"。换言之,高水平的温暖和控制同样对应权威型教养方式(Wake et al.,2007)。因此,参照已有研究有关父母教养方式的定义以及调查数据中相关变量的可获取性,本书实证章节最终使用的父母教养方式主要是基于父母要求和父母反应两个维度来划分成权威型、专制型、宽容型和忽视型四种类型。

第二节　家庭教育与子女认知能力和非认知能力

发展心理学、公共卫生学和社会学研究常常将家庭教育与子女发展联系起来(McLoyd 1998;Guo & Harris,2000;Kelly et al.,2011),并发现家庭教育与子女的诸多产出相关,例如在学校的表现(Spera,2005)、性格特征(Weiss & Schwarz,1996)和各种风险行为(Chan & Koo,2011)。

相比之下,以往经济学领域更关注父母的学历、职业和收入等外部特征对子女发展的影响,忽视了家庭教育在塑造子女认知能力和非认知能力过程中的作用。随着赫克曼及其团队构建了以能力为核心的新人力资本理论并证实了父母在子女认知能力和非认知能力发展过程中会发挥重要作用(Heckman & Mosso,2014),大量学者开始关注家庭的养育和指导,从而获取与人类发展有关的更丰富的概念。结合上文针对家庭教育的理论解释,本节主要梳理了两方面的文献,一是父母教育投入影响子女认知能力和非认知能力的相关研究;二是父母教养方式影响子女认知能力和非认知能力的相关研究。

一、父母教育投入与子女认知能力和非认知能力

父母在子女的认知和社会情感领域的发展中扮演着非常重要的角色(Li & Xie,2017)。虽然基因在形成原始智力方面起着关键作用,但子女的原始智力并不完全由父母的基因决定,还取决于父母的养育行为及家庭环境(Kautz et al.,2014)。

以往学者常常将教育投入概念化为时间和金钱的投资(Aiyagari et al.,2002;Attanasio et al.,2020b)。父母为孩子的成长、教育和照料花费越多的时间和金钱,子女在认知发展、教育和未来收入方面就会取得越高的成就(Hill & Oneill,1994)。Paxson & Schady(2007)通过调查3 000多名厄瓜多尔贫困学龄前儿童,发现教育投入与儿童的认知能力显著相关,而且这种相关性随着儿童年龄的增长而提高,因此旨在提高养育质量的干预项目可能会极具效率。基于由2 089名儿童及其家庭组成的多民族低收入样本,Lugo-Gil & Tamis-Lemonda(2008)估计了家庭资源、教育投入和儿童认知能力之间的关系,发现在控制家庭资源、上一阶段教育投入等变量之后,当前的教育投入仍然对儿童认知能力有显著正向影响。通过访谈435名儿童及其母亲,Falk et al.(2021)发现,来自社会经济地位较低的家庭的父母,其时间投入提高20%将会缩小大约2/3的子女非认知能力差距。Del Boca et al.(2014)探讨了子女能力形成中父亲与母亲时间投入的最佳比例。研究发现,虽然母亲的时间投入在孩子的成长过程中至关重要,但是在孩子发展的某些阶段,父亲的时间投入同样有效。Fiorini & Keane(2014)利用来自澳大利亚儿童纵向研究的时间利用记录来研究时间分配对不同活动的影响。研究结果表明,父母的时间投入对子女认知能力发展最有成效;而非认知能力则很大程度上受到母亲教养方式的影响。

国内相关研究中,杜屏等(2018)运用天津市某区10所小学的调查数据,发现父母工资水平和家庭物质资源投入都对子女非认知能力产生正向影响。但卢春天等(2019)基于CEPS数据发现,与金钱投入相比,父母的情感投入更能提高子女认知能力水平。与此结论类似,梁文艳等(2018)发现父母对子女的时间投入显著提升了流动儿童的认知能力。王春超和林俊杰(2021)进一步表明,亲子陪伴时间、督导时间、娱乐时间等时间投入的维度几乎都对子女人力资本水平有显著影响。李佳丽等(2021)则分析了家庭教育投入对不同阶层背景的学生非认知能力的异质性影响,研究结果表明,货币性支出这种金钱投入以及亲子交流和陪伴等时间投入,在中等阶层或弱势阶层家庭背景影响子女心理健康的路径中起到中介作用。

还有学者将文化资本投入或父母参与看作父母教育投入。例如,李丽等(2017)表明,文化资本投入显著促进了子女非认知能力发展。李丽和赵文龙(2017)进一步发现,文化资本投入对子女认知能力和非认知能力的提升都有显著促进作用。李波(2018)运用北京市46所中小学的调查数据,发现父母参与能够显著提升子女非认知能力水平,并且能通过促进子女非认知能力发展进一步提高其学业成绩。基于CEPS数据,杨中超(2018)发现父母参与不仅能够直接提高子女认知能力和非认知能力,而且能够通过提升子女的自我教育期望,间接提升子女非认知能力水平。武玮和李佳丽(2021)同样表明,父母参与通过影响父母和子女对未来的信心,间接提升子女的认知能力和非认知能力。

二、父母教养方式与子女认知能力和非认知能力

父母教养方式是与儿童发展有关的核心因素(Collins et al.,2000)。大量来自欧美国家的研究结果表明,权威型的父母教养方式通常与子女发展呈正相关,而专制型、宽容型或忽视型的父母教养方式与子女发展呈负相关(Baumrind,1968)。例如,Kiuru et al.(2012)的研究结果显示,权威型教养方式正向预测子女的认知能力,并且对于提高那些有阅读障碍的儿童的认知能力发挥了更大的作用。基于美国青年纵向研究数据,Kimmes & Heckman(2017)发现,权威型教养方式以认知能力为中间机制影响子女上大学的决策。

不仅如此,大量文献探讨了父母教养方式和子女人格特征(Weiss & Schwarz,1996)、自尊(Furnham & Cheng,2000)、人际关系(Ang,2006)等非认知能力之间的关系。诸多心理学领域的研究表明,权威型教养方式能够促进子女获得更高的自尊与自我效能感、更好的情绪、更强的独立性和社交能力(Furnham & Cheng,2000;Ang,2006),专制型教养方式则会对孩子的非认知能力产生消极影响(Lamborn et al.,1991;Mauro & Harris,2000;Mattanah et al.,2005)。一些经济学家还发现尊重、积极和温暖的教养方式也有利于子女非认知能力的发展(Dooley & Stewart,2007;Fiorini & Keane,2014;Cobb-Clark et al.,2019),而且母亲的教养方式比父亲的教养方式发挥了更大的作用(Khanam & Nghiem,2016)。

国内相关研究中,张茜洋等(2017)基于对北京市某小学三年级和四年级的262名学生的调查,发现父亲教养方式中的情感温暖和理解维度与子女的元认知呈显著正相关;父亲和母亲教养方式中的惩罚严厉、过度干涉和保护、拒绝否认维度都与子女的注意力呈负相关。朱红和张文杰(2020)针对精英大学生群体的研究同样发现,情感温暖型教养方式是培养子女高阶认知能力的重要因素。Li & Xie(2017)基于对110名3—6岁儿童进行的为期6个月的追踪调查,发现专制型教养方式对中国儿童的认知能力具有积极的长期影响。吴贾等(2020)运用CFPS数据,探讨了教育方式作为中间机制如何解释父母耐心程度对子女认知能力的影响。研究发现,自主支持式的教育方式有助于提高子女的认知能力,并且在父母耐心程度影响孩子认知能力的过程中发挥了部分中介作用。除此之外,茅铭芝(2020)还估计了父母教养方式的溢出效应,发现同一班级学生获得有利教养方式的比例,有可能通过家长互动的途径影响其他学生的认知能力水平。

有关父母教养方式影响子女非认知能力的研究中,一些学者认为权威型教养方式对子女的社会适应性、同伴关系、自我效能感、社会交往等非认知能力有正向影响(黄超,2018;张皓辰和秦雪征,2019;Deng & Tong,2020;李佳丽等,2020),而专制型或忽视型教养方式使子女更容易出现违纪和反社会行为(Wang & Xing,2014)。然而,也有学者持不同意见。Li & Xie(2017)认为在中国文化背景下,专制型教养方式在儿童心理发展方面发挥了积极作用,例如言语敌意正向预测了儿童的社会关系。原因可能在于亚裔父母的言语敌意等同于对子女的关怀(Chao,1994),中国孩子各方面的优异表现得益于父母严厉的管教。Chao & Aque(2009)同样发现,专制型教养方式并没有对亚裔儿童产生负面影响,因为这种教养方式符合中国传统的管教观念,表现了父母对子女的关爱。

第三节 家庭教育、子女认知能力和非认知能力与学业表现

本节主要梳理了家庭教育、子女认知能力和非认知能力与学业表现之间的关系。考虑到家庭教育有可能通过影响子女认知能力和非认知能力,进而影响其未来产出结果,根据下文实证部分所用调查数据以及可获取的变量,本研究主要考察的是对子女而言比较重要的教育产出。以往多数研究普遍将学业表现作为衡量个体教育产出的变量,其中既包括阅读、数学测试等标准化成绩(Deary et al.,2007),也包括教育获得(Kimmes & Heckman,2017)、辍学率(Majumder,2016)等方面。认知能力是预测学业表现的强有力的因素之一(Deary et al.,2007)。认知能力水平越高,学业表现越好(Jencks et al.,1979;Jensen,1998)。虽然认知能力在子女获得教育成就方面扮演着重要角色,但是性格特征也有助于预测学业表现(Borghans et al.,2016)。近年来,诸多文献揭示了非认知能力在学业发展中的关键作用(Furnham et al.,2002;Beaujean et al.,2011)。非认知能力不仅是影响听课率和额外学习时间的重要因素(Delaney et al.,2013),而且更高的非认知能力会使子女获得更长的受教育年限,以及更大的接受高等教育的可能性(Heckman et al.,2006)。

此外,认知能力和非认知能力具有可塑性(Thompson & Nelson,2001;Cunha et al.,2005;Kautz et al.,2014),且家庭教育有助于促进子女认知能力和非认知能力的发展。因此,父母教育投入和教养方式有可能通过影响子女的认知能力和非认知能力,进而对他们的学习表现发挥作用。在此基础上,下文主要梳理了三个方面的研究成果,一是认知能力影响学业表现的有关文献;二是非认知能力影响学业表现的有关文献;三是家庭教育影响子女学业表现的有关文献。

一、认知能力与学业表现

认知能力是预测学业表现的重要因素(Heckman & Raut,2016;Kimmes & Heckman,2017)。以往诸多研究发现认知能力与学业表现之间存在中等强度的相关性(Jencks et al.,1979;Jensen,1998;Deary et al.,2007),标准化学业成绩甚至可以用来准确估计智力(Frey & Detterman,2004)。具体而言,Jencks et al.(1979)详细描述了6个纵向研究中的8个样本,报告了认知测试分数和受教育程度之间的相关系数为0.40—0.63。Jensen(1998)发现高中生的智力测试分数与学业成绩的相关系数为0.50—0.70。一些学者也得出了类似的结论,例如Deary et al.(2007)运用为期5年的纵向研究数据,探讨了七万多名英国儿童11岁时的认知能力和16岁时考试成绩之间的关系,发现认知能力与英国普通中等教育证书考试成绩之间的相关系数为0.81。Leeson et al.(2008)对639名高中生实施了一项为期3年的纵向研究,结构方程模型的结果显示,认知能力在预测青少年的学业成绩上发挥着重要作用。Beaujea et al.(2011)采用潜变量模型,探讨了高等学校学生的认知能力、大五人格与学业成绩之间的关系,并发现认知能力和大五人格都可以独立预测学业成绩。此外,Rohde & Thompson(2007)研究了一般认知能力与工作记忆、处理速度、空间能力等几项特定认知能力对于学业成绩的影响,并发现,虽然一般认知能力与学业成绩显著相关,但是单一的一般认知能力无法解释超过50%的学业成绩差异。对于语文成绩而言,一般认知能力是比特定认知能力更强的预测指标;但是空间能力和处理速度(特定认知能力)对于数学成绩有更重要的预测作用。

国内许多学者基于大规模调查数据探讨了认知能力与学业表现之间的关系。Zhao et al.(2019)收集了来自北京和苏州民办农民工子弟学校以及河南和安徽农村公立学校的一万多名小学生的数据,研究发现,认知能力和数学成绩之间高度正相关。而且认知能力和学业成绩之间的相关性比其他因素和学业成绩之间的相关性要强得多,证明了农村学生在认知能力上的差异是导致成绩差距的重要因素。Glewwe et al.(2017)对甘肃农村两千多名9—12岁儿童进行了追踪研究,发现认知能力与语文、数学成绩呈正相关。进一步研究表明,与男孩相比,女孩的认知能力对于教育成就的预测程度更强。还有学者估计了中学生的认知能力与学业成绩的关系,例如 Zhou et al. (2020)基于中国西北部两个省份(甘肃省和陕西省)共 3 012 名农村初中生的调查数据,采用瑞文标准推理测验(Raven's Standard Progressive Matrices)和韦氏儿童智力量表(Wechsler Intelligence Scale for Children)两种方法测量认知能力。研究结果表明,两种方法测量的认知能力都与农村中学生的学业成绩呈正相关。如果认知能力的差距一直存在,并且认知能力与学业成绩之间具有因果关系,那么旨在改善弱势儿童早期认知能力的干预可能是减少不平等的有效方法。

二、非认知能力与学业表现

虽然大量文献显示,学业表现和认知能力密切相关,但是也有研究表明人格特征等非认知能力比认知能力更能预测旷课率、课堂行为、期末成绩等学业表现(Furnham et al.,2002;Heckman & Raut,2016)。国外文献大多以大五人格特征衡量非认知能力,除了尽责性与学业表现普遍呈正相关,其他人格因素对于学业表现的影响存在争论(Poropat,2009)。例如,一些学者发现开放性与学业表现呈正相关(Farsides & Woodfield,2003;Laidra et al.,2007),而其他研究表明两者之间不相关(Busato et al.,2000;Chamorro-Premuzic & Furnham,2003;Duff et al.,2004)。宜人性、外向性、神经质也是如此,一些研究发现它们与学业表现呈负相关(Chamorro-Premuzic & Furnham,2003;Rothstein et al.,1994),而其他学者则认为两者呈正相关(Rothstein et al.,1994;Sanchez et al.,2001),或者不相关(Busato et al.,2000;Duff et al.,2004)。出现争论的原因可能是受访者的年龄存在差异(Poropat,2009)。例如,对于小学生而言,外向性与学业成绩呈正相关(Furnham et al.,2002);但是对于中学生和高等学校的学生而言,两者之间呈负相关(Eysenck,1996)。同样,神经质倾向于与中学生的学业成绩呈正相关,但与中学以上阶段学生的学业成绩呈负相关(Eysenck,1996)。因此,一些学者通过调查相同年龄的样本来控制可能存在的混淆因素(Busato et al.,2000;Chamorro-Premuzic & Furnham,2003;Duff et al.,2004;Farsides & Woodfield,2003;Furnham et al.,2002;Paunonen & Ashton,2001;Sanchez et al.,2001)。这类研究的结果表明,尽责性倾向于与学业成绩呈正相关;神经质与学业成绩呈负相关;宜人性与学业成绩的相关性较弱;开放性、外向性与学业成绩的关系比较复杂,由于不同研究所用样本与方法不同,因此所得结论既有正相关也有负相关。

国内现有文献中,心理学家大多探究非认知能力与学业表现的相关性,或者使用结构方程模型探讨两者关系的中间机制。例如,无论将小学生(何先友,1998)、初中生(李晓东和张炳松,2001)、高中生(王凯荣等,1999)还是将大学生(张日昇和袁莉敏,2004)作为研究对象,研究结论均表明自我效能感与学业表现呈显著正相关。逢宇等(2011)以179名高中生为样本的调查表明,自尊与学业成绩呈正相关,并进一步发现动机、焦虑等因素完全中介于两者之间。周迎楠和毕重增(2017)通过对中小学生进行问卷调查,发现自控力不仅可以直接影响学业成绩,还能通过心理健康的部分中介作用间接影响学业成绩。

相较而言,国内经济学界对此领域的实证研究还比较少。大多数学者将目光聚焦在非认知能力对于劳动力市场的影响,直到最近几年,有关非认知能力影响教育产出的经验分析才有所进展。基于CEPS数据,李丽等(2017)、方超和黄斌(2019)都发现非认知能力与学业表现有关。具体来说,表达清晰、反应迅速、好奇心等非认知能力可以促进学生取得优异成绩,而负面情绪则会对学业成绩产生消极作用。刘中华(2018)运用CFPS数据,以自尊和控制点衡量非认知能力,发现青少年的非认知能力对于学业成绩有显著正向影响。其中,自尊主要通过影响努力程度间接地影响青少年的学业成绩。此外,王骏(2018)基于对小学四年级学生的一项调查,将自尊、合作、人际交往、自我控制、学校适应五个维度作为非认知能力的代理变量,考察了非认知能力与学业成绩性别差异的关系,发现非认知能力的培养对于缩小学业成绩性别差异具有重要作用。

三、家庭教育与学业表现

国内外学者关于父母教育投入对子女学业表现的影响展开了诸多有益研究,多数文献发现父母教育投入显著促进子女学业表现。例如 Hill & Tyson(2009)针对50份文献进行的元分析结果表明,除了父母对子女家庭作业的时间投入,其他方面的教育投入都与子女学业表现呈正相关。Bernal & Keane(2011)构建了女性产后就业和育儿决策的动态模型,以母亲产后工作时间为代理变量衡量母亲照料子女的早期时间投入。研究发现,母亲产后全职工作对儿童发展具有消极作用,侧面反映出母亲早期时间投入是影响子女学业表现的重要因素。张云运等(2015)通过调查小学四年级到六年级的流动儿童,以家庭收入衡量父母教育投入,发现这种教育投入能够正向预测流动儿童的学业表现。这与 James-Burdumy(2005)运用工具变量法得出的结论类似,母亲收入对子女学业成绩有显著正向影响。基于 CEPS 数据,梁文艳等(2018)发现,无论城乡户籍身份、区域流动状况如何,父母情感投入都有效促进了各类儿童的学业发展。胡咏梅和元静(2021)运用中小学生大规模测评数据发现,对于小学生而言,家庭投入比学校投入带来的影响效果更大。

与之类似,父母教养方式同样是影响子女学业表现的重要因素(Masud,2015),尤其是权威型教养方式能够通过培养孩子的自主性进而提高其学业成绩(Garn et al. ,2010)。方平等(2003)基于对初中生的研究,证实了父母对子女采取权威型教养方式有利于其学业表现。张皓辰和秦雪征(2019)基于 CFPS 数据,发现权威型教养方式对子女的学业表现而言是最好的教养方式。基于 CEPS 数据,Yang & Zhao(2020)同样表明权威型教养方式极大地促进了子女学业成绩的提高。一项元分析结果显示,权威型教养方式适用于各国父母,在某些文化背景下,宽容型和专制型教养方式也较为合适,但是无论对于哪个国家的父母而言,忽视型教养方式都不利于子女的成长(Pinquart & Kauser,2018)。例如,Chao(2001)认为华裔父母的专制型教养方式对子女的发展更有利。究其原因,Baumrind(1966)划分的教养方式在亚裔家庭中有不同的内涵,亚裔父母对子女更多的是提供内在的情感支持,而不是像西方父母那样经常赞扬、拥抱或亲吻子女(Chao & Tseng,2002)。Sangawi et al. (2015)的一项跨文化研究总结,对于东方国家而言,专制型教养方式通过引导子女重视纪律和规范,进而对子女的学业表现产生积极影响。

有关家庭教育影响子女学业表现的机制研究中,一方面,已有研究证实了认知能力和非认知能力能够有效促进学业表现的提升(Glewwe et al. ,2017;Zhao et al. ,2019;Zhou et al. ,2020;李丽等,2017;方超和黄斌,2019;刘中华,2018)。另一方面,诸多研究表明家庭教育能够促进子女认知能力和非认知能力的形成(Del Boca et al. ,2014;Fiorini & Keane,2014;Falk et al. ,2021;张茜洋等,2017;黄超,2018;Cobb-Clark et al. ,2019;Deng & Tong,2020;王春超和林俊杰,2021)。基于此,一些学者开始探讨认知能力和非认知能力在家庭教育影子女学业表现的过程中发挥的作用。例如,Li et al.(2019)利用 CEPS 数据,考察了父母教育投入与子女学业表现的关系以及认知能力的中介效应。研究显示,教育期望、辅导和家庭作业监督对子女学业表现的影响最大,而其他形式的父母教育投入影响较小。通过中介效应分析发现,父母教育投入对学业表现的影响部分可归因于父母教育投入对认知能力的影响。李波(2018)基于对四年级和八年级学生的一项调查,讨论了父母参与如何影响子女学业表现,发现非认知能力是父母参与影响子女学业表现的中间机制。Kimmes & Heckman(2017)基于美国青年纵向研究数据,考察了父母如何影响年轻人的高等教育决策。研究结果表明,虽然父母教养方式并不直接影响子女的高等教育决策,但是会通过影响孩子的信念、期望和态度等非认知能力间接地影响孩子是否上大学的决定。

第四节 家庭教育与能力的代际传递

大量证据表明,日益加剧的不平等与代际流动性的增强密切相关(Anger, 2012)。现有文献主要集中在收入的代际流动(郭丛斌和闵维方,2007;陈琳和袁志刚,2012;周兴和张鹏,2015;杨娟等,2015;杨沫和王岩,2020),或者教育的代际流动(池丽萍和俞国良,2011;李任玉等,2017;张建华和万千,2018;罗楚亮和刘晓霞,2018;邹薇和马占利,2019),并将两者作为衡量代际社会经济地位差异的标准。从长远来看,如果实施旨在减弱代际流动性的政策,探讨究竟是什么原因驱动了社会经济地位的代际传递非常必要。由于认知能力和非认知能力已经被证实在教育和收入等产出中发挥了重要作用(Cawley et al.,2001; Bowles et al.,2001; Cunha et al.,2005; Heckman et al.,2006; Borghans et al., 2008;李涛和张文韬,2015;程虹和李唐,2017;周洋和刘雪瑾,2017;王春超和张承莎,2019),因此,能力的代际传递或许可以解释社会经济地位的代际持久性(Blanden et al.,2007)。

近年来,一些文献开始探讨认知能力和非认知能力的代际传递(Black & Devereux,2010)。一方面,讨论能力的代际传递有助于解释社会经济产出中不同代际传递性背后的原因(Blanden et al.,2007;Anger & Heineck,2010;

Bjorklund et al.,2010;Johnston et al.,2013)。另一方面,通过探寻家庭教育在能力代际传递中发挥的作用,有助于改善个体能力不平等的现象,避免让出身弱势背景的孩子陷入能力持续低下的困境(Byford et al.,2012)。综上,下文将依次梳理相关的研究,主要包含三个方面的文献:认知能力的代际传递、非认知能力的代际传递、家庭教育对能力代际传递的影响。

一、认知能力的代际传递

目前为止,经济学研究的视角主要集中在对于收入或者教育的代际流动性分析上。虽然近年来涌现出大量与认知能力有关的文献,但是很少有学者研究认知能力的代际传递。这个话题在心理学界并不新鲜,Bouchard & McGue(1981)通过梳理已有文献,计算得出父母和子女的智力相关系数为0.42—0.72。然而,大多数心理学研究使用的样本量偏小,因而缺乏代表性。此外,经济学领域还运用了美国(Agee & Crocker,2002)、挪威(Black et al.,2009)、瑞典(Bjorklund et al., 2010;Grönqvist et al., 2017)、英国(Brown et al., 2011;De Coulon et al., 2011)和德国(Anger & Heineck,2010;Anger,2012;Anger & Schnitzlein,2017)等国家的数据对于认知能力的代际传递进行了分析。

具体而言,Agee & Crocker(2002)以皮博迪图片词汇测验(Peabody Picture Vocabulary Test,PPVT)得分衡量父母认知能力、韦氏儿童智力量表得分衡量子女认知能力,发现两者之间的相关系数为0.314。基于英国国家儿童发展数据,Brown et al.(2011)表明父母童年时期的阅读测试和数学测试成绩与子女在相同年龄时的测试成绩呈正相关,而且这种相关性在阅读测试上更强。其中,阅读测试成绩的代际相关系数为0.211;数学测试成绩的代际相关系数为0.061。运用英国出生队列研究(British Cohort Study)数据,De Coulon et al.(2011)发现父母在成年时期的读写和计算能力同样与子女的认知测试得分显著相关。因此,旨在提高父母认知能力的政策不仅会影响社会经济生活的一系列产出,还会影响其子女的认知能力。

由于读写和计算能力是学校教育的直接结果,使用智力测试分数作为认知能力的衡量标准更合理。Black et al.(2009)和Bjorklund et al.(2010)分别使用挪威和瑞典大规模的全国代表性数据,基于智力测试分数估计了父亲与儿子之间认知能力的代际相关性。Black et al. (2009)计算得出两者之间的代际相关系数为 0.32。Bjorklund et al. (2010)测得该系数为 0.347,而兄弟姐妹之间的智力相关系数为 0.473,这表明约 50% 的智力差异可以归因于家庭和社区背景因素,家庭背景对认知能力的影响效应大于认知能力的代际相关性。运用德国社会经济追踪调查数据,Anger & Schnitzlein(2017)同样讨论了兄弟姐妹之间能力的相关性,并将其作为代际能力相关性的解释机制。该研究得出兄弟姐妹之间认知能力的相关系数高于 0.50。这表明认知能力的不平等有一半以上可以用共同的家庭因素来解释。

虽然 Black et al. (2009)和 Bjorklund et al. (2010)基于大规模的全国代表性数据,但是使用的是义务入伍测试中的智力得分衡量认知能力,因此仅限于探讨父亲与儿子之间认知能力的代际传递。Anger & Heineck(2010)的研究弥补了上述文献的不足,区分了父亲和母亲分别对子女认知能力的代际传递效应。结果显示,与父亲相比,母亲在认知能力的代际传递中发挥着更关键的作用。进一步划分孩子的性别后发现,父亲的认知能力仅与儿子的认知能力相关,而母亲的认知能力与女儿的认知能力有更强的相关性。Grönqvist et al. (2017)的研究表明母亲与儿子之间认知能力的相关性强于父亲与儿子之间认知能力的相关性。而且该研究发现父母的认知能力和非认知能力与子女的受教育程度和劳动力市场产出密切相关。Anger(2012)考察了父母的认知能力对于两个不同年龄组子女认知能力的影响,发现青少年子女(17 岁左右)的代际传递效应相对较小,相关系数为 0.12—0.24,但是对于成年子女(18—29 岁)而言,代际认知能力的相关系数高达 0.56。因此,该研究认为认知能力的代际传递效应随着子女年龄的增长而增强。原因可能在于青少年时期的子女仍在学校念书,与父母的影响相比,受到老师和同龄人的影响更大。

二、非认知能力的代际传递

尽管经济学领域有关非认知能力的研究越来越多(Borghans et al.,2008),但是父母在培养子女非认知能力过程中发挥的作用仍未被充分研究。心理学家早在 20 世纪就一直致力于研究父母与子女在人格特质上的相似性。Loehlin (2005)选取了 59 个样本,整理了包含 1 279 项父母和子女在人格特征方面的代际相关系数,并发现父母与子女之间人格特征的相关系数约为 0.10—0.15。另一项研究综述中,Groves(2005)报告了更强的人格特征的代际相关性。例如,Crook(1937)测算得出父母与子女之间神经质的代际传递系数为 0.29;Insel(1974)认为外向性的代际传递系数为 0.25;Carmichael & McGue(1994)则发现社会赞许性的代际传递系数也为 0.25。

最近,经济学领域的诸多文献开始探讨时间偏好(Brown & Van Der Pol,2015;Brene & Epper,2019;吴贾等,2020)、风险偏好和信任态度(Dohmen et al.,2012;Alan et al.,2014;Alan et al.,2017;Zumbuehl et al.,2021;刘靖和毛学峰,2021)、大五人格特征和控制点(Anger,2012;Zumbuehl et al.,2021)、情绪稳定(Grönqvist et al.,2017;De Coulon et al.,2011;Johnston et al.,2013)、自尊、行为和态度(Mayer et al.,2004)、社会情感技能(Attanasio et al.,2020c)等非认知能力的代际传递。

具体而言,Brown & Van Der Pol(2015)基于澳大利亚家庭调查数据,发现父母与子女在时间偏好上存在显著相关性,而且母亲对子女时间偏好的代际传递性要强于父亲。同时,时间偏好的代际传递性随着儿童年龄的增长持续存在(Brene & Epper,2019)。基于 CFPS 数据,吴贾等(2020)以时间偏好衡量耐心,发现父母耐心程度具有代际传递性,对于较为耐心的父母,他们孩子的耐心程度也较高;刘靖和毛学峰(2021)则发现信任态度也具有代际传递性,而且母亲带来的影响效应强于父亲。Dohmen et al.(2012)运用德国的数据研究了经济决策的两个关键因素:承担风险的意愿和信任他人的意愿。研究发现,两者都具有明显的代际传递性。Alan et al.(2017)进一步指出,母亲通过养育投入来影响风险偏好的传递程度。Zumbuehl et al.(2021)的研究表明,内外控制点以及大五人格特征中的尽责性、开放性、外向性、宜人性、神经质维度都具有代际传递性。基于英国出生队列研究数据,Johnston et al.(2013)探讨了心理健康的代际传递性,发现两代间的相关系数为 0.190;而且这种相关系数在母女之间比在母子之间大 30%。Attanasio et al.(2020c)使用相同的数据关注了社会情感技能的两个维度——内化技能和外化技能的代际传递性。该研究还进一步估计了社会情感技能的隔代传递,并发现祖母与孙辈的社会情感技能显著相关。当然,还有学者得出其他结论。Mayer et al.(2004)基于美国青年纵向研究数据测量了母亲和女儿之间自尊、抑郁、害羞等非认知能力的代际传递,发现母女之间的非认知能力只有微弱的相关性,而且这种相关性几乎不受家庭社会经济地位的影响。

三、家庭教育对能力代际传递的影响

诸多研究普遍认为,代际认知能力和非认知能力的传递主要有两条路径(Anger,2012)。其一,能力通过基因遗传(Plomin et al. 1983)。其二,能力通过环境因素(例如家庭教育)传递(Sacerdote,2002)。例如,高能力的父母更有可能负担得起高质量的托育服务,购买高质量学区的住房,承担私人课程和高等教育的费用,为子女提供良好的成长环境,从而提高子女的能力。如果子代能力完全由父代遗传,人力资本的不平等将持续存在。然而,如果能力的传递也会受到家庭教育的影响,则有可能降低不平等的持续性,从而增强社会经济流动性。考虑到认知能力和非认知能力的代际传递受到遗传与环境因素的共同影响,一些学者开始探讨家庭教育在能力代际传递中的作用。

在父母教育投入影响能力代际传递方面,Anger & Heineck(2010)认为在认知能力可塑的情况下,政策制定者应当鼓励父母在子女儿童时期创造良好的家庭环境,并支持父母进行积极的教育投入。Alan et al.(2014)发现父母教育投入显著调节了母亲对女儿风险偏好的代际传递。Zumbuehl et al.(2013)的研究显示,父母能够通过教育投入塑造子女的风险偏好和信任态度,因此教育投入更多的家庭中父母与子女在风险偏好和信任态度方面更相似。Zumbuehl et al.(2021)解释了上述结果,认为父母越积极地进行教育投入,子女的态度和性格就越好,进而有助于子女在生活中取得成功。

在父母教养方式影响能力代际传递方面,Brown et al.(2011)表明,数学能力的代际传递中遗传因素比较重要;而阅读能力的代际传递中父母教养方式更重要。基于英国出生队列研究数据,Byford et al.(2012)发现父母认知能力对于子女的能力没有直接影响,但是会通过教养方式对子女能力产生重要的间接影响。Falk et al.(2021)通过访谈435名孩子及其母亲,发现来自高社会经济地位家庭的母亲和孩子更有耐心,更倾向于利他主义,在智力测试中得分也更高。进一步研究表明,父母教养方式的差异会导致子女与同龄人在认知能力和非认知能力方面的差距。此外,Brene & Epper(2019)同时探讨了父母教养方式和教育投入在耐心代际传递中发挥的作用,发现权威型和宽容型教养方式是耐心代际传递中的重要调节因素。国内学者吴贾等(2020)运用 CFPS 数据,探讨了教育方式作为中间机制如何解释父母耐心程度对子女人力资本的影响,并得出结论:耐心的父母更多地采取了自主支持式教养方式,从而促进子女数学成绩和非认知能力的提升。

总之,基因固然重要,但是能力并不仅仅由基因决定。越来越多的研究指出,基因表达本身就由包括养育在内的环境因素介导(Nisbett et al.,2012),无论何种情况下考虑环境因素在调节基因表达中的作用,对遗传作用的估计都会受到很大的影响。具体而言,在人力资本的长期代际传递性中,约 1/3 是由出生后的环境因素所导致的(Adermon et al.,2021)。最近一项历时 30 年的对猕猴进行的观察发现,养育是驱动早期生命优势代际传递的主要机制(Dettmer et al.,2020)。具有早期生命优势的雌性猕猴,其后代更有可能在后期获得较高的社会地位和良好的健康状况。该发现与 Heckman & Mosso(2014)通过整理大量实验证据得出的结果一致,正如具有早期生命优势的雌性猕猴通过养育来促进其后代的发展,人类也可以通过高质量家庭教育提高子女认知能力和非认知能力水平。

第五节　家庭教育与子女人力资本的动态形成

上述文献大多基于线性回归方法讨论家庭教育对某个时期子女人力资本发展的影响。然而,子女人力资本形成是一个动态发展的过程,而且家庭教育与子女人力资本之间并不一定总是呈现线性关系。因此,随着 Cunha & Heckman(2007,2008)构建了人力资本的 CES 生产函数,近年来许多学者开始探讨人力资本的动态形成以及其中各要素投入之间的非线性关系。综上,本节将从人力资本生产函数的设定,家庭教育、认知能力和非认知能力的指标构建方法,以往研究选取的研究对象或采用的数据三个方面梳理家庭教育影响子女人力资本动态形成的相关文献。

在模型设定上,多数研究通常构造一个人力资本的 CES 生产函数,来识别家庭教育对子女认知能力和非认知能力的非线性影响,各要素投入的自我生产效应,认知能力和非认知能力形成的敏感时期和关键时期,以及各要素投入之间的替代性或互补性关系。例如,Cunha & Heckman(2007,2008)和 Cunha et al.(2010)等一系列研究发现:随着年龄的增长,儿童认知能力和非认知能力的自我生产效应变得更强。对于能力的代际传递而言,父母对子女认知能力或非认知能力的影响在不同阶段发挥的作用不同。对于家庭教育和子女能力之间的关系而言,随着时间的推移,子女认知能力和父母教育投入之间的互补性增强,而子女非认知能力和父母教育投入之间的互补性减弱。这说明与认知能力相比,后期通过干预非认知能力来弥补早期劣势会更加容易。与之类似,Attanasio et al.(2017)和 Attanasio et al.(2020a,2020b)同样发现:人力资本生产函数中各要素投入之间存在互补性,表现为父母教育投入的边际产出随着儿童认知能力和非认知能力的提高而增加,这意味着对于那些初始能力较低的孩子,尽早干预非常必要。

在指标构建上,以往研究大多基于 Cuhna & Heckman(2008)的动态因子分析法衡量人力资本生产函数的各要素投入。一方面,动态因子分析法可以衡量不同阶段的人力资本或家庭教育变量(Villa,2017;Attanasio et al.,2020a、2020b)。例如,父母对子女幼年时期的教育投入(如给孩子讲故事)对青少年而言可能并不重要,此时动态因子分析法就能够基于儿童不同发展阶段的特点,运用不同指标来衡量生产函数中的各要素投入。另一方面,动态因子分析法还可以使用调查数据中的多种测量指标来估计人力资本或家庭教育变量的联合分布(Agostinelli & Wiswall,2016)。基于动态因子分析法,Attanasio et al.(2020a)使用 PPVT 衡量子女 5 岁时的认知能力,使用 PPVT 结果、数学和阅读测试结果共同衡量子女 12 岁时的认知能力。Cunha et al.(2010)使用服从性、社会性、不安全感、困难感、友好性等指标衡量 1—2 岁幼儿的非认知能力,使用反社会、焦虑、活跃度、冲突等行为问题指标衡量 13—14 岁青少年的非认知能力。Attanasio et al.(2017)将书籍、衣服、鞋子等物质的投入看作子女 5 岁时的父母教育投入;而子女在 15 岁时获得的父母教育投入还包括学费支出。

在研究对象上,目前的文献主要关注了美国(Cunha et al.,2010)、哥伦比亚(Attanasio et al.,2020a)、印度(Attanasio et al.,2020b)等国家人力资本动态形成中各要素投入之间的非线性关系。这些研究不仅描述了生命周期早期人力资本形成的动态演化,而且量化了家庭教育中的父母教育投入对于各阶段子女人力资本发展的关键作用,并估计出一个"机会之窗"(windows of opportunity)——进行父母教育投入最富有成效的时期。具体而言,Cunha et al. (2010)使用美国青年纵向研究数据将0—14岁的儿童(少年)划分为两个阶段,发现与生命周期的第二阶段相比,第一阶段父母教育投入给子女认知能力和非认知能力带来更重要的影响。Attanasio et al. (2020a,2020b)的两项研究分别基于哥伦比亚和印度的数据,前者探讨了父母金钱投入和时间投入对于1—2岁儿童认知能力和非认知能力的影响,发现随着父母教育投入的增加,子女的认知、语言和社会情感能力都得到有效提升,以此强调了父母教育投入在早期干预中的重要性。后者则估计了1—12岁儿童认知能力和健康的生产函数,发现父母教育投入对各年龄段子女认知能力都有影响,但是对年龄更小的孩子作用更大;同时,父母教育投入只对年幼儿童的健康带来正向影响。

第六节 文献述评

基于Cunha & Heckman(2007,2008)和Cunha et al. (2010)等提出的以能力为核心的新人力资本理论,以及Baumrind(1966)和Cobb-Clark et al. (2019)等对家庭教育的理论解释,本章从家庭教育对子女认知能力和非认知能力的影响,家庭教育、认知能力和非认知能力对学业表现的影响,家庭教育对认知能力和非认知能力代际传递的影响,以及家庭教育对子女人力资本动态形成的非线性影响四个方面梳理了国内外代表性文献。主要有以下发现:首先,家庭教育显著促进子女认知能力和非认知能力的发展。智力和性格虽然后天难以改变,但是具有可塑性,因此能够通过积极的教育投入和有利的教养方式得到改善。其次,除了认知能力,非认知能力也与学业表现相关。而且家庭教育可通过影响子女的认知能力和非认知能力进一步对其学业表现产生影响。此外,研究表明父代与子代之间的认知能力和非认知能力密切相关,而且父母教育投入和父母教养方式在能力的代际传递中都发挥了重要作用。最后,家庭教育中的父母教育投入与子女认知能力和非认知能力之间存在互补性,意味着早期干预对于能力处于弱势的孩子而言非常必要。

梳理以往文献时,笔者还观察到以下几个方面的研究遗憾:

第一,多数研究只讨论了家庭教育的单一层面如何影响子女人力资本发展(Aiyagari et al.,2002;Dooley & Stewart,2007;Del Boca et al.,2014;Fiorini & Keane,2014;Falk et al.,2021;Kimmes & Heckman,2017)。然而,Cobb-Clark et al.(2019)指出家庭教育既包括投资密集型互动,又包括注意力密集型互动,即父母教育投入和父母教养方式,并发现两者对子女人力资本发展都存在显著影响。目前还不确定此结论是否适用于我国的社会背景。基于中国的样本,Deng & Tong(2020)关注父母教育投入和教养方式对子女非认知能力的影响。以往研究也较少同时考虑父母教育投入和教养方式对子女学业表现的影响。此外,虽然学者们分别证实了家庭教育能够促进子女认知能力和非认知能力的发展,而且认知能力和非认知能力有助于提升学业表现;但是少有研究将父母的教育投入和教养方式、子女认知能力和非认知能力以及学业表现三个方面联系起来。

第二,目前只有少数研究运用美国(Agee & Crocker,2002;Mayer et al.,2004)、挪威(Black et al.,2009)、瑞典(Bjorklund et al.,2010;Grönqvist et al.,2017)、英国(Brown et al.,2011;De Coulon et al.,2011)和德国(Anger & Heineck,2010;Anger,2012;Anger & Schnitzlein,2017)的数据探讨了认知能力和非认知能力的代际传递性,将家庭教育考虑在内的文献也很少,而且几乎都是来自西方国家的研究。因此并不清楚之前的结论是否适用于我国的社会背景。考虑到父母能力和子女能力之间的关系是社会流动性问题的核心(De Coulon et al.,2011),再加上家庭教育对于人力资本积累具有关键作用,表现为家庭教育与不平等、代际流动和整体经济增长等宏观经济问题高度相关(Doepke & Zilibotti,2017;Doepke et al.,2019)。因此,探讨中国背景下能力的代际传递以及家庭教育在其中发挥的作用,从而更好地理解社会经济产出中不同代际流动性背后的原因及其机制,就显得十分必要。

第三,多数研究仅限于探讨父母教育投入和教养方式对子女人力资本发展的影响。在中国,约有58%的祖辈密切参与了孙辈的养育(Ko & Hank,2014)。随着"三孩"政策的实行以及双职工家庭数量的增加,祖辈在孙辈成长过程中将扮演越来越重要的角色。国内一些学者的研究表明祖辈能够为孙辈提供照顾、管教和监督,为孙辈的人力资本发展做出贡献(Zeng & Xie,2014),还可以通过增加亲子间家庭社会资本进而提高孙辈的学业表现（张帆和吴愈晓，2020）。但是也有研究发现祖辈的过度保护和父母职责的缺失会对儿童早期人力资本的发展产生不利影响（Chang et al., 2019）。当前有关祖辈如何影响儿童发展的文献还存在争论，隔代照料在家庭教育影响子女人力资本形成中又发挥了何种作用，以往研究也未给出明确答案。目前国内经济学领域中，Deng & Tong（2020）同时探讨了父母养育和隔代照料对子女非认知能力的影响。此外，很少有学者关注祖辈与孙辈之间认知能力和非认知能力的传递效应，而且几乎没有研究探讨家庭教育在能力隔代传递中发挥的作用。因此，未来有关家庭教育的研究可以做更多拓展，从而捕捉不同家庭成员与子女认知能力和非认知能力之间的联系，为"三孩"政策背景下的儿童照料提供崭新的视角。

第四，一些文献仅仅分析了家庭教育与子女人力资本发展的相关关系，忽视了潜在的内生性问题。而且，大部分研究关注的是某阶段人力资本的形成，在生命周期中的跨度较小；或者只证实了家庭教育在短期内可以有效提升子女认知能力和非认知能力，并没有评估其长期影响。同时，家庭教育与子女人力资本之间并不一定总是呈现线性关系。具体而言，其一，有较高能力的父母可以为子女提供良好的教育或资源（例如选择居住的社区）。由于父母的特征通常没有被考虑在内，因此估计家庭教育对子女人力资本发展的影响时往往会有选择偏差的问题。又由于子女的认知或非认知能力可能会反过来影响父母对于教育投入和教养方式的选择（Lugo-Gil & Tamis-Lemonda, 2008），因此会产生反向因果问题。其二，仅有的几项基于西方样本的研究探讨了不同阶段的父母教育投入与子女认知能力和非认知能力之间的非线性关系（Cunha et al., 2010；Attanasio et al., 2020a；Attanasio et al., 2020b）。根据笔者在本书写作时期掌握的文献，尚未有学者在中国背景下估计家庭教育对子女人力资本动态形成的非线性影响。总之，有必要使用大型追踪调查数据填补上述研究空白，从而进一步阐明不同时期的家庭教育与子女各阶段人力资本发展的关系。

第五，到目前为止，家庭教育与人力资本的形成、人力资本对产出的影响以及人力资本代际传递的研究大多是孤立的（Doepke et al., 2019）。事实上，这些方面密切相关——家庭教育是子女认知能力和非认知能力形成的关键因素，还能通过影响子女认知能力和非认知能力进而影响其未来产出结果，例如衡量教育产出的学业表现。考虑到父母与子女之间的认知能力和非认知能力可能存在传递性,值得探讨家庭教育对于能力的代际传递带来何种影响。此外,由于认知能力和非认知能力的发展具有动态性,还可以估计哪一时期的家庭教育对于人力资本的形成发挥了更大作用。纵观已有文献,少数研究仅仅结合了上述两方面内容,例如 Falk et al.(2021)表明父母自身能力、教育投入和教养方式给子女智力、耐心、风险偏好等认知能力和非认知能力发展带来了不同影响。Brene & Epper(2019)同时探讨了耐心的代际传递以及家庭教育在其中发挥的作用,但是并没有解决父母教养方式和教育投入存在的内生性问题。

第三章 理论基础

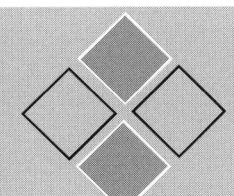

第一节 多期人力资本生产函数

一、以能力为核心的人力资本形成

Cunha & Heckman(2007)构建了一个有关人力资本形成的理论模型。此模型将人力资本的形成描述为一个多期的动态过程,其中的核心概念包括自我生产效应、动态互补效应以及不同能力形成的关键时期和敏感时期。这些概念解释了人类发展过程的各种经验规律(Heckman & Mosso,2014)。

假定个体可以存活 $2T$ 年,第一个 T 年的个体处于童年,童年有多个时期 t, $t \in \{1,2,\cdots,T\}$,$T \geq 2$。第二个 T 年的个体处于成年,成年有多个时期 t, $t \in \{T+1,T+2,\cdots,2T\}$。童年时期 T 可以被划分为 s 个发展阶段,$s \in \{1,\cdots,S\}$,$S \leq T$。定义 $k \in \{C,N\}$,C 代表认知能力,N 代表非认知能力。定义 $I_{k,t}$ 为童年 t 期对于子女能力 k 的投资。定义 h 为父母特征,例如受教育年限、收入、职业等。则 $t+1$ 期能力 k 的生产函数表示为

$$\theta_{k,t+1} = f_{k,s}(\theta_t, I_{k,t}, h) \qquad (3-1)$$

其中,$\theta_t = (\theta_{C,t}, \theta_{N,t})$,即人力资本水平 θ_t 包括认知能力 $\theta_{C,t}$ 和非认知能力 $\theta_{N,t}$。假定 $f_{k,t}$ 对于 $I_{k,t}$ 是严格连续递增的凹函数,并且对于所有参数都二次连续可微。在该模型中,当期能力 θ_t 产生下一期能力 θ_{t+1},并影响投资 I_t 的当期生产率。认知能力的存量可以促进非认知能力的形成,反之亦然。

当 $\dfrac{\partial f_{k,t+1}(\cdot)}{\partial \theta_{k,t}} > 0$,$t \in \{1,\cdots,T\}$,$k \in \{C,N\}$ 时,自我生产效应出现,即某一阶段产生的能力会提高下一阶段获得的能力。自我生产效应包括自身效应(own effects)和交叉效应(cross effects)。前者指的是 $\theta_{N,t}$ 对于 $\theta_{N,t+1}$ 的影响,或者 $\theta_{C,t}$ 对于 $\theta_{C,t+1}$ 的影响。后者指的是 $\theta_{C,t}$ 对于 $\theta_{N,t+1}$ 的影响,或者 $\theta_{N,t}$ 对于 $\theta_{C,t+1}$ 的影响。

当 $\dfrac{\partial^2 f_{k,t+1}(\cdot)}{\partial I'_{k,t} \partial \theta_{k,t}} > 0$,$t \in \{1,\cdots,T\}$,$k \in \{C,N\}$ 时,动态互补效应(dynamic complementarity)出现,即能力存量与投资生产率之间存在直接的互补性。t 时

期能力的储备通过提高投资的生产率促进能力的获得。动态互补效应暗含了更有能力的孩子(具有更高θ_t)在生命周期的后期(例如,成年时期)有更高的投资回报率。即,早期认知能力和非认知能力较高的孩子在未来获取认知能力和非认知能力时有更高的效率。

后期的补救通常不如早期的预防和投资更有效(Cunha et al. ,2005)。一方面,源于上文提及的能力与投资之间的动态互补效应。另一方面,源于能力的形成存在敏感时期和关键时期。敏感时期是指投资生产率相对较高的时期;关键时期是指除此时期之外其他任何时期的投资都无效(Kautz et al. ,2014)。具体而言,式(3-1)可以写成递归的形式,将$\theta_{k,t}$,$\theta_{k,t-1}$,…重复代入,则$t+1$期的能力$\theta_{k,t+1}$表示为如下形式:

$$\theta_{k,t+1}=f_{k,t}(\theta_1,I_{k,1},\cdots,I_{k,t},h),t=1,\cdots,T \quad (3-2)$$

如果投资于$\theta_{k,t}$在第t^*时期有效但是在第t'时期无效,则称第t^*时期是人力资本$\theta_{k,t}$形成的关键时期,即

$$\frac{\partial \theta_{k,t+1}}{\partial I_{k,t'}}=\frac{f_{k,t}(\theta_1,I_{k,1},\cdots,I_{k,t},h)}{\partial I_{k,t'}}=0,t'\neq t^*,但是\frac{\partial \theta_{k,t+1}}{\partial I_{k,t^*}}=\frac{f_{k,t}(\theta_1,I_1,\cdots,I_{k,t},h)}{\partial I_{k,t^*}}>0$$

$$(3-3)$$

如果在相同投资水平下,第t^*时期的投资生产率比第t'时期更高,则称第t^*时期相对于第t'时期是人力资本$\theta_{k,t}$形成的敏感时期,即

$$\frac{\partial \theta_{k,t+1}}{\partial I_{k,t'}}|_{h=\bar{h},\theta_0=\bar{\bar{\theta}},I_{k,1}=i_1,\cdots,I_{k,t}=i_t}<\frac{\partial \theta_{k,t+1}}{\partial I_{k,t^*}}|_{h=\bar{h},\theta_0=\bar{\bar{\theta}},I_{k,1}=i_1,\cdots,I_{k,t}=i_t} \quad (3-4)$$

Kautz et al. (2014)通过绘制一个理论框架进一步解释了上述能力形成的过程。如图3-1所示,生命周期中不同阶段的投资和能力存量相互作用形成认知能力和非认知能力。一方面,产前投资和遗传特征决定了婴儿的初始能力,而后期能力的形成取决于早期获得的能力以及之前的投资。这就是上文提及的自我生产效应概念,即能力的"生产能力"。另一方面,投资(家庭教育、环境和学校)也会影响能力的形成,并且投资生产率会受到各阶段能力水平的调节。如果投资生产率取决于当前的能力水平,这种现象称为"静态互补效应",例如更优秀的学生从额外的投资中获益更多;如果当前的投资提高了未来的能力水平,反过来又提高了未来的投资生产率,这种现象就是"动态互补效应"。

Heckman & Mosso(2014)对静态互补效应和动态互补效应进行了更完整的

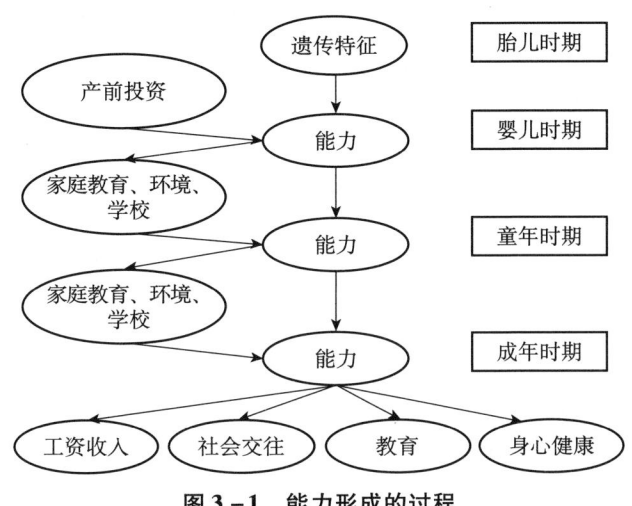

图 3-1 能力形成的过程

资料来源:Kautz et al. (2014)。

讨论,并引出两个主要观点:第一,投资于较高能力存量的青少年和成人往往更有效率。这与 Cameron & Heckman(2001)、Cunha et al. (2005)和 Carneiro et al. (2021)的研究结果一致,更有能力的学生有更高的高等教育投资回报。第二,互补性在生命周期中趋于增加,意味着阶段越晚,补偿性投资的效率就越低。这与大量证据一致,对于那些处于弱势背景的低能力青少年而言,干预成本往往高于早期补救措施的成本(Cunha et al.,2005;Cunha & Heckman,2007)。图 3-2 进一步展示了 Cunha et al. (2005)绘制的人力资本投资的边际收益与年龄的关系,直观地解释了早期的人力资本投资能够带来更多收益。

总之,认知能力和非认知能力并不是与生俱来的,也并不完全由基因决定(Heckman & Corbin,2016)。不同能力在生命周期的不同阶段具有可塑性(Thompson & Nelson,2001;Cunha et al.,2005)。在早期,认知能力和非认知能力都是高度可塑的。在青少年时期,非认知能力比认知能力更具可塑性(Kautz et al.,2014)。具体而言,智力在 10 岁以后变得稳定,表明 10 岁之前存在一个认知能力形成的敏感时期(Schuerger & Witt,1989)。Kautz et al. (2014)也认为,儿童时期是塑造认知能力的关键时期,只有非常早的干预(3 岁之前)才能持久地提高智力。越晚提高弱势儿童的认知能力,得到的效果将越差(Heckman & Mosso,2014)。相较而言,非认知能力在整个青春期和成年早期都具有可塑性。神经科学相关研究表明,这种可塑性与脑前额叶皮质发育缓慢有

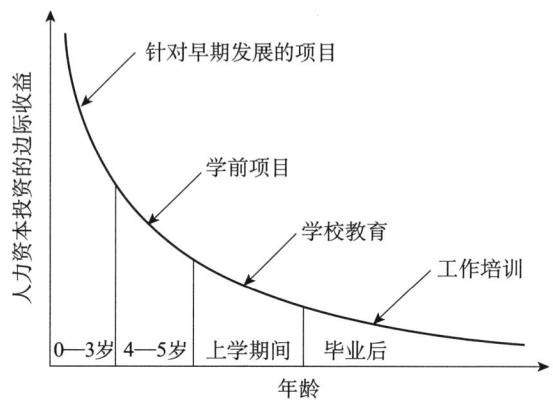

图3-2 不同年龄阶段人力资本投资的边际收益

资料来源：Cunha et al. (2005)。

关(Dahl,2004)。脑前额叶皮质控制机体的执行功能,是人格和情感的重要决定因素(Cunha & Heckman,2009)。Cunha et al. (2010)进一步用非线性方程估计了式(3-1),并发现随着年龄的增长,认知能力和投资之间的互补性越来越强。与早期相比,后期消除不利环境对认知能力的影响要困难得多。这一发现有助于解释为什么对弱势青少年的认知能力采取补救措施难见成效。相反,非认知能力和投资之间的互补性随着年龄的增长而减弱。后期通过对非认知能力进行投资,更容易弥补早期的劣势。这意味着,虽然个体在婴幼儿时期就已经形成稳定的认知能力,但是青少年时期仍旧可以通过干预和指导改善非认知能力的水平(Duckworth & Yeager,2015)。

二、以能力为核心的人力资本投资

认知能力和非认知能力在生命周期中并非一成不变。人力资本的发展是一个动态过程,可以通过投资和父母人力资本的共同作用得到加强(Heckman & Mosso,2014)。大量文献表明,父母能力是影响子女能力形成的重要因素(Cunha & Heckman,2008;Cunha et al.,2010),然而上文能力形成的生产函数忽略了对于父母人力资本的讨论。Cunha et al. (2010)和Heckman & Mosso (2014)进一步将h重新定义为父母的人力资本θ_P,从而将子女能力的形成与父母的认知能力和非认知能力联系起来。因此,式(3-1)可以改写为以下形式：

$$\theta_{k,t+1} = f_{k,s}(\theta_t, I_{k,t}, \theta_P) \tag{3-5}$$

其中，定义 $\theta_P = (\theta_{C,P}, \theta_{N,P})$，即父母人力资本 θ_P 包括父母认知能力 $\theta_{C,P}$ 和父母非认知能力 $\theta_{N,P}$。

对于认知能力而言，

$$\theta_{C,t+1} = f_{C,s}(\theta_{C,t}, \theta_{N,t}, I_{C,t}, \theta_{C,P}, \theta_{N,P}) \tag{3-6}$$

对于非认知能力而言，

$$\theta_{N,t+1} = f_{N,s}(\theta_{C,t}, \theta_{N,t}, I_{N,t}, \theta_{C,P}, \theta_{N,P}) \tag{3-7}$$

一方面，由于父母的能力可以提高投资的生产率（$\frac{\partial^2 f_{t+1}(\cdot)}{\partial I'_t \partial \theta_P} > 0$），父代的能力差距有可能会导致子代能力的不平等，从而使得社会经济差距出现在儿童时期（Cunha & Heckman，2007），并随着儿童年龄的增长而扩大（Carneiro & Heckman，2003）。因此，探讨能力的代际传递有助于更好地理解社会经济不平等背后的原因（Anger & Heineck，2010）。有证据表明，受教育年限越高的父母，越有可能通过让孩子参与体育或文化活动来塑造他们的能力（Lareau，2002）。从政策角度来看，如果把低能力的父母作为目标对象，可以帮助教育工作者识别出读写能力较差或者有情绪和行为问题风险的孩子（De Coulon et al.，2011），从而尽早采取相应干预措施进行补救。

另一方面，父母的认知能力和非认知能力会对子女的能力产生不同影响。Cunha et al. (2010)使用美国青年纵向研究数据估计了能力形成的生产函数，并发现在生命周期的两个阶段，父母认知能力在子女认知能力的形成中发挥了重要作用，而对他们的非认知能力没有影响。但是父母非认知能力对子女两个阶段的认知能力以及第一阶段的非认知能力都有较强影响。

除了父母能力，投资也会影响子女能力的形成。如图3-1所示，Kautz et al. (2014)认为投资 I_t 包括家庭教育、环境、学校等多方面的投资，因此式(3-5)可以改写为如下形式：

$$\theta_{k,t+1} = f_{k,s}(\theta_t, I_{k,t}(School, Environment, Family), \theta_P) \tag{3-8}$$

首先，Heckman & Corbin(2016)指出，能力的不平等早在儿童时期就已经出现，学校是造成能力差距的原因之一，但并不是主要原因。其次，虽然早期生活环境也是导致认知能力和非认知能力差距的因素，然而儿童时期的生活环境并不完全决定成年后的产出。许多出生于弱势环境中的儿童在成年后也取得了成功（Cunha & Heckman，2009）。也就是说，在某些情况下，环境的影响大于基因的影响(Whitelaw & Whitelaw,2006)。最后,有证据表明良好的家庭教育才是能力形成中最为关键的因素(Masten & Coatsworth,1998)。

高质量的家庭教育对子女能力的塑造效果远远超出了基因(Heckman & Corbin,2016)。Heckman & Mosso(2014)总结了诸多针对弱势儿童的干预措施,包括初学者计划项目(abecedarian project)、护士—家庭合作计划(nurse-family partnership)、佩里学前教育项目(Perry preschool program)等。其中最有效的干预措施往往涉及父母与孩子的互动以及家庭环境质量的改善。迄今为止,大量研究表明,虽然晚期的补救措施与早期干预相比,对于改善儿童认知能力和产出的效果较差(Cunha et al.,2005;Kautz et al.,2014),但是包含高质量的指导和养育在内的干预措施对于提高青少年的非认知能力相当有效。这与非认知能力在青春期具有更高可塑性的证据一致。总之,家庭教育中的指导(mentoring)、依恋(attachment)、亲子互动(parent-children interactions)是成功的干预措施所必备的基本特征,塑造了自信心、团队合作能力、自主性和纪律性等弱势青年所缺乏的非认知能力(Kautz et al.,2014)。

三、以能力为核心的人力资本对产出的影响

赫克曼及其研究团队构建人力资本形成的模型时,还探讨了能力在产出中的作用(Cunha et al.,2005;Heckman et al.,2006;Cunha & Heckman,2007,2008;Cunha et al.,2010)。即使能力与产出的关系可能会随着生命周期的不同阶段而改变,但是认知能力和非认知能力依旧预测了包括收入、教育、职业选择、犯罪、身体和心理健康、信任、社会参与在内的诸多产出(Heckman & Mosso,2014)。

成人的产出 Q_j 在 $T+1$ 时期由不同能力组合而成,即

$$Q_j = g_j(\theta_{C,T+1}, \theta_{N,T+1}), j \in \{1,\cdots,J\} \quad (3-9)$$

其中,$\theta_{C,T+1}$ 代表 $T+1$ 期的认知能力,$\theta_{N,T+1}$ 代表 $T+1$ 期的非认知能力。式(3-9)表明,个体能够通过一个维度的优势来弥补另一个维度的劣势。例如,若个体的认知能力处于弱势,则可以通过毅力、成就动机等非认知能力进行弥补。考虑到能力的多维性、能力之间的相互作用以及对于产出的影响,"学校教育是个体生产力的决定因素""认知能力是儿童成绩的主要预测因素"等说法在

一些研究中不再成立(Heckman & Mosso,2014)。一般而言,每种产出都受到不同能力的影响。例如,受教育程度更依赖于认知能力;而收入同时受到认知能力和非认知能力(如责任心)的影响(Heckman & Mosso,2014)。学业成绩同样取决于认知能力和非认知能力的共同作用(Borghans et al.,2008;Heckman & Kautz,2012;Kautz et al.,2014)。Borghans et al.(2011)进一步研究发现,学业成绩更多地取决于人格特质,而不是单纯的认知能力。由于从能力到产出的映射在不同产出之间具有差异性,因此个体在完成不同事项时会展现出不同能力所具备的比较优势(Heckman & Sedlacek,1985)。

具体而言,Heckman et al.(2006)运用美国青年纵向研究数据解释了能力对于劳动力市场产出和社会行为表现的作用,发现学校教育、收入、工作经验都受到认知能力和非认知能力的影响,尤其体现在非认知能力对于受教育程度有显著正向影响上。这项研究挑战了经济学和心理学文献中普遍存在的观点——以考试成绩衡量的认知能力在解释个体成就方面发挥着主导作用。事实上,非认知能力(如自尊、动机、毅力等)在很多情况下与认知能力一样重要,甚至可能起到更重要的作用。这有助于解释为什么早期儿童项目(如佩里学前教育项目)是有效的。虽然这些项目没有提高弱势儿童的智力,但是提高了其非认知能力,因此促进了他们在社会和经济生活中的成功。

基于式(3-9),考虑个体的童年存在两期($T=2$)并且只有一项产出($J=1$),假设有一项既能提高认知能力又能提高非认知能力的投资($I_{k,t}=I_t$)。在这种情况下,结合式(3-5),个体成年时期的产出 Q 可以进一步表达为初始能力、投资和父母人力资本的函数,即

$$Q = g(\theta_{C,1}, \theta_{N,1}, I_t, \theta_P) \qquad (3-10)$$

其中,$\theta_{C,1}$ 代表个体的初始认知能力,$\theta_{N,1}$ 代表个体的初始非认知能力。式(3-10)和式(3-5)表明,投资既可以直接影响个体产出,也可以通过影响个体认知或非认知能力的形成而间接影响产出。Cunha & Heckman(2008)和 Cunha et al.(2010)将因子分析引入非线性环境,运用非参数方程估计了包含受教育年限、收入和职业选择在内的多种产出,并发现当产出 Q 为受教育年限时,认知能力和非认知能力是衡量教育成就的决定因素,但不是唯一因素,投资、父母能力等其他因素也解释了教育成就的差异。Cunha et al.(2010)还发现对于不同的产出而言,早晚期的最优投资比率也不同。例如,非认知能力对于犯罪

率的影响更大,而认知能力对于受教育程度的影响更大。由于后期针对非认知能力补偿措施的成本比早期要低,而针对认知能力补偿措施的成本则相反,因此最理想的干预策略是早期大量投资认知能力来最大化受教育程度、后期大量投资非认知能力来最小化犯罪率。这表明,对弱势儿童的最佳干预时间和水平取决于产出的性质,尤其是当认知能力和非认知能力对于不同的产出有不同影响时,有针对性的干预策略才可能是有效的。

综上,以能力为核心的新人力资本理论阐释了投资在人力资本形成中的重要性。针对弱势儿童的干预项目是否成功,取决于该项目是否能刺激父母的投资(Cunha,2015;Cunha et al.,2010;Heckman et al.,2013;Segal,2013)。投资包含多个方面,其中,家庭教育对子女人力资本发展有至关重要的作用(Heckman & Mosso,2014)。深入了解家庭教育对子女认知能力和非认知能力及其长期产出的影响机制,对于设计更有效的政策和干预措施至关重要,而成功的干预又可以反过来改善家庭教育质量。总之,家庭教育是贯穿整个生命周期人力资本发展战略的主题,成为该领域的研究前沿。探讨家庭教育通过哪些渠道影响子女人力资本的发展以及如何激励父母更好地养育子女是下一步研究的关键任务。

第二节 本书的理论框架

基于新人力资本理论和家庭教育的理论解释,结合上文的多期人力资本形成模型,本节将构建本书的理论框架。具体而言,构建了考虑家庭教育的人力资本生产函数、人力资本代际传递模型以及引入了不同时期家庭教育变量的人力资本形成技术。

一、引入家庭教育变量的人力资本生产函数

式(3-5)主要讨论了多期人力资本形成的决定因素。依据本研究的目的以及家庭教育的概念界定,下文将人力资本生产函数中的"投资"拓展为家庭教育的两个层面——父母教育投入和父母教养方式。按照已有多数研究设定,父

母教育投入又可以划分为物质投入(金钱投入)和时间投入(Lugo-Gil & Tamis-Lemonda,2008;Del Boca et al.,2014;Fiorini & Keane,2014;Falk et al.,2021)。除此之外,由于以"要求"和"回应"衡量的父母教养方式很难抽象为一个模型,因此笔者将参照 Cobb-Clark et al.(2019)的做法运用父母为子女投入的注意力衡量教养方式,从而将父母教养方式也看作一种投入,并纳入人力资本生产函数。

沿用 Becker et al.(2018)构建的家庭生产模型,首先假设人生有童年和成年两个阶段,每个人在成年时期都有一个孩子,成人利用童年时期积累的人力资本获得劳动收入。为了简化分析,假定与家庭教育有关的投入只用于子女人力资本的发展。此外,假设父母的效用函数 $u(\cdot)$ 具有可分离性,父母关心自己从与家庭教育有关的子女人力资本发展中获得的效用 $u(\theta_c(P))$,以及从与家庭教育无关的商品消费中获得的效用 $u(C)$,具体写为

$$U(R) = u(C, \theta_c(P)) \qquad (3-11)$$

其中,R 代表父母的总投入,$\theta_c(P)$ 代表子女人力资本,C 代表与家庭教育无关的消费,包括食品和衣物等。家庭教育 P 由父母对子女的物质投入(m)、时间投入(d)和注意力投入(e)共同组成,可以表示为

$$P = g(m, d, e) \qquad (3-12)$$

由于父母通常面临收入和时间的限制,而且集中注意力也会受到限制,例如工作压力、婚姻破裂或者患有疾病,都可能导致父母很难将全部精力投入到子女身上。因此,家庭教育影响子女人力资本形成的过程中受到分配给父母的总时间(D_p)、总注意力(E_p)和总收入(W_p)的约束,即

$$D_p = d_{wp} + d \qquad (3-13)$$

$$E_p = e_{wp} + e \qquad (3-14)$$

$$W_p = w\, d_{wp}\, e_{wp}\, \theta_p^{\delta_p} = pm + c \qquad (3-15)$$

其中,父母将用于子女人力资本发展的总时间 D_p 和总注意力 E_p 中的一部分投入工作,以获得必要的收入购买物品。式(3-13)是时间约束,d_{wp} 代表父母分配给工作的时间。式(3-14)是注意力约束,e_{wp} 代表父母分配给工作的注意力。式(3-15)是预算约束,父母收入 W_p 由工资率 w、分配给工作的时间 d_{wp}、分配给工作的注意力 e_{wp}、父母人力资本 θ_p 构成,δ_p 代表父母人力资本的边际收益率

($\delta_p > 0$),p 代表物质投入的相对价格,c 代表除家庭教育之外的消费(假定相对价格为1)。为了简化分析,式(3-15)没有考虑储蓄。此外,参照 Cunha & Heckman(2007,2008)等研究,本章假定分配给父母的总时间 D_p、总注意力 E_p、父母人力资本水平 θ_p 都不随时间推移而发生改变。

引入家庭教育变量的子女人力资本生产函数的一般形式可以表示为

$$\theta_c = f(\theta_0, m, d, e, \theta_p) \quad (3-16)$$

式(3-16)表明子女人力资本由初始禀赋(初始认知能力和非认知能力)θ_0,父母对子女的物质投入 m、时间投入 d、注意力投入 e,以及父母的人力资本 θ_p 共同决定。为了便于分析,这里将子女人力资本生产函数设定为柯布—道格拉斯函数形式,即

$$\theta_c = J\theta_0^\alpha m^{\beta_m} d^{\beta_d} e^{\beta_e} \theta_p^\gamma \quad (3-17)$$

其中,J 是全要素生产率,α、β_m、β_d、β_e、γ 代表边际回报率,且均大于0。父母的目标是最大化效用函数,即

$$U(R) = \max_{m,d,e} u(C, \theta_c(P)) \quad (3-18)$$

基于式(3-18)和式(3-13)至式(3-15),可以构造如下拉格朗日函数

$$L = u(C, \theta_c(P)) + \lambda[w(D_p - d)(E_p - e)\theta_p^{\delta_p} - pm - c] \quad (3-19)$$

联立式(3-13)至式(3-15)以及式(3-17)、式(3-18),分别对 m、d、e 求一阶导,得到:

$$\frac{\partial L}{\partial m} = u'(\cdot)\frac{\partial \theta_c(P)}{\partial m} - \lambda p = 0 \quad (3-19a)$$

$$\frac{\partial L}{\partial d} = u'(\cdot)\frac{\partial \theta_c(P)}{\partial d} - \lambda w(E_p - e)\theta_p^{\delta_p} = 0 \quad (3-19b)$$

$$\frac{\partial L}{\partial e} = u'(\cdot)\frac{\partial \theta_c(P)}{\partial e} - \lambda w(D_p - d)\theta_p^{\delta_p} = 0 \quad (3-19c)$$

整理可得

$$m^* = \frac{1}{p}\left[\frac{w E_p D_p \theta_p^{\delta_p}}{\left(\frac{\beta_d}{\beta_e}\left(\frac{E_p}{e} - 1\right) + 1\right)\left(\frac{\beta_e}{\beta_d}\left(\frac{D_p}{d} - 1\right) + 1\right)} - c\right] \quad (3-20)$$

$$d^* = D_p - \frac{pm\left(1 + w\frac{\beta_e}{\beta_m}\right) + c}{w E_p \theta_p^{\delta_p}} \quad (3-21)$$

$$e^* = E_p - \frac{pm\left(1 + w\dfrac{\beta_d}{\beta_m}\right) + c}{w\, D_p \theta_p^{\delta_p}} \qquad (3-22)$$

式(3-20)至式(3-22)可以视为父母的各项最佳投入水平。将这些解代入家庭教育 P 中,即可得到家庭教育的最优选择 $P^* = g(m^*, d^*, e^*)$。在保持其他条件不变的情况下,式(3-20)至式(3-22)有以下直观含义:第一,如果父母具有更多的总注意力 E_p、总时间 D_p、人力资本水平 θ_p 或者工资率 w,那么父母就会对子女进行更多的注意力投入、时间投入和物质投入。第二,更高的与家庭教育无关的其他商品消费 c,或者物质投入相对价格更高的 p 会减少父母对子女的物质投入、时间投入和注意力投入。第三,父母对子女进行更高的时间投入 d 或者注意力投入 e,会导致父母对子女的物质投入更低。由时间约束式(3-13)、注意力约束式(3-14)和预算约束式(3-15)可知,如果父母对子女进行更多的时间或注意力投入,意味着分配给工作的时间或注意力变少,从而使得工作收入降低,用于促进子女人力资本发展的物质投入也会相应减少。同理,如果父母对子女进行更多的物质投入 m,意味着需要分配给工作的时间或注意力变多,从而使得分配给家庭教育的时间或注意力减少,导致父母对子女的时间投入或注意力投入相应减少。

上述分析表明,一方面,家庭教育中的物质投入、时间投入和注意力投入都是影响子女人力资本发展的重要因素。另一方面,由于家庭教育的各项投入存在约束条件,尤其是某种投入(如物质投入)增多的情况下,其他投入(如时间投入或注意力投入)有可能会减少,因此在有限条件下提高家庭教育的质量就显得格外重要。

二、考虑家庭教育的人力资本代际传递

上文引入家庭教育的人力资本生产函数初步表明,如果分配给父母的总时间和总注意力相同并且工资率相同,那么父母自身的人力资本至关重要,能够决定家庭教育各项投入的增减,从而间接影响子女人力资本的形成。在此基础上,下文通过拓展 Becker & Tomes(1979)和 Becker(2018)的研究框架,探讨了考虑家庭教育在内的人力资本代际传递。

对于式(3-17)子女人力资本函数两边取对数,可得

$$\ln\theta_c = \pi + \gamma \ln\theta_p \qquad (3-23)$$

其中，$\pi = \ln\{J\theta_0^\alpha m^{\beta_m} d^{\beta_d} e^{\beta_e}\}$，由此可得人力资本的代际传递弹性为 γ。

根据式(3-15)父母总收入的表达式，子女成年时期的收入可以写为相同的形式，即

$$W_c = w\, d_{wc} e_{wc} \theta_c^{\delta_c} \qquad (3-24)$$

将式(3-17)代入式(3-24)，可得

$$W_c = w\, d_{wc} e_{wc} J^{\delta_c} \theta_0^{\alpha\delta_c} m^{\beta_m \delta_c} d^{\beta_d \delta_c} e^{\beta_e \delta_c} \theta_p^{\gamma\delta_c} \qquad (3-25)$$

将式(3-15)代入式(3-25)，可得

$$W_c = w\, d_{wc} e_{wc} J^{\delta_c} \theta_0^{\alpha\delta_c} m^{\beta_m \delta_c} d^{\beta_d \delta_c} e^{\beta_e \delta_c} W_p^{\frac{\delta_c}{\delta_p}} \qquad (3-26)$$

对于式(3-26)，两边取对数，可得

$$\ln W_c = \mu + \gamma \frac{\delta_c}{\delta_p} \ln W_p \qquad (3-27)$$

其中，$\mu = \ln\{w\, d_{wc} e_{wc} J^{\delta_c} \theta_0^{\alpha\delta_c} m^{\beta_m \delta_c} d^{\beta_d \delta_c} e^{\beta_e \delta_c}\}$，收入的代际传递弹性为 $\gamma \frac{\delta_c}{\delta_p}$。当 $\delta_c = \delta_p$ 时，人力资本的代际传递性与收入的代际传递性相同，即

$$\frac{d\ln W_c}{d\ln W_p} = \frac{d\ln\theta_c}{d\ln\theta_p} = \gamma \qquad (3-28)$$

上述分析表明，父母与子女之间收入的代际传递与人力资本的代际传递直接相关。同时，由式(3-17)可以得出 $\frac{\partial \ln\theta_c}{\partial \ln m} = \beta_m > 0$，$\frac{\partial \ln\theta_c}{\partial \ln d} = \beta_d > 0$，$\frac{\partial \ln\theta_c}{\partial \ln e} = \beta_e > 0$，即家庭教育各项投入的增加会促进子代人力资本水平的提高。由式(3-25)可以得出 $\frac{\partial \ln W_c}{\partial \ln m} = \beta_m \delta_c > 0$，$\frac{\partial \ln W_c}{\partial \ln d} = \beta_d \delta_c > 0$，$\frac{\partial \ln W_c}{\partial \ln e} = \beta_e \delta_c > 0$，表明家庭教育各项投入的增加会促进子代未来产出（如收入）的提高，从而缓解低能力的代际传递现象。总体而言，上述分析初步体现了家庭教育在人力资本代际传递中的关键作用。

三、考虑早晚期家庭教育的人力资本形成

由于人力资本的形成具有动态性，本小节进一步将个体的童年阶段设定为"1"和"2"两个时期。子女成年时期的人力资本水平 θ_3 取决于初始人力资本水

平 θ_1,父母人力资本水平 θ_p,以及第 1 期的家庭教育 $P_1 = g_1(m_1, d_1, e_1)$ 和第 2 期的家庭教育 $P_2 = g_2(m_2, d_2, e_2)$。为了便于下文分析,这里使用 CES 生产函数形式表示多期人力资本的形成,即

$$\theta_3 = f_2 \left\{ \theta_1, \theta_p, [\gamma_1 m_1^{\beta_m} + (1-\gamma_1) m_2^{\beta_m}]^{\frac{1}{\beta_m}}, [\gamma_2 d_1^{\beta_d} + (1-\gamma_2) d_2^{\beta_d}]^{\frac{1}{\beta_d}}, \right.$$

$$\left. [\gamma_3 e_1^{\beta_e} + (1-\gamma_3) e_2^{\beta_e}]^{\frac{1}{\beta_e}} \right\} \quad (3-29)$$

其中,γ_1、γ_2、$\gamma_3 \in [0,1]$,代表技能乘数。参数 β_m、β_d、β_e 代表早期和晚期各项投入在人力资本形成中的互补性(或替代性)程度。以物质投入为例,$1/(1-\beta_m)$ 是替代弹性,衡量 m_1 和 m_2 之间相互替代的容易程度。当 β_m 较小时,此时 m_1 和 m_2 表现为互补性,如果想提高早期物质投入 m_1 的生产率,早期物质投入 m_1 和后期物质投入 m_2 都需要保持在较高水平。参数 γ_1、γ_2、γ_3 揭示了早期家庭教育各项投入的生产率不仅可以直接提高 θ_3,还可以通过 $g_1(m_1, d_1, e_1)$ 提高 θ_2,而 θ_2 反过来又影响 $g_2(m_2, d_2, e_2)$ 形成 θ_3 时的生产率。γ_1、γ_2、γ_3 通过自我生产效应和动态互补效应捕获了 $g_1(m_1, d_1, e_1)$ 对 θ_3 的净效应。自我生产效应和动态互补性的协同作用意味着那些处于弱势背景的孩子即使在童年时期有较高的投入生产率,但由于他们的人力资本存量水平低,导致互补效应较弱,因此家庭教育带来的回报也会较少。

依据上述假定,此时父母效用包括从两期消费中获得的效用,以及从子女人力资本发展中获得的效用。因此父母的目标是最大化效用函数,即

$$U(R) = \max_{m_1, m_2, d_1, d_2, e_1, e_2} u(C_1, C_2, \theta_3(P)) \quad (3-30)$$

根据式(3-13)至式(3-15),父母的时间约束、注意力约束和预算约束可以表示为

$$D_p = D_{p1} + D_{p2} = (d_{wp1} + d_1) + (d_{wp2} + d_2) \quad (3-31)$$

$$E_p = E_{p1} + E_{p2} = (e_{wp1} + e_1) + (e_{wp2} + e_2) \quad (3-32)$$

$$W_p = W_{p1} + W_{p2} = (p_1 m_1 + c_1) + (p_2 m_2 + c_2) = w_1 d_{wp1} e_{wp1} \theta_p^{\delta_p} + w_2 d_{wp2} e_{wp2} \theta_p^{\delta_p}$$

$$(3-33)$$

基于式(3-30)至式(3-33)构造拉格朗日函数

$$L = u(C_1, C_2, \theta_3(P)) + \lambda [w_1(D_{p1} - d_1)(E_{p1} - e_1)\theta_p^{\delta_p} +$$

$$w_2(D_{p2} - d_2)(E_{p2} - e_2)\theta_p^{\delta_p} - p_1 m_1 - c_1 - p_2 m_2 - c_2] \quad (3-34)$$

联立式(3-29)至式(3-33),分别对 m_1、m_2、d_1、d_2、e_1、e_2 求一阶导,得到

$$\frac{\partial L}{\partial m_1} = u'(\cdot)\frac{\partial \theta_3(P)}{\partial m_1} - \lambda p_1 = 0 \quad (3-34a)$$

$$\frac{\partial L}{\partial m_2} = u'(\cdot)\frac{\partial \theta_3(P)}{\partial m_2} - \lambda p_2 = 0 \quad (3-34b)$$

$$\frac{\partial L}{\partial d_1} = u'(\cdot)\frac{\partial \theta_3(P)}{\partial d_1} - \lambda w_1(E_{p1} - e_1)\theta_p^{\delta_p} = 0 \quad (3-34c)$$

$$\frac{\partial L}{\partial d_2} = u'(\cdot)\frac{\partial \theta_3(P)}{\partial d_2} - \lambda w_2(E_{p2} - e_2)\theta_p^{\delta_p} = 0 \quad (3-34d)$$

$$\frac{\partial L}{\partial e_1} = u'(\cdot)\frac{\partial \theta_3(P)}{\partial e_1} - \lambda w_1(D_{p1} - d_1)\theta_p^{\delta_p} = 0 \quad (3-34e)$$

$$\frac{\partial L}{\partial e_2} = u'(\cdot)\frac{\partial \theta_3(P)}{\partial e_2} - \lambda w_2(D_{p2} - d_2)\theta_p^{\delta_p} = 0 \quad (3-34f)$$

联立式(3-34a)和式(3-34b)可得

$$\frac{m_1}{m_2} = \left[\frac{\gamma_1}{(1-\gamma_1)}\frac{p_2}{p_1}\right]^{\frac{1}{1-\beta_m}} \quad (3-35)$$

联立式(3-31)至式(3-33)、式(3-34c)至式(3-34d)可得

$$\frac{d_1}{d_2} = \left\{\frac{\gamma_2}{(1-\gamma_2)}\frac{(p_2 m_2 + c_2)(D_{p1} - d_1)}{(p_1 m_1 + c_1)(D_{p2} - d_2)}\right\}^{\frac{1}{1-\beta_d}} \quad (3-36)$$

联立式(3-31)至式(3-33)、式(3-34e)至式(3-34f)可得

$$\frac{e_1}{e_2} = \left\{\frac{\gamma_3}{(1-\gamma_3)}\frac{(p_2 m_2 + c_2)(E_{p1} - e_1)}{(p_1 m_1 + c_1)(E_{p2} - e_2)}\right\}^{\frac{1}{1-\beta_e}} \quad (3-37)$$

以早晚期物质投入为例,若 β_m 趋于负无穷,早晚期物质投入的 CES 生产函数可以转换为里昂惕夫函数形式,不同时期的物质投入表现为完全互补性,此时 $[\gamma_1 m_1^{\beta_m} + (1-\gamma_1) m_2^{\beta_m}]^{\frac{1}{\beta_m}} = \min(m_1, m_2)$。在这种情形下,$\frac{m_1}{m_2}$ 对 γ_1 的变化不敏感,如果早期的不利因素长期存在,那么晚期进行的补偿性物质投入在经济上将是低效的;同理,假如晚期没有获得物质投入,那么早期的物质投入也将无效。此时最佳策略是平均分配物质投入,即 $m_1 = m_2$。若 β_m 趋于 0,早晚期物

质投入的 CES 生产函数可以转换为柯布—道格拉斯函数形式,此时 $[\gamma_1 m_1^{\beta_m} + (1-\gamma_1) m_2^{\beta_m}]^{\frac{1}{\beta_m}} = m_1^{\gamma_1} m_2^{1-\gamma_1}$。在这种情形下,如果$\gamma_1$趋于 0,则$\frac{m_1}{m_2}$趋于 0;如果$\gamma_1$趋于 1,则$\frac{m_1}{m_2}$趋于无穷。若$\beta_m = 1$,不同时期的物质投入表现为完全替代性,此时$[\gamma_1 m_1^{\beta_m} + (1-\gamma_1) m_2^{\beta_m}]^{\frac{1}{\beta_m}} = \gamma_1 m_1 + (1-\gamma_1) m_2$。在这种情形下,后期物质投入水平足够高,理论上可以抵消早期物质投入的低水平。

同样,对于早晚期时间投入而言,若β_d趋于 0,则式(3-36)可以表示为

$$\frac{d_1}{d_2} = \rho \frac{(D_{p1} - d_1)}{(D_{p2} - d_2)} \qquad (3-38)$$

其中,$\rho = \frac{\gamma_2}{(1-\gamma_2)} \frac{(p_2 m_2 + c_2)}{(p_1 m_1 + c_1)}$,整理可得

$$d_2 = \frac{D_{p2} d_1}{(1-\rho) d_1 + \rho D_p} \qquad (3-39)$$

上述分析表明,由于$\frac{\partial d_2}{\partial d_1} = \frac{D_{p1} D_{p2} \rho}{[(1-\rho) d_1 + \rho D_{p1}]^2} > 0$,即早期和晚期的时间投入具有互补性,早期较高的时间投入水平使得晚期的时间投入水平同样很高。因此,在其他条件相同的情况下,当 CES 生产函数的互补性较强(即β_m、β_d、β_e较小)时,早期家庭教育的各项投入将十分重要。

第三节　本章小结

21 世纪初,以赫克曼为首的学者构建了以能力为核心的新人力资本理论框架,Cunha & Heckman(2007,2008)和 Cunha et al. (2010)对于新人力资本理论发展进行了开创性的探讨。鉴于此,本章梳理了能力的形成技术、能力的投资以及能力对产出的影响。由于家庭教育对子女能力的形成和发展至关重要,本章还通过引入 Baumrind(1966)和 Cobb - Clark et al. (2019)等研究有关家庭教育的理论解释,构建了本书的理论框架。

上述能力形成模型和理论框架阐述了以下几个方面的事实:

第一,儿童早期是能力形成的重要阶段(Carneiro & Heckman,2003;

Heckman & Mosso,2014),来自不同社会经济背景的个体之间存在能力差距,这种差距在童年时期就已经出现。

第二,儿童发展过程中存在关键时期和敏感时期,不同类型的能力在不同的阶段表现出可塑性。10 岁之前是形成智力(认知能力)的敏感时期(Schuerger & Witt,1989),而非认知能力的可塑性一直持续到青少年时期(Dahl,2004)。

第三,弱势青少年的干预回报低、补救成本高(Carneiro & Heckman,2003)。然而,对于弱势儿童的补救投资往往具有较高的经济回报(Cunha & Heckman,2007)。

在此基础上引出了第四点事实:能力形成模型中包含自我生产效应和动态互补效应两个重要特征。前者指的是一段时期内获得的能力会持续积累,并有助于在以后的时期内创造新的能力。后者是指生命周期特定阶段产生的能力提高了下一阶段投资的生产率,这意味着不同年龄的投资能够相互促进。在早期投资和晚期投资完全替代的假设下,Cunha & Heckman(2008)估计了一种线性动态因子模型来识别多阶段投资技术,而 Cunha et al.(2010)估计了一种更普遍的非线性动态因子模型。对这些模型的估计显示,随着时间的推移,自我生产效应变得越来越明显。因此,对于认知能力的后期补救措施常常无效。与之不同的是,投资和非认知能力的互补性在生命周期中几乎保持一致,这使得后期更容易采取干预措施。因此,对于那些处于弱势背景的孩子而言,投资非认知能力往往比投资认知能力富有成效。

第五,无论是劳动力市场产出还是社会行为表现,都会受到认知能力和非认知能力的影响。认知能力预测了工资、教育、犯罪率等各项产出;而毅力、责任心和社交能力等非认知能力在预测未来产出上同等重要,甚至在一些情境中更重要(Cunha & Heckman,2007)。这有助于解释为什么启蒙计划项目(head start program)、佩里学前教育项目等早期儿童项目是有效的,虽然这些项目没有提高儿童的认知能力,但是提高了其非认知能力,因此有助于他们未来在社会和经济生活中取得成功(Heckman et al.,2006)。

第六,能力的形成和社会经济生活的产出离不开投资,投资包含多个方面,诸多学者将视野聚焦在家庭教育上。家庭教育涵盖父母教育投入和父母教养方式两个重要层面(Heckman & Mosso,2014;Francesconi & Heckman,2016;

Cobb-Clark et al.,2019)。其中,父母教育投入又可以划分为金钱投入和时间投入两个维度(Bernal & Keane,2010;Del Boca et al.,2014;Lee & Seshadri,2019);而父母教养方式一般包括父母要求和父母反应两个维度以及权威型、专制型、宽容型和忽视型四种类型(Baumrind,1966;Maccoby & Martin,1983;Doepke & Zilibotti,2017)。

第七,基于 Cunha & Heckman(2007,2008)和 Cunha et al.(2010)构建的能力形成模型以及 Baumrind(1966)和 Cobb-Clark et al.(2019)等研究有关家庭教育的理论解释,本章还构建了理论框架。通过构建包含家庭教育在内的人力资本生产函数、人力资本代际传递模型以及考虑不同时期家庭教育变量的人力资本形成技术,验证了家庭教育在人力资本的动态形成以及代际传递中发挥着重要作用。同时,如果多期人力资本生产函数存在较强的互补性,那么早期的家庭教育将十分重要。

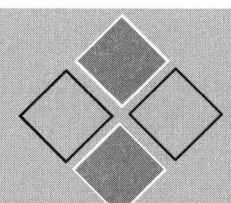

第四章
家庭教育对子女认知能力和非认知能力的影响

第一节　数据和方法

本节首先介绍本章使用的 CEPS 数据以及样本的清洗流程；其次，介绍下文实证分析所用的关键变量，其中具体描述了父母教育投入和父母教养方式的构建指标和衡量方式；最后，介绍本书主要使用的计量方法，包括最小二乘法回归、无条件分位数回归、工具变量法、因果中介分析等。

一、数据和变量

（一）数据

本章使用的数据来自两项调查。其中，主要回归结果来自 CEPS 两期数据，包含 2013—2014 学年基期数据和 2014—2015 学年追踪数据。CEPS 是一项大型追踪调查项目，在全国随机抽取了 28 个县级单位、112 所学校、438 个班级实施调查，因此具有全国代表性。该调查项目以 2013—2014 学年为基期，包括七年级和九年级两个年级的学生样本，共计 19 487 人。鉴于下文将匹配 CEPS 追踪时期（2014—2015 学年）学生的认知能力和非认知能力，而基期数据中处于九年级的学生在追踪年份已经毕业。因此，本章初始样本仅保留基期调查中的七年级学生，共计 10 279 人。

为了消除潜在的自选择效应，实证分析部分遵循以往研究设定（Gong et al.，2018），关注那些被随机分配到班级的学生样本（下文简称随机分班样本）。具体而言，获取随机分班样本的流程有以下三步：第一，保留基期学校管理人员报告学生被随机分班的样本[1]；第二，保留基期班主任报告没有按照成绩分班的样本[2]；第三，保留追踪年份学校管理人员报告学校没有将八年级学生重新分班

---

[1]　根据 2014 年学校管理人员问卷中的问题"学校对新生编排班级的标准是什么"，保留选择"随机或平均分配"的样本。

[2]　根据 2014 年班主任问卷中的问题"目前这个班所在的年级有没有按总成绩或单科成绩分班"，保留选择"没有"的样本。

的样本①。附表4-1展现了样本选取的具体过程,最终随机分班样本包含77所学校、130个班级、5 893名七年级学生。

此外,为了讨论家庭教育对子女学业表现的长期影响,拓展分析部分还将使用CFPS 2010年和2018年两轮调查数据。该调查于2010年开始,每两年实施一轮追踪调查,包含人口特征、教育、经济等方面的丰富变量。拓展分析部分重点关注的是2010年调查中处于10—15岁年龄的青少年样本,其在2018年调查中已经成年,此时就可以分析青少年时期的家庭教育对子女成年时期教育获得的影响,即家庭教育对子女学业表现带来的长期影响。基于此,仅保留1995—2000年出生且参与了2010年和2018年两期调查的孩子,初始样本共计2 163人。

(二)变量

被解释变量认知能力由CEPS追踪时期问卷提供的标准化认知能力测试得分来衡量②。参照以往相关研究的设定(Anger,2012;王春超和林俊杰,2021),以大五人格特征为非认知能力的代理变量,包括尽责性、宜人性、外向性、开放性、神经质五个维度。基于CEPS追踪时期的问卷设计以及变量的可获得性,附表4-2展现了五个维度的衡量指标及描述性统计。为了消除量纲差异,首先将上述所有指标进行标准化(均值为0,标准差为1);然后再运用因子分析法获取综合因子得分从而衡量非认知能力。下文构建其他变量的标准化处理方式与之类似,不再重复叙述。图4-1描绘了认知能力和非认知能力的核密度曲线,由此可以直观地观测样本能力的分布特征。

为了尽可能解决反向因果问题,本章核心解释变量家庭教育来自CEPS基期调查。遵循Cobb-Clark et al. (2019)的设定,家庭教育包括父母教育投入和父母教养方式两个层面。其中,父母教育投入反映了父母对子女的时间投入或金钱投入,比如"和父母一起吃晚饭""上校外辅导班或兴趣班的费用"。而父母教养方式反映的是亲子之间的沟通(关系)或者父母对子女的要求(期望),比如"与母亲讨论学校发生的事情""父母对作业、考试严格管理"。采用因子

---

① 根据2015年学校管理人员问卷中的问题"本学期开学后,学校是否将八年级学生重新分班",保留选择"否"的样本。

② CEPS中的认知能力包括语言、图形、计算与逻辑三个维度,用来测量学生的逻辑思维与问题解决能力,具有国际可比性、全国标准化的特点。

第四章 家庭教育对子女认知能力和非认知能力的影响

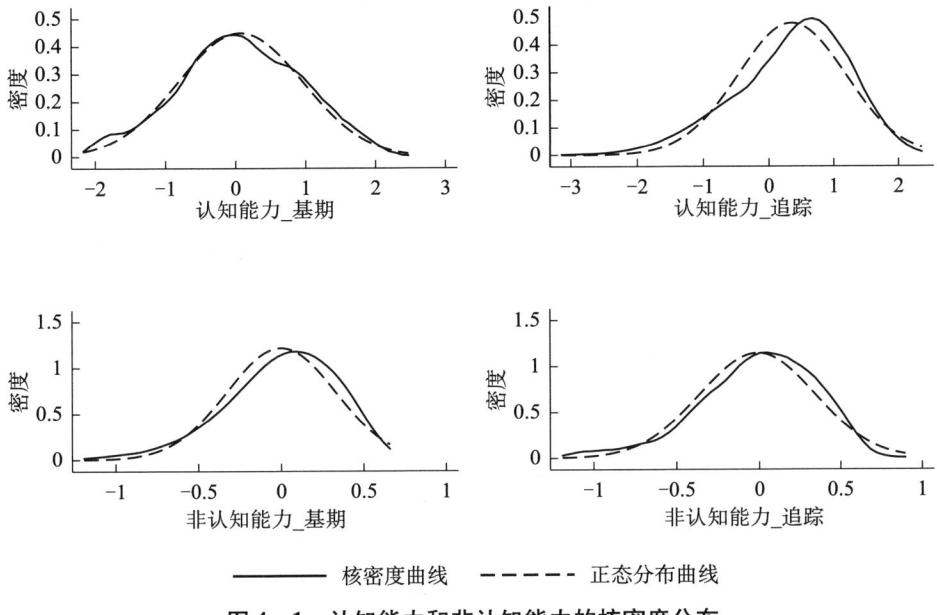

图 4-1 认知能力和非认知能力的核密度分布

分析法,附表 4-3 分别展现了三组旋转成分矩阵。以第一组旋转成分矩阵为例,因子 1 体现了父母对子女文娱活动的时间投入;因子 2 体现了父母对子女日常生活的时间投入;因子 3 体现了家庭物质资源投入;因子 4 体现了校内校外教育投入。由此,可以计算得出综合因子得分用来衡量父母教育投入。基于第二组和第三组旋转成分矩阵,可以分别获得综合因子得分用来衡量父母教育投入的两个维度——父母时间投入、父母金钱投入。附表 4-4 第一组旋转成分矩阵中,因子 1 体现了与父亲的沟通和关系;因子 2 体现了与母亲的沟通和关系;因子 3 体现了父母对子女的控制和管理;因子 4 体现了父母对子女的要求和期望。为了便于下文分析,基于第二组和第三组旋转成分矩阵可以分别获得综合因子得分用来衡量父母教养方式的两个维度——父母反应、父母要求。父母反应是指父母对于子女的情感支持、沟通交流或参与;父母要求指的是父母对于子女的控制、监督和期望(Maccoby & Martin,1983)。本章进一步将两个维度进行聚类,从而确定样本中各类型父母教养方式的分布情况。附表 4-5 展现了聚类分析的结果。根据已有文献,父母教养方式可划分为权威型、专制型、忽视型、宽容型四类(Maccoby & Martin,1983)。附表 4-5 汇报了各类型父母教养方式的样本占比以及父母教养方式的综合因子得分。

为了避免遗漏初始能力变量而导致估计偏误,本章以 CEPS 基期问卷的认知能力和非认知能力为初始能力的代理变量。其他控制变量包括性别(男 = 1,女 = 0),年龄,民族(汉族 = 1,其他民族 = 0),本地户籍(是 = 1,否 = 0),户口(农村 = 1,城镇 = 0),独生子女(是 = 1,否 = 0),学前教育经历①,家庭经济条件②,父母受教育年限。以上变量取值方式为全书通用。此外,下文回归结果还将控制父母双方的职业类型。表 4-1 展现了主要变量的描述性统计。

表 4-1 主要变量的描述性统计

变量	样本量	均值	标准差	最小值	最大值
认知能力测试标准化得分_追踪	5 400	0.366	0.835	-3.137	2.063
非认知能力因子得分_追踪	4 979	0.000	0.352	-1.544	0.840
父母忽视型教养方式_基期	5 168	0.189	0.392	0	1
父母权威型教养方式_基期	5 168	0.295	0.456	0	1
父母专制型教养方式_基期	5 168	0.262	0.440	0	1
父母宽容型教养方式_基期	5 168	0.254	0.435	0	1
父母教育投入_基期	3 242	0.000	0.258	-1.256	1.097
认知能力测试标准化得分_基期	5 893	0.072	0.888	-2.029	2.333
非认知能力因子得分_基期	5 246	0.000	0.331	-1.615	0.559
性别	5 804	0.516	0.500	0	1
年龄	5 764	13.543	0.716	12	18
民族	5 876	0.887	0.316	0	1
本地户籍	5 716	0.75	0.433	0	1
户口	5 472	0.442	0.497	0	1
独生子女	5 892	0.497	0.500	0	1
上过幼儿园/学前班	5 840	0.833	0.373	0	1
目前的经济条件	5 675	2.876	0.562	1	5
父亲受教育年限	5 730	10.753	3.300	0	19
母亲受教育年限	5 747	10.034	3.647	0	19

---

① 该变量来源于 CEPS 学生问卷中的题项"3 岁以后有没有上过幼儿园/学前班"。
② 该变量来源于 CEPS 学生问卷中的题项"目前你家经济条件如何"(1 = 非常困难;2 = 比较困难;3 = 中等;4 = 比较富裕;5 = 很富裕)。

二、模型和方法

(一) 基准模型设定

基于赫克曼等人构建的新人力资本理论框架,个体在 $t+1$ 期的能力 k 可以表示为:

$$\theta_{k,t+1} = f_{k,t}(\theta_t, P_t, h), k \in \{C, N\} \quad (4-1)$$

其中,定义 $k \in \{C, N\}$,C 代表认知能力,N 代表非认知能力。$t+1$ 期的人力资本水平 $\theta_{k,t+1}$ 主要由 t 期人力资本 θ_t、家庭教育 P_t、父母特征 h 共同决定。本章进一步依据 Todd & Wolpin(2003,2007)的研究,构建了家庭教育影响子女认知能力和非认知能力的增值模型,即

$$\theta_{i,k,s,t+1} = \alpha_1 + \alpha_2 PI_{i,s,t} + \alpha_3 PS_{i,s,t} + \alpha_4 \theta_{i,C,s,t} + \alpha_5 \theta_{i,N,s,t} + \alpha_6 X_{i,s,t} + \varphi_s + \varepsilon_{i,s,t} \quad (4-2)$$

式(4-2)中,被解释变量 $\theta_{i,k,s,t+1}$ 代表学校 s 个体 i 在 $t+1$ 期(即 CEPS 追踪年份)的认知能力($k=C$)或非认知能力($k=N$)。核心解释变量家庭教育拓展为父母教育投入 $PI_{i,s,t}$ 和父母教养方式 $PS_{i,s,t}$ 两个层面。为了避免可能存在的反向因果关系,这里使用的是 t 期(即 CEPS 基期年份)的家庭教育变量。其中,α_2 代表父母教育投入对子女认知或非认知能力的影响系数;α_3 代表以忽视型教养方式为基准组,其他类型教养方式对子女认知或非认知能力的影响系数;$\theta_{i,C,s,t}$ 代表个体 i 的初始认知能力;$\theta_{i,N,s,t}$ 代表个体 i 的初始非认知能力。$X_{i,s,t}$ 表示一系列影响认知或非认知能力的其他变量,包括性别、年龄、民族、户口、独生子女等人口特征变量,以及父母受教育年限、父母职业、家庭经济条件等父母特征变量;φ_s 是学校(或区县)固定效应①;$\varepsilon_{i,s,t}$ 是残差项。

(二) 无条件分位数回归

为了探讨家庭教育对于处在不同能力水平的子女的影响,下文还将采用 Firpo et al.(2009)提出的利用分布统计量的再集中影响函数(recentered influence function,RIF)进行回归的方法(无条件分位数回归)。基本处理思路

---

① 由于本书所用的工具变量包含学校层面的变量,因此实证分析中的两阶段最小二乘(2SLS)回归控制的是区县固定效应。

如下，将影响函数与分布统计量加总，得到再集中影响函数，即

$$RIF(\theta_{i,k}, v_{i,k}, F_{i,k}) = v(F_{i,k}) + IF(\theta_{i,k}, v_{i,k}, F_{i,k}) \quad (4-3)$$

其中，$IF(\theta_{i,k}, v_{i,k}, F_{i,k})$代表$\theta_{i,k}$对应的影响函数；$v(F_{i,k})$代表分布统计量；$F_{i,k}$代表子女$i$的认知或非认知能力分布。当$v$表示分位数时，影响函数$IF(\theta_{i,k}, v_{i,k}, F_{i,k})$可以写为$\dfrac{\tau - I\{\theta_{i,k} \leq F_{i,k_\tau}\}}{f_{\theta_{i,k}}(F_{i,k_\tau})}$，这里$I\{\cdot\}$代表指示函数，$f_{\theta_{i,k}}(\cdot)$代表认知或非认知能力边际分布的概率密度函数，$F_{i,k_\tau}$代表认知或非认知能力无条件分布的$\tau$分位样本。$RIF(\theta_{i,k}, v_{i,k}, F_{i,k})$的条件期望可以表示为$E[RIF(\theta_{i,k}, v_{i,k}, F_{i,k})|X]$。Firpo et al. (2009)将其用于测算在其他因素不变的情况下各解释变量对无条件分布的偏效应。特别说明，RIF的条件期望可以线性地表达为

$$E[RIF(\theta_{i,k}, v_{i,k}, F_{i,k})|V] = V_i \rho_i^v \quad (4-4)$$

其中，V_i代表一系列影响子女认知或非认知能力水平的解释变量（包括家庭教育）；ρ可以通过最小二乘法回归估计得到。由于$IF(\theta_{i,k}, v_{i,k}, F_{i,k})$期望值为0，由式(4-3)可知 RIF 的期望等于$v(F_{i,k_\tau})$；又根据重期望公式，$v(F_{i,k_\tau}) = E[V_i \rho_i^v] = E[V_i]\rho_i^v$，因此$v(F_{i,k_\tau})$是带有解释变量的无条件分布，表明无条件分位数回归可以直接估计包括家庭教育在内的各解释变量对子女认知或非认知能力分布的影响。

（三）工具变量法

由于式(4-2)中的不可观测因素也许同时影响家庭教育与子女认知能力和非认知能力，即解释变量与遗漏变量存在相关性，α_2和α_3的估计值可能与真实情况有偏。为了进一步解决潜在的内生性问题，本章还将运用 2SLS 这一传统的工具变量法解决上述难题。

参照 Wooldridge(2010)的研究，将工具变量法的操作思路设置如下：基于式(4-2)，假设内生解释变量父母教育投入$PI_{i,s,t}$和父母教养方式$PS_{i,s,t}$的有效工具变量分别为$ZPI_{i,s,t}$和$ZPS_{i,s,t}$。在第一阶段估计中使用$PI_{i,s,t}$对所有控制变量以及$ZPI_{i,s,t}$和$ZPS_{i,s,t}$进行回归；类似地，使用$PS_{i,s,t}$对所有控制变量以及$ZPI_{i,s,t}$和$ZPS_{i,s,t}$进行回归。即

$$PI_{i,s,t} = \theta_1 + \theta_2 ZPI_{i,s,t} + \theta_3 ZPS_{i,s,t} + \theta_4 V_{i,s,t} + \varphi_s + \varepsilon_{i,s,t} \quad (4-5)$$

$$PS_{i,s,t} = \pi_1 + \pi_2 ZPI_{i,s,t} + \pi_3 ZPS_{i,s,t} + \pi_4 V_{i,s,t} + \varphi_s + \mu_{i,s,t} \quad (4-6)$$

其中,$V_{i,s,t}$代表一系列控制变量,包括子女初始认知能力和非认知能力水平、人口特征变量以及父母特征变量。然后,在第二阶段估计中使用被解释变量子女认知或非认知能力$\theta_{i,k,s,t+1}$对第一阶段估计的父母教育投入拟合值$\widehat{PI}_{i,s,t}$和父母教养方式拟合值$\widehat{PS}_{i,s,t}$进行回归:

$$\theta_{i,k,s,t+1} = \delta_1 + \delta_2 \widehat{PI}_{i,s,t} + \delta_3 \widehat{PS}_{i,s,t} + \delta_4 V_{i,s,t} + \varphi_s + v_{i,s,t}, k \in \{C, N\} \quad (4-7)$$

其中,δ_2和δ_3分别为父母教育投入和父母教养方式对子女认知或非认知能力的 2SLS 影响系数,也就是下文实证分析部分重点关注的回归结果。

(四)因果中介分析

为了探讨家庭教育通过何种渠道作用于子女人力资本发展,本章还将分析家庭教育影响子女认知或非认知能力的中间机制。参照 Heckman et al.(2013)的研究,具体构造方程,即

$$m_{i,s,t} = \beta_1 + \beta_2 PI_{i,s,t} + \beta_3 PS_{i,s,t} + \beta_4 V_{i,s,t} + \varphi_s + \mu_{i,s,t} \quad (4-8)$$

$$\theta_{i,k,s,t+1} = \gamma_1 + \gamma_2 PI_{i,s,t} + \gamma_3 PS_{i,s,t} + \gamma_4 m_{i,s,t} + \gamma_5 V_{i,s,t} + \varphi_s + v_{i,s,t} \quad (4-9)$$

其中,$m_{i,s,t}$为中介变量,结合式(4-2),α_2和α_3分别为父母教育投入和父母教养方式对子女认知或非认知能力的总效应;β_2和β_3分别为父母教育投入和父母教养方式对中介变量的影响效应;γ_4是中介变量对子女认知或非认知能力的影响效应。根据 Gelbach(2016)的解释,β_2和γ_4的乘积为父母教育投入对子女认知或非认知能力的间接效应,即中介效应;γ_2为剔除间接效应后,父母教育投入的直接效应;通过计算$\beta_2\gamma_4/\alpha_2$,就可以获得中介效应在父母教育投入影响子女认知或非认知能力的过程中所占的比重。同理,β_3和γ_4的乘积为父母教养方式对子女认知或非认知能力的间接效应;γ_3为父母教养方式的直接效应;$\beta_3\gamma_4/\alpha_3$代表中介效应在父母教养方式影响子女认知或非认知能力的总效应中所占的比重。

需要说明的是,目前学界有关中介分析的争议颇多,主要集中于中介变量$m_{i,s,t}$的内生性问题上。因此,一些学者开始探讨中介效应的因果分析,即因果中介分析(causal mediation analysis)。例如,Imai et al.(2010)和 Imai & Yamamoto(2013)等研究运用模拟算法估计出基于反事实框架的平均因果中介效应(average causal mediation effect, ACME)。Dippel et al.(2020)和 Dippel et al.(2022)等研究讨论了处理变量和中介变量都存在内生性的情况下,可以使

用相同的工具变量估计出因果中介效应。遗憾的是，Dippel 等人开发的方法暂时只能应用于单个内生处理变量、中介变量和工具变量的情况，因此本书不做过多讨论。

综上，本章将采用 Imai et al. (2010) 开发的潜在结果框架下的因果中介分析方法探讨家庭教育对于子女认知能力和非认知能力的影响机制。为了使分析可行并便于直观解释，参照 Alan et al. (2018)，下文的影响机制部分将家庭教育统一设定为二元处理变量①。主要原因是目前使用连续型处理变量进行因果中介分析并不容易，对结果的解释也会非常困难(Alan et al. ,2018)。平均因果中介效应的表达式为

$$ACME = E\{\theta_{i,k,s,t+1}[P_{i,s,t}, m_{i,s,t}(1)] - \theta_{i,k,s,t+1}[P_{i,s,t}, m_{i,s,t}(0)]\} \quad (4-10)$$

其中，家庭教育变量 $P_{i,s,t}$ 包括父母教育投入 $PI_{i,s,t}$ 和父母教养方式 $PS_{i,s,t}$。$m_{i,s,t}(1)$ 代表家庭教育变量取 1 时中介变量的值，例如父母教育投入为"高"值或者父母采用权威型教养方式。与之相应，$m_{i,s,t}(0)$ 代表家庭教育变量取 0 时中介变量的值。式(4-10)的含义是不同模式的家庭教育使得中介变量存在两类潜在值 $m_{i,s,t}(1)$ 和 $m_{i,s,t}(0)$，通过比较在两类潜在值下子女认知或非认知能力预测值 $\theta_{i,k,s,t+1}[P_{i,s,t}, m_{i,s,t}(1)]$ 和 $\theta_{i,k,s,t+1}[P_{i,s,t}, m_{i,s,t}(0)]$ 的平均差异，从而估计平均因果中介效应。

此外，Imai & Yamamoto (2013) 指出因果中介效应依赖于序贯可忽略假设 (sequential ignorability)：一是给定预处理混淆因素的条件下，$P_{i,s,t} \perp \{\theta_{i,k,s,t+1}, m_{i,s,t}\}$；二是给定预处理混淆因素和处理变量的条件下，$m_{i,s,t} \perp \theta_{i,k,s,t+1}$。对于前者而言，本书尽可能控制了同时影响中介变量和结果变量的因素。而后者则是一个很强的假设，要求中介变量必须具备可忽略性即随机性特点。这意味着式(4-8)中的 $\mu_{i,s,t}$ 和式(4-9)中的 $v_{i,s,t}$ 之间的相关系数为 0；否则将违反序贯可忽略假设。由于该假设难以检验，因此下文还将运用敏感性分析来判断中介变量是否满足随机性。具体而言，敏感性分析放松了相关系数必须为 0 的条件，令敏感性参数 $\rho = Corr(\mu_{i,s,t}, v_{i,s,t})$，其绝对值越大，平均因果中介效应的偏差也越大。

---

① 尤其是对于连续型变量父母教育投入而言，本节将低于中位数的父母教育投入设定为"低"值，高于中位数的父母教育投入设定为"高"值。父母教养方式依旧以忽视型教养方式为参照组，权威型、专制型和宽容型教养方式以 3 个二元虚拟变量的形式放入回归方程。

第二节 实证分析

本节主要分为三个部分。第一,基准回归部分首先运用最小二乘法初步估计了家庭教育对子女认知能力和非认知能力的影响,同时运用无条件分位数回归展现了家庭教育带来的影响效应在子女认知能力和非认知能力不同分位点的变化,然后运用工具变量法解决内生性问题,并估计了家庭教育对子女认知能力和非认知能力的因果效应。第二,异质性分析部分从性别、独生子女、户口、父亲受教育年限、子女初始认知能力水平、子女初始非认知能力水平共6个维度、12种群体特征分析了家庭教育对子女人力资本发展的异质性影响。第三,影响机制部分以同伴质量、学科辅导、兴趣辅导为中介变量,运用因果中介分析法探讨了家庭教育影响子女认知能力和非认知能力的作用机制。

一、基准回归

(一)最小二乘法估计结果

本章重点关注的研究问题之一是家庭教育对子女认知能力和非认知能力有何影响。基于随机分班样本,表4-2中第(1)列和第(4)列首先展现了仅考虑父母教育投入的回归结果。观察发现,父母教育投入对子女认知能力没有显著影响。与之不同的是,父母教育投入显著促进了子女非认知能力的发展,影响系数为0.094,且在1%水平下显著。由于本书所用CEPS样本都处于初中年龄阶段,上述结果表明对于青少年而言,增加父母教育投入能更有效地提升子女非认知能力水平。原因可能在于儿童时期是塑造认知能力的关键时期,只有非常早的干预(3岁之前)才能持久地提高智力(Kautz et al.,2014)。越晚塑造弱势儿童的认知能力,得到的效果将越差(Heckman & Mosso,2014)。相较而言,非认知能力在整个青春期和成年早期都具有可塑性。后期通过对非认知能力的投资,更容易弥补早期的劣势。这意味着,青少年时期仍旧可以通过增加父母教育投入改善子女非认知能力水平(Duckworth & Yeager,2015)。

表4-2 家庭教育对子女认知能力和非认知能力的影响（OLS回归）

变量	(1)	(2)	(3)	(4)	(5)	(6)
	认知能力			非认知能力		
父母教育投入	-0.091 (0.063)		-0.076 (0.066)	0.094*** (0.028)		0.081*** (0.031)
父母权威型教养方式		0.055* (0.032)	0.095* (0.050)		0.034** (0.017)	0.038* (0.023)
父母专制型教养方式		0.083*** (0.030)	0.129*** (0.040)		0.006 (0.017)	0.020 (0.022)
父母宽容型教养方式		0.042 (0.033)	0.100** (0.047)		0.020 (0.017)	0.021 (0.022)
初始认知能力	0.375*** (0.024)	0.370*** (0.022)	0.365*** (0.025)	0.003 (0.008)	-0.003 (0.007)	0.003 (0.009)
初始非认知能力	0.345*** (0.047)	0.250*** (0.035)	0.305*** (0.043)	0.504*** (0.022)	0.498*** (0.018)	0.502*** (0.024)
性别	-0.048* (0.027)	-0.042* (0.023)	-0.040 (0.027)	0.031** (0.013)	0.024** (0.011)	0.028** (0.014)
年龄	-0.111*** (0.025)	-0.100*** (0.018)	-0.099*** (0.024)	-0.026** (0.011)	-0.025*** (0.009)	-0.027** (0.012)
汉族	0.066 (0.066)	-0.027 (0.048)	0.046 (0.066)	0.040 (0.030)	0.003 (0.025)	0.032 (0.031)
本地户籍	-0.018 (0.040)	-0.040 (0.033)	-0.010 (0.043)	-0.007 (0.018)	-0.016 (0.015)	-0.016 (0.019)
户口	0.023 (0.033)	-0.012 (0.027)	0.023 (0.034)	0.014 (0.016)	-0.007 (0.014)	0.004 (0.017)
独生子女	0.069** (0.033)	0.059** (0.023)	0.071** (0.035)	-0.008 (0.016)	0.007 (0.013)	-0.005 (0.017)
上过幼儿园	0.173*** (0.041)	0.154*** (0.032)	0.177*** (0.042)	0.022 (0.019)	0.032** (0.016)	0.027 (0.020)
家庭经济条件	-0.038 (0.028)	-0.014 (0.022)	-0.045 (0.027)	0.016 (0.013)	0.023** (0.011)	0.016 (0.014)

(续表)

变量	(1)	(2)	(3)	(4)	(5)	(6)
	认知能力			非认知能力		
父亲受教育年限	0.022***	0.011**	0.019***	0.000	0.003	0.001
	(0.006)	(0.005)	(0.006)	(0.003)	(0.003)	(0.003)
母亲受教育年限	0.004	0.011**	0.008	0.001	0.001	−0.001
	(0.006)	(0.004)	(0.006)	(0.003)	(0.002)	(0.003)
常数项	1.388***	1.322***	1.200***	0.185	0.133	0.194
	(0.386)	(0.273)	(0.378)	(0.170)	(0.145)	(0.183)
样本量	2 330	3 551	2 123	2 200	3 347	2 010
R^2	0.399	0.387	0.376	0.244	0.223	0.247

注：*** 代表在1%水平下显著，** 代表在5%水平下显著，* 代表在10%水平下显著。标准误都经过了班级层面的聚类调整。上表还控制了父母职业类型以及学校固定效应，限于篇幅未列出。

除了父母教育投入，大量研究证实了父母教养方式在子女发展中的重要性(Cobb-Clark et al.,2019)，因此第(2)列和第(5)列展现了仅考虑父母教养方式的回归结果。观察可知，与父母忽视型教养方式相比，专制型教养方式更有利于子女认知能力的提升，影响系数为0.083，且在1%水平下显著。上述结果与诸多西方学者得出的结论(Dooley & Stewart,2007；Fiorini & Keane,2014；Kimmes & Heckman,2017；Cobb-Clark et al.,2019)不同。以往基于欧美国家的研究表明，权威型教养方式最有益于子女认知能力发展；相反，专制型教养方式则会产生消极影响。主要原因在于Baumrind(1966)划分的教养方式在亚洲家庭有不同的内涵，亚洲父母的严厉或监督等同于对子女成长的关怀和参与，是一种指导和训练，而不是绝对的控制和专制，而西方家庭则会将其与敌意联系在一起(Chao,1994)，因此亚洲父母的专制型教养方式对子女的认知能力发展更有利。与之不同的是，第(5)列结果表明，与忽视型教养方式相比，权威型教养方式有利于子女非认知能力的发展，影响系数为0.034，且在5%水平下显著。这一结果与国内已有研究类似，权威型教养方式最有利于青少年非认知能力的发展，忽视型教养方式则起到相反的作用(黄超，2018；张皓辰和秦雪征，2019)。

上文分别估计了父母教育投入、父母教养方式对子女认知能力和非认知能力发挥的作用,第(3)列和第(6)列展现了家庭教育的两个层面同时放入回归方程带来的影响效应。观察发现,子女在七年级时期获得的家庭教育对其八年级时期认知能力和非认知能力有显著正向影响。具体而言,以第(3)列回归结果为例,与父母忽视型教养方式相比,实施权威型、专制型或者宽容型的教养方式都有利于子女认知能力的提升。其中,专制型教养方式带来的影响效应更大,影响系数为0.129,且在1%水平下显著。然而,父母教育投入对子女认知能力的影响并不显著。与之不同的是,第(6)列结果表明,父母教育投入显著促进了子女非认知能力的发展,影响系数为0.081,且在1%水平下显著。与忽视型教养方式相比,权威型教养方式有益于子女非认知能力的发展。不过,权威型教养方式的影响系数为0.038(在10%水平下显著),不仅低于教育投入的影响效应,而且低于其对子女认知能力带来的作用(系数为0.095,且在10%水平下显著)。总体而言,上述研究结果反映出有利的父母教养方式主要促进的是子女认知能力的发展;而增加父母教育投入主要提升的是子女非认知能力水平。

同时,附表4-6展现了基于全样本的回归结果。通过对比发现,随机分班样本中家庭教育影响子女认知能力和非认知能力的系数普遍高于全样本得到的结果。可能的原因是:如果学校依据学生的入学成绩来分班,"重点班级"高质量的教师资源或同班同学也会对个体人力资本发展产生相当大的影响(Wu et al.,2019),这些难以识别的混淆因素削弱了家庭带来的作用。总之,如果没有将样本严格限定在随机分班的框架下,就有可能低估父母教育投入和教养方式对子女认知或非认知能力的影响。因此,本书将主要使用随机分班样本进行实证分析。

此外,本节进一步运用Firpo et al. (2009)提出的无条件分位数回归展现了家庭教育影响子女认知能力和非认知能力的影响系数随分位点的变化。如图4-2所示,父母教育投入分别对处于50分位点的子女认知能力、40分位点的子女非认知能力的影响系数最大。也就是说,增加父母教育投入更有利于那些能力处于中等水平的孩子。对于父母教养方式而言,与忽视型教养方式相比,权威型、专制型、宽容型教养方式对于较低分位点的子女认知能力和非认知能力都发挥了更大作用,并且这种正向影响基本都随分位点的升高而降低。换言之,有利的父母教养方式在那些能力处于弱势的群体中产生了更强的效应。

(二)工具变量法估计结果

上文基于随机分班样本消除自选择效应,使用基期家庭教育、追踪时期的子女认知能力和非认知能力避免反向因果关系,同时控制基期认知能力和非认知能力作为初始能力的代理变量以防估计偏误。除了这些策略,本节将借鉴 2SLS 工具变量法来整体解决潜在的内生性问题。

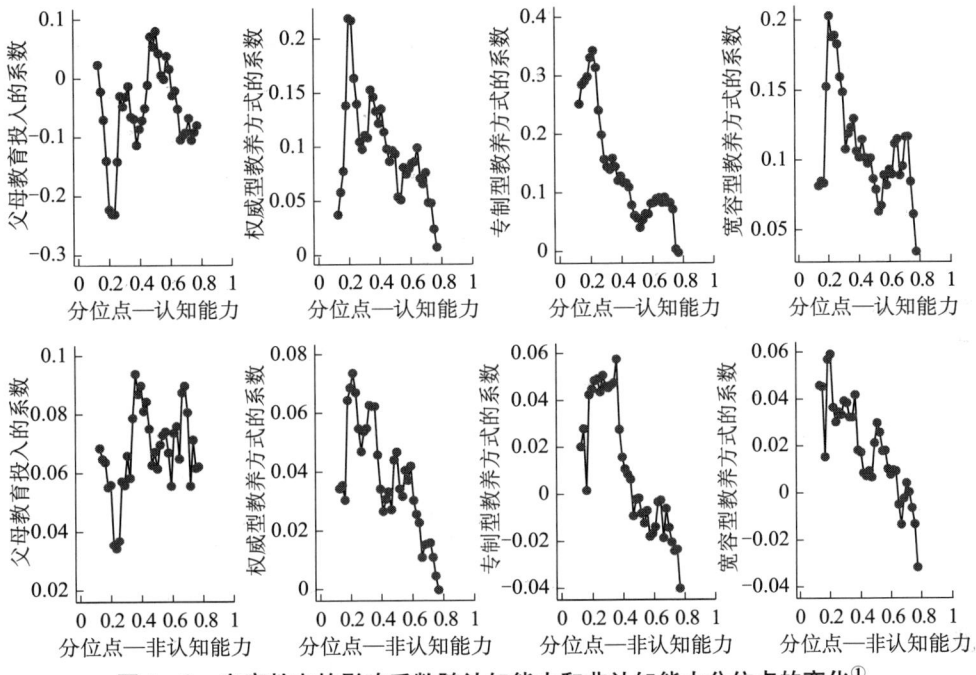

图 4-2 家庭教育的影响系数随认知能力和非认知能力分位点的变化①

这里最重要的是,如何寻找既与家庭教育相关又不直接影响子女认知能力和非认知能力的工具变量。基于已有研究设定,本章主要采用三个方面的工具变量,选取思路如下:第一,家庭教育可能会受到外部社会经济文化的影响,例如居住环境与父母养育孩子的模式紧密相连(Doepke & Zilibotti, 2017; Doepke et al., 2019),但是外生的宏观变量很难对子女人力资本发展带来直接效应,因此采用 CEPS 家长问卷中与社区邻里环境有关的问题"您家所在的生活区主要都住着哪些人?"②作为工具变量。第二,家庭教育对于寄宿生带来的影响可能比走读生要小,即家庭教育与学校的寄宿制度可能符合强相关性;而且该

---

① 由于 Firpo et al.(2009)提供的无条件分位数回归的绘图命令无法显示置信区间,因此附表 4-7 以 25、50、75 分位点为例详细展示了家庭教育影响子女认知能力和非认知能力的无条件分位数回归结果。

② 该问题"您家所在的生活区主要都住着哪些人?"包括本地农民、本地工人、大部分外来务工人员、教师/医生/工程师/公务员、企业高级管理人员等题项。

制度不因学生和家长的意志而改变,具有外生性(王春超和林俊杰,2021),即满足排他性约束。因此采用 CEPS 学校管理人员问卷中与寄宿制度有关的问题"学校是否提供学生宿舍?"①作为工具变量。第三,由于家庭教育具有区域内的相似性(Pinquart & Kauser,2018),而且其他家庭的养育模式不会直接作用于本家庭子女认知能力和非认知能力的发展,因此将通过计算得出的"同一学校其他家庭父母教育投入"和"同一学校其他家庭父母各类教养方式的比例"同时作为家庭教育的工具变量,这种构造方式普遍见于诸多研究中(尹志超和甘犁,2010;张皓辰和秦雪征,2019;Yang & Zhao,2020)。附表 4-8 展现了上述变量的描述性统计结果。

表 4-3 汇报了家庭教育影响子女认知能力和非认知能力的 2SLS 回归结果②。首先,通过 Stock & Yogo(2002)提出的"最小特征值统计量"检验发现,该统计量的值在各列回归结果中都大于经验切割点 10,拒绝"存在弱工具变量"的原假设。然后,本章采用了多个工具变量,通过过度识别检验发现 p 值都较大,没有拒绝"不存在过度识别"的原假设。如表 4-3 所示,父母教养方式(尤其是专制型教养方式)显著促进了子女认知能力的提升,影响系数为 0.142,且在 1% 水平下显著。父母教育投入则显著提高了子女非认知能力水平,影响系数为 0.070,且在 10% 水平下显著;而且采取权威型教养方式也有利于提升子女非认知能力水平。总之,采用工具变量法整体解决内生性问题后,家庭教育能够促进子女认知能力和非认知能力发展的结论并未发生改变。

表 4-3 家庭教育对子女认知能力和非认知能力的影响(2SLS 回归)

变量	(1) 认知能力	(2) 非认知能力
父母教育投入	-0.043	0.070*
	(0.040)	(0.069)
父母权威型教养方式	0.113***	0.042*
	(0.046)	(0.025)

---

① 该问题"学校是否提供学生宿舍?"包括三个题项,分别为:是,全部学生寄宿;是,部分学生寄宿;否。

② 使用工具变量法之前先做了 Hausman 检验,结果显示拒绝原假设,说明存在内生性,需要进行工具变量法回归。附表 4-9 报告了 2SLS 回归的第一阶段估计结果。

第四章 家庭教育对子女认知能力和非认知能力的影响

（续表）

变量	（1）认知能力	（2）非认知能力
父母专制型教养方式	0.142***	0.024
	(0.023)	(0.043)
父母宽容型教养方式	0.120***	0.027
	(0.023)	(0.044)
最小特征值统计量	46.760	46.408
过度识别检验(p值)	0.340	0.231
样本量	2 104	1 993
R^2	0.436	0.234

注：*** 代表在1%水平下显著，** 代表在5%水平下显著，* 代表在10%水平下显著。标准误都经过了班级层面的聚类调整。上表还控制了子女初始认知能力和非认知能力、性别、年龄、民族、本地户籍、户口、独生子女、学前教育经历等个人特征；父母受教育年限、父母职业类型、家庭经济条件等家庭背景特征以及区县固定效应[①]，限于篇幅未列出。

二、异质性分析

本小节将探讨家庭教育影响子女认知能力和非认知能力的异质性分析。表4-4展现了分性别、独生子女、户口、父亲受教育年限、子女初始认知能力水平、子女初始非认知能力水平[②]共6个维度、12种群体特征的情况下家庭教育对子女认知能力的2SLS回归结果。

第(1)列和第(2)列划分不同性别的结果显示，父母教养方式显著促进了男孩认知能力的提升。尤其对于权威型教养方式而言，影响系数为0.164，且在5%水平下显著。然而，无论是父母的教育投入还是教养方式，对于女孩的认知能力都没有显著影响。也就是说，有利的教养方式更有益于男孩的认知能力发展。第(3)列和第(4)列回归结果表明，父母权威型和专制型教养方式对于非独生子女的认知能力产生了更大的积极作用，影响系数分别为0.147（$p<0.05$）和0.192（$p<0.01$），高于对独生子女的影响系数0.143（$p<0.05$）和

[①] 由于工具变量"学校是否提供学生宿舍？"是学校层面的变量，因此2SLS回归中控制的是区县层面固定效应，下同。

[②] 这里将父亲受教育年限、子女初始认知能力和非认知能力分别按其样本均值进行分组，低于均值即为较低水平，高于均值则为较高水平。

表4-4 家庭教育影响子女认知能力的分样本回归

变量	(1) 女孩	(2) 男孩	(3) 非独生	(4) 独生	(5) 农村	(6) 城镇	子女认知能力 (7) 父亲低教育水平	(8) 父亲高教育水平	(9) 初始低认知能力水平	(10) 初始高认知能力水平	(11) 初始低非认知能力水平	(12) 初始高非认知能力水平
父母教育投入	-0.022 (0.091)	-0.158 (0.103)	-0.134 (0.099)	0.062 (0.088)	-0.148 (0.110)	0.012 (0.089)	-0.098 (0.104)	-0.043 (0.088)	-0.070 (0.112)	-0.010 (0.074)	-0.138 (0.092)	0.019 (0.093)
父母权威型教养方式	0.032 (0.062)	0.164** (0.067)	0.147** (0.066)	0.143** (0.062)	0.086 (0.071)	0.152** (0.060)	0.092 (0.065)	0.133** (0.063)	0.199** (0.082)	0.077 (0.051)	0.108* (0.060)	0.058 (0.068)
父母专制型教养方式	0.087 (0.059)	0.158** (0.062)	0.192*** (0.065)	0.178*** (0.058)	0.124* (0.068)	0.172*** (0.057)	0.141** (0.060)	0.144** (0.063)	0.199*** (0.076)	0.081* (0.049)	0.094 (0.058)	0.101 (0.064)
父母宽容型教养方式	0.072 (0.059)	0.152** (0.064)	0.098 (0.064)	0.187*** (0.059)	0.040 (0.066)	0.175*** (0.058)	0.035 (0.061)	0.171*** (0.063)	0.192** (0.080)	0.071 (0.049)	0.153*** (0.059)	0.060 (0.066)
样本量	1 074	1 030	985	1 119	901	1 203	1 066	1 038	898	1 206	939	1 165
R^2	0.406	0.472	0.491	0.448	0.492	0.436	0.477	0.421	0.408	0.353	0.525	0.413

注:*** 代表在1%水平下显著,** 代表在5%水平下显著,* 代表在10%水平下显著。标准误都经过了班级层面的聚类调整。上表还控制了子女初始认知和非认知能力、性别、年龄、民族、本地户籍、户口、独生子女、学前教育经历等个人特征;父母受教育年限、父母职业类型、家庭经济条件等家育背景特征以及区县固定效应,限于篇幅未列出。

0.178（p<0.01）。第（5）列和第（6）列划分不同户口的结果以及第（7）列和第（8）列划分父亲受教育年限的结果表明，有利的教养方式显著促进了城镇或父亲受教育年限高的子女的认知能力发展。然而对于农村或父亲受教育年限低的子女而言，只有专制型教养方式能够显著提升其认知能力，影响系数分别为0.124（p<0.1）和0.141（p<0.05）。第（9）列至第（12）列的回归结果显示，对于不同初始能力水平而言，权威型、专制型和宽容型教养方式均对初始认知能力水平较低的子女的认知能力发展有显著正向影响，影响系数分别为0.199（p<0.05）、0.199（p<0.01）、0.192（p<0.05），高于专制型教养方式对初始认知能力水平较高的子女产生的影响（影响系数为0.081且在10%水平下显著）。而且权威型和宽容型教养方式对于那些初始非认知能力水平较低的子女的认知能力发展也发挥了更重要的作用，影响系数分别为0.108（p<0.1）和0.153（p<0.01）。然而，父母教育投入和教养方式对初始非认知能力水平高的子女的认知能力并没有产生显著影响。也就是说，家庭教育尤其是有利的教养方式显著促进了初始认知或非认知能力处于弱势的子女的认知能力发展。

表4-5展现的是不同群体特征下家庭教育对子女非认知能力的2SLS回归结果。与上文类似，第（1）列和第（2）列划分性别的回归结果表明，父母权威型教养方式显著促进了男孩非认知能力发展，影响系数为0.074，且在5%水平下显著。第（3）列和第（4）列结果显示，父母教育投入显著促进了非独生子女非认知能力发展，影响系数为0.133（p<0.05）；而父母权威型教养方式显著提升了独生子女非认知能力水平，影响系数为0.071（p<0.05）。第（5）列和第（6）列划分不同户口的结果表明，父母教育投入和有利的教养方式都促进了城镇子女非认知能力发展。与之相反，家庭教育的各层面对农村子女的非认知能力发展都没有显著影响。第（7）列和第（8）列的结果显示，父母教育投入和教养方式对于不同父亲受教育年限的子女的非认知能力发展都没有显著影响。第（9）列至第（12）列的回归结果显示，父母教育投入对于初始认知能力水平较低的子女的非认知能力有正向影响，影响系数为0.045（p<0.1）。与之类似，父母权威型教养方式能够提升初始非认知能力水平较低的子女的非认知能力水平，影响系数为0.062（p<0.1）。也就是说，家庭教育可以促进初始能力处于弱势的子女的非认知能力发展。

总体而言，分样本回归的结果显示家庭教育对不同群体认知能力和非认知

表4-5 家庭教育影响子女非认知能力的分样本回归

变量	(1) 女孩	(2) 男孩	(3) 非独生	(4) 独生	(5) 农村	(6) 城镇	(7) 父亲低教育水平	(8) 父亲高教育水平	(9) 初始低认知能力水平	(10) 初始高认知能力水平	(11) 初始低非认知能力水平	(12) 初始高非认知能力水平
						子女非认知能力						
父母教育投入	0.052 (0.051)	0.074 (0.047)	0.133** (0.060)	0.021 (0.059)	0.051 (0.049)	0.090* (0.065)	0.062 (0.050)	0.065 (0.060)	0.045* (0.051)	0.037 (0.025)	0.082 (0.026)	0.061 (0.060)
父母权威型教养方式	0.009 (0.035)	0.074** (0.032)	0.016 (0.037)	0.071** (0.035)	0.015 (0.035)	0.068** (0.036)	0.047 (0.034)	0.046 (0.035)	−0.069 (0.036)	0.013 (0.069)	0.062* (0.057)	0.009 (0.036)
父母专制型教养方式	0.016 (0.034)	0.026 (0.031)	0.019 (0.033)	0.029 (0.031)	−0.025 (0.034)	0.062* (0.033)	0.032 (0.032)	0.014 (0.030)	−0.032 (0.036)	0.028 (0.044)	0.023 (0.033)	0.010 (0.032)
父母宽容型教养方式	0.031 (0.033)	0.015 (0.032)	0.029 (0.033)	0.027 (0.034)	−0.027 (0.033)	0.064** (0.034)	0.006 (0.032)	0.048 (0.031)	−0.003 (0.035)	−0.018 (0.052)	0.023 (0.037)	0.017 (0.034)
样本量	1 025	968	924	1 069	845	1 148	1 006	987	849	1 144	879	1 114
R^2	0.244	0.256	0.244	0.251	0.253	0.250	0.226	0.274	0.251	0.239	0.164	0.116

注：*** 代表在1%水平下显著，** 代表在5%水平下显著，* 代表在10%水平下显著。标准误差都经过了班级层面的聚类调整。上表还控制了子女初始认知能力和非认知能力、性别、年龄、民族、本地户籍、户口、独生子女、学前教育经历等个人特征；父母受教育年限、家庭经济条件、父母职业类型、家庭背景特征以及区县固定效应，限于篇幅未列出。

能力的影响存在异质性。首先,考虑到大众媒体、教师和教育政策制定者指出许多国家面临着"男孩危机"问题,即男孩在阅读和写作、高中考试成绩和大学录取率方面都落后于女孩(Husain & Millimet,2009)。结合上文结果以及所用样本的年龄区间,可以得出结论:如果父母着重于对初中男孩采取有利的教养方式,少年时期人力资本发展的性别差距有可能会缩小,从而缓解"男孩危机"。其次,家庭教育尤其是专制型教养方式有可能提高处于弱势背景子女的认知能力发展。同时,家庭教育对于初始能力水平较低的子女的认知或非认知能力发展都有显著促进作用。如果依据上述结论增加父母教育投入或者选取有利的父母教养方式,那么农村、非独生、父亲受教育年限低、初始能力水平低下等群体的认知或非认知能力发展将得到有效提高。这与Heckman & Mosso(2014)通过整理大量实验证据得出的结论一致,针对弱势儿童早期发展的干预项目是否取得成功,取决于该项目是否有效刺激了家庭教育(Cunha et al.,2010;Heckman et al.,2013)。上述结论意味着政策制定者可以通过为父母开设养育指导课程的方式,有效提升弱势子女的人力资本水平,进而提高其未来的长期产出(Kautz et al.,2014)。

三、影响机制

上述研究结果表明,父母教育投入的增加和有利的教养方式可以促进子女认知能力和非认知能力水平的提升,那么这其中的机制是什么?已有研究表明,家庭教育还有可能通过影响子女交友范围(Agostinelli et al.,2020)、促使子女参加课外补习(Zhang,2020)等方面间接地提升子女未来人力资本水平。为此,基于CEPS问卷设计及变量的可获得性,本章将选取同伴质量[1]、课外辅导[2]来解释家庭教育影响子女认知能力和非认知能力的作用机制。附表4-10展现了上述中介变量的描述性统计。

---

[1] 同伴质量以问题"你的好朋友有没有以下情况?"来衡量,包括"学习成绩优良、学习努力刻苦、想上大学、逃课旷课、违反校纪、打架、抽烟喝酒、去网吧或游戏厅、谈恋爱、退学了"共10个题项,前3项正向计分,后7项反向计分,加总后进行标准化来衡量同伴质量。

[2] 课外辅导以问题"参加了哪些兴趣班/课外辅导班?"来衡量,题项中包括"奥数、普通数学、语文、英语"共4项学科辅导,以及"绘画、书法、音乐、舞蹈、棋类、体育"共6项兴趣辅导,分别加总后进行标准化来衡量学科辅导和兴趣辅导。

家庭教育对子女人力资本发展的影响研究

基于式(4-8),表4-6首先汇报了家庭教育对中介变量的影响效应。观察第(1)列发现,父母教育投入和教养方式对同伴质量都有显著正向影响。这意味着增加父母教育投入或者采取有利的教养方式,能够促使子女交到更高质量的朋友,与以往学者得出的结论相似(Agostinelli et al.,2020)。第(2)列和第(3)列从课外辅导的角度讨论了可能的影响渠道。其中,增加父母教育投入能促进子女更多地参加学科辅导和兴趣辅导,影响系数分别为0.386和0.443,且均在1%水平下显著。而权威型和专制型教养方式仅促进了子女更多地参加兴趣辅导,影响系数分别为0.197($p<0.01$)和0.153($p<0.05$)。总体而言,父母教育投入和教养方式对上述中介变量几乎都存在一定程度的影响,下文将进一步检验家庭教育影响子女认知能力和非认知能力的作用机制。

表4-6 家庭教育对中介变量的影响效应

变量	(1)	(2)	(3)
	同伴质量	学科辅导	兴趣辅导
父母教育投入	0.208**	0.386***	0.443***
	(0.099)	(0.100)	(0.096)
父母权威型教养方式	0.273***	0.098	0.197***
	(0.073)	(0.066)	(0.081)
父母专制型教养方式	0.200***	0.049	0.153**
	(0.064)	(0.061)	(0.069)
父母宽容型教养方式	0.146**	-0.083	0.084
	(0.066)	(0.067)	(0.080)
样本量	2 102	2 118	2 137
R^2	0.132	0.048	0.073

注:*** 代表在1%水平下显著,** 代表在5%水平下显著,* 代表在10%水平下显著。标准误都经过了班类层面的聚类调整。上表还控制了子女初始认知能力和非认知能力、性别、年龄、民族、本地户籍、户口、独生子女、学前教育经历等个人特征;父母受教育年限、父母职业类型、家庭经济条件等家庭背景特征以及区县固定效应,限于篇幅未列出。

为了进一步检验影响机制,表4-7汇报了因果中介分析结果。首先,基于式(4-9),第(1)列和第(2)列汇报了加入中介变量同伴质量的回归结果。观察发现,同伴质量对认知能力和非认知能力都有显著正向影响。与表4-2基准回归相比,父母教育投入和各类型教养方式的影响效应都有所下降,例如父

表4-7 因果中介分析

变量	(1)	(2)	(3)	(4)	(5)	(6)
	中介变量:同伴质量		中介变量:学科辅导		中介变量:兴趣辅导	
	认知能力	非认知能力	认知能力	非认知能力	认知能力	非认知能力
父母教育投入	-0.093	0.068**	-0.081	0.065	-0.069	0.072**
	(0.031)	(0.066)	(0.030)	(0.067)	(0.040)	(0.067)
父母权威型教养方式	0.083	0.021	0.089*	0.035	0.098*	0.035
	(0.023)	(0.050)	(0.023)	(0.050)	(0.027)	(0.051)
父母专制型教养方式	0.119***	0.011	0.123***	0.020	0.132***	0.017
	(0.022)	(0.041)	(0.022)	(0.040)	(0.026)	(0.040)
父母宽容型教养方式	0.098**	0.017	0.100**	0.027	0.102**	0.020
	(0.022)	(0.048)	(0.022)	(0.047)	(0.027)	(0.046)
中介变量	0.050***	0.072***	0.028**	-0.004	-0.017	0.019***
	(0.007)	(0.014)	(0.008)	(0.011)	(0.007)	(0.015)
	父母教育投入→中介效应→被解释变量					
平均因果中介效应	0.011**	0.013**	0.011*	-0.001	-0.008	0.008**
	(0.004)	(0.005)	(0.007)	(0.006)	(0.003)	(0.006)
	权威型教养方式→中介效应→被解释变量					
平均因果中介效应	0.014***	0.020***	0.003	0.000	-0.003	0.003*
	(0.002)	(0.005)	(0.005)	(0.002)	(0.000)	(0.002)
	专制型教养方式→中介效应→被解释变量					
平均因果中介效应	0.010**	0.014***	0.001	0.000	-0.003	0.003*
	(0.002)	(0.004)	(0.005)	(0.002)	(0.000)	(0.002)
	宽容型教养方式→中介效应→被解释变量					
平均因果中介效应	0.008**	0.010**	-0.002	0.000	-0.001	0.002
	(0.001)	(0.004)	(0.005)	(0.002)	(0.000)	(0.001)
样本量	2 089	1 980	2 104	1 993	2 123	2 010
R^2	0.377	0.279	0.373	0.286	0.377	0.250

注:平均因果中介效应是通过1 000次准贝叶斯蒙特卡罗(Quasi-Bayesian Monte Carlo)模拟计算得出的结果。*** 代表在1%水平下显著,** 代表在5%水平下显著,* 代表在10%水平下显著。标准误都经过了班级层面的聚类调整。上表还控制了子女初始认知能力和非认知能力、性别、年龄、民族、本地户籍、户口、独生子女、学前教育经历等个人特征;父母受教育年限、父母职业类型、家庭经济条件等家庭背景特征以及区县固定效应,限于篇幅未列出。

母专制型教养方式对子女认知能力的影响系数从 0.129(p<0.01) 下降到 0.119(p<0.01),父母教育投入对子女非认知能力的影响系数从 0.081(p<0.01) 下降到 0.068(p<0.05)。第(3)列和第(4)列展现了加入中介变量学科辅导的回归结果,与之相应,第(5)列和第(6)列是考虑中介变量兴趣辅导的回归结果。观察发现,参加学科辅导越多,越有助于促进子女认知能力的提升,影响系数为 0.028 且在 5% 水平下显著;而参加兴趣辅导越多,越能提高子女非认知能力水平,影响系数为 0.019 且在 1% 水平下显著。同样,与基准回归相比,第(3)列回归结果显示各类型父母教养方式的影响系数有所下降,例如父母权威型教养方式对子女认知能力的影响系数从 0.095(p<0.1) 下降到 0.089(p<0.1);第(6)列回归结果显示父母教育投入对子女非认知能力的影响系数从 0.081(p<0.01) 下降到 0.072(p<0.05)。

其次,基于式(4-10)的平均因果中介效应表达式,同伴质量在家庭教育影响子女认知或非认知能力的路径中发挥了显著的中介效应。例如,同伴质量在父母教育投入影响子女认知能力路径中的平均因果中介效应为 0.011(p<0.05);在父母权威型教养方式影响子女非认知能力路径中的平均因果中介效应为 0.020(p<0.01)。这说明增加父母教育投入或者采取有利的教养方式会影响子女的同伴选择,促使他们交到更高质量的朋友,进而促进子女认知能力和非认知能力的提升(Agostinelli et al.,2020)。对于课外辅导而言,学科辅导仅在父母教育投入影响子女认知能力的过程中发挥了显著的中介效应,数值为 0.011,且在 10% 水平下显著。然而,学科辅导并不是父母教育投入和教养方式影响子女非认知能力的中间机制。对于兴趣辅导而言,出现了相反的情形。兴趣辅导不是家庭教育影响子女认知能力的中间机制;但是在父母教育投入、权威型和专制型教养方式影响子女非认知能力的过程中发挥了显著的中介效应。其中,兴趣辅导在父母教育投入影响子女非认知能力路径中的平均因果中介效应为 0.008(p<0.05);在父母权威型、专制型教养方式影响子女非认知能力路径中的平均因果中介效应均为 0.003(p<0.1)。上述结果意味着,父母教育投入的增加促使子女参加更多的学科辅导,从而有助于促进子女认知能力发展。同时,父母教育投入的增加以及有利的教养方式还有助于促使子女参加更多的兴趣辅导,从而有效提高子女非认知能力水平,与已有研究结果类似(方晨晨,2018)。

第四章 家庭教育对子女认知能力和非认知能力的影响

需要说明的是,如果序贯可忽略假设不成立,上文估计的平均因果中介效应不再有效。因此本小节还将参照 Imai & Yamamoto(2013)的做法通过敏感性分析来检验该假设是否成立,即中介变量是否满足随机性。以父母教育投入为例,图 4-3 绘制了平均因果中介效应(ACME)随敏感性参数(ρ)变化的图像①。如果 ρ 取某值时得到的 ACME 与在序贯可忽略假设下(即 $\rho = 0$)得到的 ACME 有较大差别,则表明上述研究可能存在不可观测的混淆因素,违反了序贯可忽略假设。遗憾的是,Imai & Yamamoto(2013)的研究并没有讨论 ρ 值具体为多少才意味着通过序贯可忽略假设。以中介变量同伴质量为例,目前的结果可以说明的是,在父母教育投入→同伴质量→子女认知能力路径中,当 $\rho = 0$ 时(即序贯可忽略假设成立的条件下),对应表4-7中的 ACME 为 0.011;当 ACME 为 0 时,ρ 值为 0.058 7。如图 4-3 所示,只要 $-1 < \rho < 0.058\ 7$,ACME 为正的结果就保持不变,即使很大程度地偏离序贯可忽略假设下对应的数值,

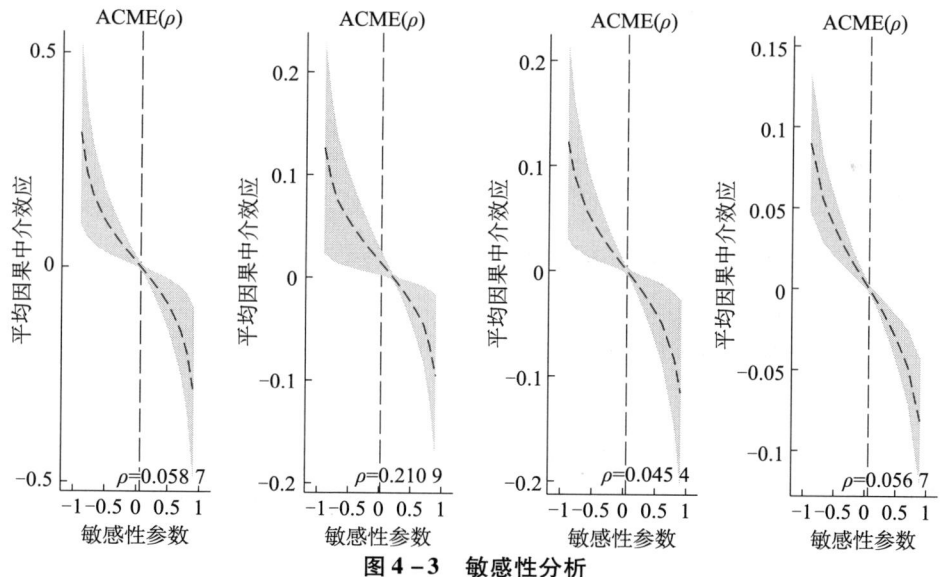

图 4-3 敏感性分析

注:虚线代表平均因果中介效应,阴影部分代表95%置信区间。从左至右,纵轴分别代表父母教育投入→同伴质量→子女认知能力、父母教育投入→同伴质量→子女非认知能力、父母教育投入→学科辅导→子女认知能力、父母教育投入→兴趣辅导→子女非认知能力这四条路径的平均因果中介效应;横轴代表敏感性参数。

---

① 限于篇幅,这里以父母教育投入为例,仅选取表 4-7 中平均因果中介效应显著的四条路径。

但是符号方向依旧稳健。同理,在父母教育投入→同伴质量→子女非认知能力路径中,当 $\rho=0$ 时,ACME 为 0.013;当 ACME 为 0 时,$\rho=0.2109$;只要 $-1<\rho<0.2109$,ACME 为正的结果保持不变。上述敏感性分析表明:探讨家庭教育对子女认知能力和非认知能力的影响机制时,如果将同伴质量、学科辅导和兴趣辅导作为中介变量,其中介效应的显著性是有条件的,因此推广该结论时必须维持谨慎。不过,本小节还通过计算得出式(4-6)和式(4-7)中样本残差 $\widehat{\mu}_{i,s,t}$ 和 $\widehat{v}_{i,s,t}$ 的相关系数为 0,一定程度上也能体现上述结论支持了序贯可忽略假设,从而说明上文因果中介分析具有可信的结果。

第三节 稳健性检验

本节将通过"考虑两期家庭教育的影响""替换家庭教育的衡量指标""考虑家庭教育各维度的影响""控制教师特征和师生互动"一系列方法对上述结果进行稳健性检验。为了整体解决潜在的内生性问题,本节所有的 2SLS 回归结果使用了与上文一致的工具变量,在此不再赘述。

一、考虑两期家庭教育的影响

上文为了避免可能存在的反向因果关系,考察的是基期家庭教育对于追踪时期子女认知能力和非认知能力的影响。由于同一时期的父母教育投入和教养方式也有可能对子女人力资本发展产生重要影响,因此本小节将同时考虑两期家庭教育带来的影响效应。表4-8第(1)列和第(2)列汇报了同期家庭教育影响子女认知能力和非认知能力发展的 2SLS 回归结果。观察发现,同期的父母教养方式尤其是权威型教养方式对子女认知能力发展带来的影响更大,而且也显著提升了子女非认知能力水平,影响系数分别为 0.208 和 0.130,均在 1%水平下显著。父母教育投入依旧促进了子女非认知能力发展,影响系数为 0.119,且在 1%水平下显著。第(3)列和第(4)列是考虑两期家庭教育的回归结果。追踪时期权威型、专制型教养方式和基期专制型、宽容型教养方式都能促进子女认知能力的提升,但是前者带来的影响效应普遍高于后者。以专制型教养方式为例,追踪时期父母专制型教养方式对子女认知能力的影响系数为 0.137(p<0.05),高于基期父母专制型教养方式的影响系数 0.099(p<0.1)。与之相同,追踪时期父母教育投入、权威型教养方式和基期各类型父母教养方式都能促进子女非认知能力发展,而且前者带来的影响效应更大。以权威型教养方式为例,追踪时期父母权威型教养方式对子女非认知能力的影响系数为 0.084(p<0.01),高于基期父母权威型教养方式的影响系数 0.054(p<0.1)。上述现象与王春超和林俊杰(2021)的研究发现相似。对于青少年而言,父母教养方式和教育投入可能具有较强的即时效应,追踪时期高质量的家庭教育能够为子女认知能力和非认知能力发展带来更大的影响。

表4-8 稳健性检验:两期家庭教育对子女认知能力和非认知能力的影响

变量	(1) 认知能力	(2) 非认知能力	(3) 认知能力	(4) 非认知能力
父母教育投入_追踪	-0.057	0.119***	0.019	0.117***
	(0.064)	(0.032)	(0.089)	(0.042)
父母权威型教养方式_追踪	0.208***	0.130***	0.169***	0.084***
	(0.029)	(0.044)	(0.023)	(0.060)
父母专制型教养方式_追踪	0.182***	0.034	0.137**	-0.005
	(0.028)	(0.043)	(0.022)	(0.058)
父母宽容型教养方式_追踪	0.130***	0.036	0.057	-0.000
	(0.028)	(0.042)	(0.022)	(0.058)
父母教育投入_基期			-0.042	-0.036
			(0.085)	(0.045)
父母权威型教养方式_基期			0.047	0.054*
			(0.056)	(0.031)
父母专制型教养方式_基期			0.099*	0.049*
			(0.052)	(0.029)
父母宽容型教养方式_基期			0.096*	0.059**
			(0.052)	(0.029)
最小特征值统计量	55.875	54.540	18.939	18.072
过度识别检验(p值)	0.4150	0.8436	0.2366	0.6003

（续表）

变量	(1) 认知能力	(2) 非认知能力	(3) 认知能力	(4) 非认知能力
样本量	2 341	2 239	1 466	1 434
R^2	0.483	0.269	0.471	0.276

注：*** 代表在1%水平下显著，** 代表在5%水平下显著，* 代表在10%水平下显著。标准误都经过了班级层面的聚类调整。上表还控制了子女初始认知能力和非认知能力、性别、年龄、民族、本地户籍、户口、独生子女、学前教育经历等个人特征；父母受教育年限、父母职业类型、家庭经济条件等家庭背景特征以及区县固定效应，限于篇幅未列出。

二、替换家庭教育的衡量指标

上文主要以CEPS学生问卷中子女作答的题项衡量家庭教育，本小节将以家长问卷中父母作答的对应题项衡量父母教育投入和父母教养方式。表4-9显示，父母教养方式依旧对子女认知能力发展带来更大影响，尤其是专制型教养方式，其影响系数为0.135，且在1%水平下显著。而父母教育投入则显著提升了子女的非认知能力水平，影响系数为0.070，且在10%水平下显著。与上文一致，研究结论具有稳定性。

表4-9 稳健性检验：父母报告的家庭教育对子女认知能力和非认知能力的影响

变量	(1) 认知能力	(2) 非认知能力
父母教育投入	-0.064	0.070*
	(0.041)	(0.066)
父母权威型教养方式	0.097**	0.022
	(0.024)	(0.045)
父母专制型教养方式	0.135***	0.015
	(0.023)	(0.046)
父母宽容型教养方式	0.060	0.014
	(0.024)	(0.047)
最小特征值统计量	39.829	41.650
过度识别检验（p值）	0.135 5	0.129 2

(续表)

变量	(1) 认知能力	(2) 非认知能力
样本量	1 859	1 761
R^2	0.459	0.228

注:*** 代表在1%水平下显著,** 代表在5%水平下显著,* 代表在10%水平下显著。标准误都经过了班级层面的聚类调整。上表还控制了子女初始认知能力和非认知能力、性别、年龄、民族、本地户籍、户口、独生子女、学前教育经历等个人特征;父母受教育年限、父母职业类型、家庭经济条件等家庭背景特征以及区县固定效应,限于篇幅未列出。

三、考虑家庭教育各维度的影响

基于家庭教育的衡量方式以及附表4-3和附表4-4,本小节将父母教育投入和教养方式的各维度分别进行因子分析后放入回归方程。观察表4-10可知,在控制个人特征和家庭背景特征等变量之后,日常生活时间投入阻碍了子女认知能力水平的提升,影响系数为-0.030($p<0.1$);但是能够促进子女非认知能力水平的提升,影响系数为0.012($p<0.1$)。原因可能在于父母的日常生活时间投入包括亲子一起看电视的时间,虽然这种娱乐性时间投入不利于子女认知能力发展,但是通过拓展子女视野,其非认知能力能够得到发展。父母的文化活动时间投入对子女认知能力没有显著影响,然而同样提升了子女非认知能力水平,影响系数为0.019,且在1%水平下显著。这与已有研究结果(李丽等,2017;梁文艳等,2018)类似,文化资本投入有助于孩子的责任心、开放性等人格特征的培养。衡量父母金钱投入的两个维度——家庭物质资源投入和校内校外金钱投入对子女认知能力和非认知能力都没有显著影响。这与多数研究结果相似(Del Boca et al.,2014;Fiorini & Keane,2014;Falk et al.,2021),与金钱投入相比,父母高质量的时间投入更有利于青少年人力资本发展。

对于父母教养方式的各维度而言,父亲与孩子的亲子沟通和关系仅对子女非认知能力发展有显著正向影响,系数为0.011,在5%水平下显著;而母亲与孩子的亲子沟通和关系显著提升了子女认知能力和非认知能力水平。即母亲对于子女人力资本发展发挥了更重要的作用(Bernal & Keane,2011)。此外,父母的控制和管理显著降低了子女认知能力水平,影响系数为-0.029,且在10%

水平下显著。也就是说,过于严格的监管将不利于子女认知能力发展。然而,父母的要求和期望显著提升了子女认知能力和非认知能力,尤其是在认知能力的影响方面,相应影响系数远大于家庭教育的其他维度的影响结果,数值为0.113,且在1%水平下显著。这意味着,与其他维度相比,父母的要求和期望最有利于子女认知能力发展。这与以往研究类似(Yang & Zhao,2020),可能是由于父母期望越高,就会越倾向于为子女付出努力,积极创造有利的养育环境来提升子女认知能力水平。

总体而言,父母教养方式的两个重要指标——亲子沟通和关系、父母要求和期望显著提升了子女认知能力和非认知能力;父母时间投入主要促进的是子女非认知能力发展。这与上文基准回归中的发现基本一致。

表4-10 稳健性检验:家庭教育各维度对子女认知能力和非认知能力的影响

变量	(1) 认知能力	(2) 非认知能力
日常生活时间投入	-0.030*	0.012*
	(0.006)	(0.017)
文化活动时间投入	0.015	0.019***
	(0.006)	(0.018)
家庭物质资源投入	-0.025	-0.006
	(0.006)	(0.018)
校内校外金钱投入	-0.015	-0.009
	(0.006)	(0.014)
亲子沟通和关系_父亲	0.011	0.011**
	(0.006)	(0.016)
亲子沟通和关系_母亲	0.039**	0.018***
	(0.006)	(0.017)
父母控制和管理	-0.029*	-0.009
	(0.006)	(0.015)
父母要求和期望	0.113***	0.012**
	(0.006)	(0.016)
最小特征值统计量	10.491	12.872

（续表）

变量	(1) 认知能力	(2) 非认知能力
过度识别检验(p 值)	0.981 9	0.374 1
样本量	2 104	1 993
R^2	0.404	0.253

注：*** 代表在1%水平下显著，** 代表在5%水平下显著，* 代表在10%水平下显著。标准误都经过了班级层面的聚类调整。上表还控制了子女初始认知能力和非认知能力、性别、年龄、民族、本地户籍、户口、独生子女、学前教育经历等个人特征；父母受教育年限、父母职业类型、家庭经济条件等家庭背景特征以及区县固定效应，限于篇幅未列出。

四、控制教师特征和师生互动

由于学生的认知能力和非认知能力有可能受到教师因素的影响（Gong et al.,2018）。因此，表4-11展现了控制教师特征和师生互动的回归结果。其中，教师特征包括班主任性别、是否毕业于师范类院校/专业、教龄、是否有教学方面的高级职称；师生互动包括是否经常被数学、语文或英语老师提问或表扬①。附表4-8展现了与此相关的变量描述性统计。

观察发现，即使考虑了更多的控制变量，教养方式尤其是专制型教养方式仍然对子女认知能力有显著正向影响，影响系数为0.147，且在1%水平下显著。而父母教育投入的增加则依旧对于提升子女非认知能力发挥了更大的积极作用，影响系数为0.066，且在10%水平下显著。上述结果进一步验证了原结论的稳定性。

表4-11 稳健性检验：控制教师特征和师生互动的回归结果

变量	(1) 认知能力	(2) 非认知能力
父母教育投入	-0.032	0.066*
	(0.039)	(0.069)

---

① 该变量来源于CEPS学生问卷中的题项"关于主课程,你是否同意数学/语文/英语老师经常向你提问/表扬你?"(1=完全不同意;2=比较不同意;3=比较同意;4=完全同意)

(续表)

变量	(1) 认知能力	(2) 非认知能力
父母权威型教养方式	0.131***	0.051**
	(0.025)	(0.047)
父母专制型教养方式	0.147***	0.038
	(0.023)	(0.044)
父母宽容型教养方式	0.125***	0.033
	(0.024)	(0.044)
最小特征值统计量	46.275	42.704
过度识别检验(p值)	0.118 4	0.427 0
样本量	2 083	1 972
R^2	0.441	0.252

注：*** 代表在1%水平下显著，** 代表在5%水平下显著，* 代表在10%水平下显著。标准误都经过了班级层面的聚类调整。上表还控制了子女初始认知能力和非认知能力、性别、年龄、民族、本地户籍、户口、独生子女、学前教育经历等个人特征；父母受教育年限、父母职业类型、家庭经济条件等家庭背景特征；班主任性别、是否毕业于师范类院校/专业、教龄、是否有教学方面的高级职称等教师特征；是否经常被数学、语文或英语老师提问或表扬等师生互动情况；以及区县固定效应，限于篇幅未列出。

第四节 拓展分析

上文主要探讨了家庭教育如何影响子女认知能力和非认知能力的发展。近年来，已有文献反复指出早期高质量养育在培养子女技能方面相当有效，诸多学者开始将视野聚焦在家庭教育如何通过影响子女认知能力和非认知能力进而影响其未来产出结果上。根据本章所用调查数据中可获取的变量，下文主要关注的子女产出结果是衡量教育产出的学业表现。事实上，既有研究表明影响学业表现的因素十分丰富，通常涵盖了家庭背景(文东茅，2005；李锋亮等，2006；岳昌君和周丽萍，2017；马莉萍和卜尚聪，2020)、学校环境(冯帅章和陈媛媛，2012；王骏和孙志军，2015；Wu et al.，2019)，教师因素(郭衍等，2015；薛海平和王蓉，2016；Gong et al.，2018)，同伴效应(吴愈晓和张帆，2020；刘泽云和郭睿,2020)等多个方面。

基于本书主旨,拓展分析部分重点关注的是包含父母教育投入和父母教养方式在内的家庭教育对子女学业表现的影响。一方面,家庭教育有助于提高儿童认知能力和非认知能力,可以通过指导父母给孩子讲故事、与孩子互动玩耍等方式改善子女认知能力和非认知能力发育迟缓的现象(Zhao et al.,2019)。另一方面,认知能力和非认知能力的提高能够有效促进子女入学后的学业表现(Heckman & Mosso,2014)。因此,家庭教育有可能通过提升子女认知能力和非认知能力,进一步促进其学业发展。

由于家庭教育不仅有可能通过促进子女认知能力和非认知能力发展进而提高其学业成绩,还有可能对子女的教育产生长期影响,例如提高大学升学率(Kimmes & Heckman,2017)、降低高中辍学率(Majumder,2016),因此,本节分别探讨了家庭教育对子女短期学业表现(即学业成绩)的影响和长期学业表现(即教育获得)的影响。此外,随着"三孩"政策的放开以及祖父母在孙辈的成长过程中扮演越来越重要的角色,中国父母的养育模式对子女人力资本发展的影响与其他发达国家的家庭之间可能存在差异。综上,下文还将分析隔代照料与家庭教育的交互作用对子女人力资本发展的影响。

一、家庭教育对子女学业成绩的影响

表4-12展现了父母教育投入和教养方式对子女学业成绩的影响效应。首先,观察父母教育投入的影响系数可以发现,子女在七年级时期获得的父母教育投入对其八年级时期各科学业成绩几乎都有显著正向影响,尤其对于语文成绩的影响效应最大,影响系数为0.147,且在10%水平下显著。其次,与忽视型教养方式相比,父母权威型、宽容型、专制型显著促进了子女各科成绩的提高。无论对于总成绩还是各科成绩而言,与其他各类型教养方式相比,父母权威型教养方式带来的影响效应都更大。以总成绩为例,父母权威型教养方式对子女总成绩的影响系数为0.231($p<0.01$),高于父母专制型的影响系数0.176($p<0.01$)和宽容型的影响系数0.136($p<0.05$)。最后,附表4-11回归结果同样表明,除了数学成绩,父母教育投入对其他各科成绩都有显著正向影响;对于父母教养方式而言,与忽视型教养方式相比,其他各类型尤其是权威型教养

方式显著促进了子女各科学业成绩的提升。此外,本小节还关注了父母教育投入和教养方式影响子女学业成绩的影响系数随分位点的变化,限于篇幅未列出。无条件分位数回归结果表明高质量的家庭教育——积极的教育投入和有利的教养方式更有助于提升成绩不佳的子女的学业成绩。

上述研究结果反映出增加父母教育投入和选取有利的父母教养方式几乎都能促进子女各科学业成绩的提高。其中,与其他类型教养方式相比,权威型教养方式对子女学业成绩发挥了更大的正向作用。这与已有多项研究结果(方平等,2003;James-Burdumy,2005;Garn et al.,2010;Bernal & Keane,2011;Masud,2015;张云运等,2015;梁文艳等,2018;张皓辰和秦雪征,2019;Yang & Zhao,2020)类似,初步印证了家庭教育对子女学业表现的重要性。

表4-12 家庭教育对子女学业成绩的影响

变量	(1) 总成绩	(2) 语文成绩	(3) 数学成绩	(4) 英语成绩
父母教育投入	0.141* (0.079)	0.147* (0.078)	0.122 (0.083)	0.139* (0.081)
父母权威型教养方式	0.231*** (0.054)	0.250*** (0.050)	0.218*** (0.068)	0.205*** (0.055)
父母专制型教养方式	0.176*** (0.062)	0.222*** (0.053)	0.184*** (0.065)	0.150** (0.054)
父母宽容型教养方式	0.136** (0.051)	0.162* (0.053)	0.121** (0.084)	0.129** (0.060)
样本量	2 157	2 160	2 160	2 157
R^2	0.252	0.280	0.206	0.222

注:*** 代表在1%水平下显著,** 代表在5%水平下显著,* 代表在10%水平下显著。标准误都经过了班级层面的聚类调整。上表还控制了子女初始认知能力和非认知能力、性别、年龄、民族、本地户籍、户口、独生子女、学前教育经历等个人特征;父母受教育年限、父母职业类型、家庭经济条件等家庭背景特征以及学校固定效应,限于篇幅未列出。

二、家庭教育对子女教育获得的影响

本小节将探讨父母教育投入和教养方式对子女学业表现的长期影响。截至笔者写作期间,CEPS 只公开发布了两轮调查数据,因此下文主要采用的是 CFPS 数据,以 2010 年基期调查中处于 10—15 岁的样本为研究对象,这些样本在 2018 年第五轮追踪调查中已经成年。为了避免反向因果关系,本小节选取 CFPS 2010 年的相关指标构建父母教育投入和教养方式的代理变量,选取 CFPS 2018 年样本成年时期的上学阶段作为教育获得的代理变量。附表 4-12 和附表 4-13 展现了构成家庭教育变量的因子分析和聚类分析结果。

在控制个人特征和家庭背景特征等变量后,表 4-13 汇报了青少年时期家庭教育对于子女成年时期教育获得的影响效应。第(1)列展现的是家庭教育对子女是否读过高中的回归结果。其中,父母教育投入的影响效应为正,影响系数为 0.050($p<0.1$)。与忽视型教养方式相比,父母权威型教养方式对子女成年时期读过高中的概率有显著正向影响,影响系数为 0.064($p<0.1$)。第(2)列汇报了家庭教育对子女是否读过大学的回归结果。其中,父母教育投入的影响系数为 0.089,且在 1% 水平下显著。第(3)列进一步展现了家庭教育对高中及以上群体是否读过大学的回归结果。观察发现,父母教育投入仍旧对子女接受高等教育产生显著正向影响,系数为 0.077,且在 5% 水平下显著。

上述结论表明,高质量的家庭教育不仅显著促进了子女短期学业成绩的提升,而且对子女学业表现有长期影响,表现为青少年时期增加父母教育投入或采取权威型教养方式,能够有效地提高子女成年时期接受高中或高等教育的概率。即积极的父母教育投入和有利的教养方式能够促进子女上高中或大学,与以往研究结果一致(Kimmes & Heckman,2017;Majumder,2016)。

表 4-13 家庭教育对子女教育获得的影响

变量	(1) 读过高中	(2) 读过大学	(3) 高中及以上群体读过大学
父母教育投入	0.050* (0.037)	0.089*** (0.030)	0.077** (0.033)
父母权威型教养方式	0.064* (0.046)	-0.038 (0.035)	-0.055 (0.039)

（续表）

变量	(1) 读过高中	(2) 读过大学	(3) 高中及以上群体 读过大学
父母专制型 教养方式	0.042 (0.045)	−0.041 (0.033)	−0.050 (0.037)
父母宽容型 教养方式	0.026 (0.050)	−0.002 (0.038)	−0.013 (0.041)
样本量	1 311	1 311	1 029
R^2	0.193	0.309	0.321

注：*** 代表在1%水平下显著，** 代表在5%水平下显著，* 代表在10%水平下显著。上表数据来源于CFPS，控制变量包括子女初始认知能力和非认知能力、性别、年龄、民族、户口、是否独生子女等个人特征；以及父母受教育年限、父母职业类型等家庭背景特征，限于篇幅未列出。

三、隔代照料的作用

本小节将进一步探讨隔代照料与家庭教育的交互作用对子女人力资本发展产生的影响。其中，隔代照料以CEPS问卷中的题项"祖父母是否直接负责照顾孩子的日常生活起居？"来衡量。

表4−14汇报了隔代照料与家庭教育交互作用的回归结果①。观察发现，首先，隔代照料对子女认知能力、总成绩和语文成绩的影响效应显著为负，影响系数分别为 −0.280（$p<0.05$）、−0.352（$p<0.1$）和 −0.432（$p<0.05$）。这意味着隔代照料阻碍了子女认知能力和学业成绩的提升，与已有多数研究结果一致（Bernal & Keane，2011；Del Boca et al.，2018；姚植夫和刘奥龙，2019）。原因可能在于祖父母文化水平普遍偏低，缺乏科学育儿知识，并且常常存在溺爱孙辈的现象，这些情况均不利于孩子人力资本的发展。

---

① 本书也探讨了隔代照料与家庭教育的交互作用对子女教育获得的影响，回归结果显示交互项系数均不显著。未来可以进一步探讨隔代照料如何影响子女的长期学业表现以及家庭教育在其中发挥的作用，这里不再赘述。

表 4-14 隔代照料与家庭教育的交互作用

变量	(1) 认知能力	(2) 非认知能力	(3) 总成绩	(4) 语文成绩	(5) 数学成绩	(6) 英语成绩
隔代照料	-0.280** (0.218)	0.001 (0.122)	-0.352* (0.073)	-0.432** (0.207)	-0.255 (0.174)	-0.348 (0.228)
隔代照料× 父母教育投入	-0.108 (0.219)	0.102 (0.105)	-0.114 (0.241)	-0.132 (0.260)	-0.174 (0.260)	-0.110 (0.249)
隔代照料× 父母权威型教养方式	0.223 (0.155)	-0.041 (0.090)	0.555** (0.239)	0.607*** (0.215)	0.436* (0.258)	0.494* (0.250)
隔代照料× 父母专制型教养方式	0.240 (0.161)	-0.025 (0.082)	0.299 (0.258)	0.577*** (0.210)	0.068 (0.286)	0.296 (0.265)
隔代照料× 父母宽容型教养方式	0.332** (0.161)	-0.003 (0.090)	0.417 (0.255)	0.396* (0.235)	0.215 (0.274)	0.475* (0.256)
父母教育投入	-0.036 (0.095)	0.101** (0.080)	0.130 (0.043)	0.128 (0.108)	0.113 (0.106)	0.122 (0.115)
父母权威型教养方式	0.050 (0.060)	0.034 (0.029)	0.178*** (0.062)	0.090 (0.065)	0.188*** (0.067)	0.167*** (0.063)
父母专制型教养方式	0.087* (0.079)	0.003 (0.047)	0.160** (0.033)	0.056 (0.071)	0.206*** (0.063)	0.137* (0.069)
父母宽容型教养方式	0.048 (0.070)	0.023 (0.054)	0.100 (0.030)	0.037 (0.072)	0.110 (0.073)	0.105 (0.078)
样本量	1 639	1 568	1 638	1 640	1 640	1 638
R^2	0.367	0.266	0.269	0.238	0.223	0.238

注：*** 代表在1%水平下显著，** 代表在5%水平下显著，* 代表在10%水平下显著。标准误都经过了班级层面的聚类调整。上表还控制了子女初始认知能力和非认知能力、性别、年龄、民族、本地户籍、户口、独生子女、学前教育经历等个人特征；父母受教育年限、父母职业类型、家庭经济条件等家庭背景特征以及学校固定效应，限于篇幅未列出。

其次，进一步观察隔代照料与家庭教育的交互项系数发现，隔代照料与父母教育投入的交互项系数并不显著，但是与各类型教养方式的交互项系数正向显著。具体而言，隔代照料和宽容型教养方式的交互作用促进了子女认知能力的发展，影响系数为0.332，且在5%水平下显著。对于子女的学业成绩而言，"隔代照料×父母权威型教养方式"对子女总成绩和各科成绩的影响效应都显著为正,影响系数分别为 0.555(p<0.05)、0.607(p<0.01)、0.436(p<0.1)和 0.494(p<0.1);"隔代照料×父母专制型教养方式"对子女语文成绩的影响效应显著为正,影响系数为 0.577,在 1% 水平下显著;"隔代照料×父母宽容型教养方式"对子女语文和英语成绩的影响效应显著为正,影响系数分别为 0.396(p<0.1)和 0.475(p<0.1)。

最后,隔代照料及其与家庭教育的交互项对子女非认知能力发展都没有显著影响,这与 Deng & Tong(2020)的研究结果相似。换言之,父母教育投入和教养方式对子女非认知能力的作用效果不会因家庭内部是否存在隔代照料的情况而发生变化。

总体而言,上述结果表明有利的教养方式能够缓解隔代照料对子女人力资本发展带来的负面影响。如果祖父母直接负责孩子的日常生活起居,意味着他们承担了大部分日常杂事的处理,例如繁琐的家务活动,一定程度上有助于减轻父母压力(Luo et al.,2020),促使父母有更多的精力进行亲子间的沟通交流。反过来,此时这种高质量的养育模式显著提升了孩子的人力资本水平,抵消了祖辈照料可能带来的阻碍作用。总之,即使隔代照料会给子女人力资本发展带来消极效应,但是家庭教育尤其是父母教养方式的协同作用能够显著缓解这种不良影响。因此,在隔代照料越来越普遍的背景下,父母对子女的要求和回应显得格外重要。

第五节 本章小结

除了父母学历、职业和收入等家庭背景特征,高质量的家庭教育也能够有效促进人力资本提升,而缺乏父母的指导、陪伴和鼓励则不利于儿童发展(Kautz et al.,2014)。基于 CEPS 数据,本章探讨了家庭教育的两个重要层面——父母教育投入和父母教养方式对子女认知能力和非认知能力的影响、异质性和中间机制;家庭教育对子女未来产出结果的影响;以及隔代照料与家庭教育的交互作用对子女人力资本发展的影响,以期为下一步的干预提供方向。

本章的主要发现包括:

第一,有利的父母教养方式主要促进的是子女认知能力的发展;而增加父母教育投入主要提升的是子女非认知能力水平。

第二,使用无条件分位数回归探讨了家庭教育影响子女认知能力和非认知能力的影响系数随分位点的变化,发现父母教养方式对于那些能力水平低的孩子有更大的影响。

第三,分样本回归结果表明,家庭教育尤其是专制型教养方式有可能提高处于弱势背景孩子的认知能力发展;同时,家庭教育对于初始能力水平较低的孩子的认知或非认知能力发展都有显著促进作用。

第四,因果中介分析显示,增加父母教育投入或者选取有利的教养方式通过促使子女交到更高质量的朋友、参加学科辅导和兴趣辅导等中间机制,进而有助于提升子女认知能力和非认知能力水平。

第五,一系列稳健性检验得出的结论与实证研究结论基本一致,同时发现,对于青少年而言,父母教养方式和教育投入可能具有较强的即时效应,当期高质量的家庭教育能够为子女认知能力和非认知能力发展带来更大影响;父母教养方式的两个重要指标——亲子沟通和关系、父母要求和期望显著提升了子女认知能力和非认知能力水平;而父母时间投入主要有利于子女非认知能力发展。

第六,本章还进一步分析了家庭教育对子女产出结果即学业表现的影响,包括短期视角的学业成绩和长期视角的教育获得。研究表明,父母教育投入和教养方式不仅能够促进子女学业成绩的提升,而且能够提高子女接受高中或大学教育的概率。

第七,本章还探讨了隔代照料与家庭教育的交互作用对子女人力资本发展的影响,并发现,有利的教养方式能够缓解隔代照料对子女人力资本发展带来的阻碍效应。

本章得出的启示如下:

首先,由于亲子沟通和关系、父母要求和期望以及父母的时间投入在影响子女人力资本发展中发挥了更大作用,因此有效的干预不仅仅是对贫困家庭的现金补贴,还包括提高父母与孩子密切互动、鼓励和指导的能力,从而为那些处境不利的孩子提供最有效的补救策略。

其次,本章提出了有可能解决"男孩危机"问题的方法。在过去几十年里,许多国家在教育领域面临着明显的性别差距的逆转(Husain & Millimet,2009)。

本章指出,有利的父母教养方式更有助于初中男孩认知能力和非认知能力的提升,这表明针对少年时期人力资本处于弱势的男孩的家庭养育干预可能极具成效。

再次,由于家庭教育几乎贯穿个体从出生到成年的整个时期,本章还初步探讨了父母教育投入和教养方式对子女学业表现的短期和长期影响,发现家庭教育不仅能提高子女短期内的学业成绩,而且能显著提高其成年时期读过高中或大学的概率。这意味着,早期高质量的家庭教育带来的效果能持续较长时间。

最后,本章可以为"三孩"政策背景下的儿童照料提供崭新的视角。虽然本书与已有研究都表明隔代照料不利于孩子的人力资本发展(Bernal & Keane,2011;Del Boca et al.,2018;姚植夫和刘奥龙,2019;邢敏慧和张航,2020),但是本研究通过探讨隔代照料与家庭教育的交互作用,发现有利的父母教养方式缓解了隔代照料对子女认知能力和学业成绩带来的阻碍效应。这意味着,随着中国越来越多的祖辈参与到孙辈的照料中,只有当隔代照料与家庭教育协同作用时,才可能有助于实现子女人力资本水平的提升。

第五章
家庭教育对人力资本代际传递的影响

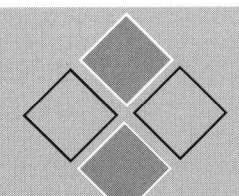

第一节 数据和方法

本节首先介绍了本章使用的 CFPS 数据以及样本的选择过程,然后展现了下文实证分析所用的关键变量,其中具体描述了父母教育投入和父母教养方式的构建指标和衡量方式。其次,介绍了本章主要使用的计量模型,一是分别采用代际回归系数、代际次序相关系数探讨认知能力和非认知能力是否从父代传递到子代;二是在此基础上加入了代际传递和家庭教育的交互项,从而探讨家庭教育在多大程度上调节了父代对子代认知能力和非认知能力的传递效应。最后,还详细介绍了工具变量的选取思路,来解决潜在的内生性问题。

一、数据和变量

本章采用的数据来自 CFPS。CFPS 的正式调查于 2010 年开始,每隔两年实施一次追踪调查。该数据采用城乡一体的多阶段、内隐分层、与人口规模成比例的抽样方法,样本覆盖的 25 个省、市、自治区的人口约占全国总人数(除港澳台外)的 95%,因此可以保证样本的代表性(谢宇等,2014)。CFPS 包含人口特征、教育、经济等方面的丰富变量,是现今国内覆盖最广、变量最详细的微观调查数据。同时,该数据包括许多主观题项,涵盖认知能力、非认知能力、家庭教育等方面,与本章的实证需求非常契合。根据调查数据的特点,本章关注的是父母对 10—15 岁少年儿童认知能力和非认知能力的代际传递。与已有研究(张皓辰和秦雪征,2019;吴贾等,2020)的设定相似,下文实证分析使用了 CFPS 公布的 2010 年、2012 年、2014 年、2016 年、2018 年共五轮调查的混合截面数据①,避免样本量过小导致的估计力度偏弱。处理前样本量共计 8 040 人,其中有父亲信息的样本为 5 753 人,有母亲信息的样本为 6 262 人,父母信息都有的样本为 5 081 人。

基于 CFPS 各调查年份的问卷设计以及变量的可获得性,本章将选取字词

---

① 笔者写作期间,由于 CFPS 2020 年的调查数据未公布,因此使用的是 CFPS 2010—2018 年的五轮调查数据。

测试、数列测试衡量子女和父母的认知能力;选取情绪稳定、信心作为非认知能力的代理变量。其中,情绪稳定由 CFPS 问卷中设置的 CES-D 抑郁自评量表来衡量;信心由 CFPS 问卷中的题项"你对自己的前途有多大信心?"来衡量。为了避免量纲差异,实证分析之前将对衡量上述变量的所有指标按照调查年份标准化为均值为 0、标准差为 1 的数值①。下文其他衡量指标的处理方法类似,不再赘述。表 5-1 展现了标准化认知能力和非认知能力变量的描述性统计。为了便于讨论,下文遵循 Anger & Heineck(2010) 的设定,对于父亲和母亲认知或非认知能力的各项变量取均值,用来衡量父母的认知或非认知能力。此外,本章包括子女性别、户口、年龄、兄弟姐妹数量等控制变量②。由于拓展分析部分将讨论认知能力和非认知能力的隔代传递以及教育的代际传递,附表 5-1 还展现了衡量祖父母认知能力和非认知能力的变量;衡量父母教育的变量,即父母受教育年限;衡量子女教育的变量,即子女成年时期是否读过高中或大学,以及高中及以上群体是否读过大学③。

表 5-1 主要变量的描述性统计

变量	样本量	均值	标准差	最小值	最大值
子女认知能力					
子女字词能力	7 109	-0.121	0.999	-3.458	2.526
子女数列能力	6 760	-0.183	0.968	-2.706	2.990
父母认知能力					
父亲字词能力	5 468	-0.089	1.017	-2.933	3.031
母亲字词能力	6 027	-0.146	1.022	-2.936	2.994
父亲数列能力	4 917	-0.110	0.990	-2.280	2.318
母亲数列能力	5 440	-0.158	0.991	-2.154	2.332

---

① 同时,考虑到 CES-D 抑郁自评量表包含多项指标,将运用因子分析法获取综合因子得分用来衡量情绪稳定。

② 本书没有控制家庭收入变量,主要原因在于这一变量显然受到本章关注的解释变量(父母认知能力和非认知能力)的影响,所以是"不好"的控制变量(bad control variable),控制这样的变量反而会导致父母认知能力和非认知能力的影响系数出现偏误(Angrist & Pischke,2008)。

③ 由于 CFPS 是一项追踪调查,因此本书能够获取个体在成年时期是否接受过高中或高等教育的信息。

（续表）

变量	样本量	均值	标准差	最小值	最大值
子女非认知能力					
子女情绪稳定	7 365	−0.001	0.444	−2.769	0.445
子女信心	5 387	0.016	1.017	−3.610	1.003
父母非认知能力					
父亲情绪稳定	5 722	−0.014	0.503	−3.503	0.563
母亲情绪稳定	6 221	−0.032	0.519	−3.274	0.613
父亲信心	5 741	−0.066	1.031	−3.655	1.125
母亲信心	6 238	−0.052	1.035	−3.665	1.180
家庭教育					
父母教育投入－因子	3 540	−0.003	0.299	−0.771	3.492
父母忽视型教养方式	6 870	0.285	0.452	0	1
父母专制型教养方式	6 870	0.314	0.464	0	1
父母权威型教养方式	6 870	0.238	0.426	0	1
父母宽容型教养方式	6 870	0.163	0.369	0	1
其他控制变量					
性别	6 767	0.518	0.500	0	1
户口	6 745	0.774	0.418	0	1
年龄	8 040	11.616	1.66	10	15
兄弟姐妹数量	6 677	2.161	1.097	1	9

遵循 Cobb-Clark et al. (2019)的设定,本章核心解释变量家庭教育包括父母教养方式和父母教育投入两个层面。为了丰富样本量,尽可能选取了 CFPS 每轮调查中都出现过的问题,共计 12 个题项。父母教养方式反映的是父母对子女的要求或者反应,比如"父母限制孩子所看电视节目的类型""父母主动与孩子沟通和交流"。而父母教育投入反映了父母对子女的时间投入或金钱投入,比如"父母经常检查孩子的作业""过去 12 个月学校教育支出"。采用因子分析法,附表 5－2 分别展现了两组旋转成分矩阵,加粗处代表因子载荷在 0.4 以上,符合因子载荷临界值的要求。其中,第一组旋转成分矩阵报告了特征值大于 1 的两个公因子。因子 1 体现了父母对子女的管教或限制等"要求",方差贡献率为 32.7%;因子 2 体现了父母对子女的关心和日常交流等"反应",方差贡献率为 32.5%。第二组旋转成分矩阵同样根据特征值大于 1 的原则提取出

两个公因子,因子1体现的是父母在子女学业方面花费的时间;因子2体现的是父母对子女的校内校外教育投资以及家庭物质资源投入。基于此,本章将父母教养方式划分为要求和反应两个维度,而父母教育投入由时间投入和金钱投入两个维度构成。同时,本章将反映父母教养方式的两个维度进行聚类分析,从而确定样本中各类型父母教养方式的分布情况。附表5-3展现了聚类分析的结果。根据已有文献,本章将父母教养方式划分为权威型、专制型、忽视型、宽容型四类(Maccoby & Martin,1983;Doepke & Zilibotti,2017)。表5-1汇报了父母教育投入的综合因子得分以及各类型父母教养方式的描述性统计情况。

二、模型和方法

本书重点关注两个研究问题:一是认知能力和非认知能力是否从父代传递到子代;二是家庭教育在能力的代际传递中发挥了何种作用。为了解答上述问题,本书首先参照已有研究的设定(Grönqvist et al.,2017;Brene & Epper,2019;Attanasio et al.,2020a),采用代际回归系数衡量能力的代际传递。具体表现为

$$\theta_{i,k,s,t} = \alpha_1 + \alpha_2 \theta^P_{i,k,s,t} + \alpha_3 X_{i,k,s,t} + \varphi_s + \delta_t + \varepsilon_{i,k,s,t}, k \in \{C, N\} \quad (5-1)$$

其中,k包括认知能力(C)和非认知能力(N);被解释变量$\theta_{i,k,s,t}$表示住在s区县、t年份调查的子女i的认知或非认知能力;解释变量$\theta^P_{i,k,s,t}$是父母的认知或非认知能力;α_2是本书重点关注的系数,代表父母对子女能力的代际传递效应;X_i表示一系列影响子女认知能力和非认知能力的其他变量,包括性别、年龄、户口、独生子女等;φ_s是区县固定效应;δ_t是调查年份固定效应;$\varepsilon_{i,k,s,t}$是残差项。

为了得到更加稳健的结果,本书还采用了代际次序相关系数衡量能力的代际传递性。依据已有文献的做法(Chetty et al.,2014;Attanasio et al.,2020a),本书将父母和子女的能力分别转化为各样本百分位数,并使用式(5-2)来估计代际次序相关系数,即

$$\theta^R_{i,k,s,t} = \beta_1 + \beta_2 \theta^{PR}_{i,k,s,t} + \beta_3 X_{i,k,s,t} + \varphi_s + \delta_t + \varepsilon_{i,k,s,t}, k \in \{C, N\} \quad (5-2)$$

其中,$\theta^R_{i,k,s,t}$是根据子女i在子代的整体能力分布中计算得到的百分位数,$\theta^{PR}_{i,k,s,t}$是根据个体i的父母在整体父母能力分布中计算而得的百分位数。已有研究证明,基于代际次序相关性衡量代际传递的方法能够减少衰减偏误和生命周期偏误(Nybom & Stuffier,2017),从而避免低估父母对子女认知能力和非认

知能力的影响(Black & Devereux,2010)。

然后,为了探讨认知能力和非认知能力的代际传递是否因家庭教育发挥的作用而发生改变,本书基于式(5-1)加入了代际传递和家庭教育的交互项,从而探讨家庭教育在多大程度上调节了父代对子代认知能力和非认知能力的传递效应,方程如下所示,即

$$\theta_{i,k,s,t} = \gamma_1 + \gamma_2 \theta^P_{i,k,s,t} + \gamma_3 PS_{i,k,s,t} + \gamma_4 \theta^P_{i,k,s,t} \times PS_{i,k,s,t} + \gamma_5 PI_i + \gamma_6 \theta^P_{i,k,s,t} \times PI_{i,k,s,t} + \gamma_7 X_{i,k,s,t} + \varphi_s + \delta_t + \varepsilon_{i,k,s,t}, k \in \{C,N\} \quad (5-3)$$

式(5-3)中,$PS_{i,k,s,t}$代表子女i受到的父母教养方式;$PI_{i,k,s,t}$是子女i获得的父母教育投入。当检验父母教养方式在能力代际传递中的作用时,以忽视型教养方式为基准组,γ_2表示忽视型教养方式组别中父母对子女能力的代际传递效应;γ_3表示其他类型教养方式组别(权威型、宽容型、专制型)分别对子女认知或非认知能力的影响。γ_4是本书重点关注的系数之一,它表示其他教养方式组别与忽视型教养方式组别相比,父母对子女能力代际传递效应的差异性。与之类似,本书重点关注的另一个交互项系数γ_6可以理解为当父母教育投入变化一单位时,子女能力对父母能力做回归的斜率的变动,即父母对子女能力代际传递效应的变动。简单而言,式(5-3)考察了不同程度父母教育投入或不同类型父母教养方式对能力代际传递的潜在异质性。

值得注意的是,式(5-3)在设定的过程中存在内生性问题:由于父母有可能会根据子女认知能力和非认知能力的表现来调整自身的教育投入或教养方式,因此家庭教育变量与子女人力资本发展存在反向因果关系。本书将使用工具变量法解决上述难题。参照已有研究的设定,结合问卷设计,下文主要为家庭教育选取三个方面的工具变量。选取思路如下:第一,家庭教育可能会受到外部经济文化环境的影响,例如地区收入状况与父母养育孩子的模式紧密相连(Doepke & Zilibotti,2017;Doepke et al.,2019),但是外生的宏观变量很难给代际传递带来直接效应,因此以社区问卷中"村/居经济状况"[①]衡量宏观层面的经济环境。第二,童年生活经历也会影响父母对子女的教育投入和教养方式(Simons et al.,1993),例如童年时期遭受暴力事件,成年后更有可能虐待子女

---

① 参照已有研究设定(张勋等,2020),以"村/居经济状况"衡量地区宏观经济特征。该指标源自访员观察,取值范围为1—7(1=很穷;7=很富),并按照调查年份标准化为均值为0、标准差为1的数值。

(Jaffee et al.,2013);接触暴力还会造成情感抽离,阻碍自己与子女之间的互动(Attanasio et al.,2020b)。而且父母童年时期的经历并不会直接影响当前子女的人力资本水平,符合工具变量外生性的特点。因此,以成人问卷中"3岁以前不与父母一起居住的连续时间""4—12岁时不与父母一起居住的连续时间"①衡量父母童年生活经历。第三,家庭教育具有区域内的相似性(Pinquart & Kauser,2018),但是其他家庭的养育模式不会直接作用于本家庭的人力资本代际传递,因此通过计算得出"同一区县其他家庭父母教育投入""同一区县其他家庭父母各类教养方式的比例",这种工具变量构造方式普遍见于诸多研究中(尹志超和甘犁,2010;张皓辰和秦雪征,2019;Yang & Zhao,2020)。

事实上,除了家庭教育变量,式(5-3)等号右边的父母认知能力和非认知能力也有可能存在内生性问题。虽然父母认知能力和非认知能力不太容易受到子女认知能力和非认知能力的直接影响,即不太可能存在反向因果关系,但是仍然会有一些共同的因素同时影响父代和子代,例如基因或者家庭经历的冲击事件,所以有可能构成遗漏变量。一般而言,这里通常包含不随时间改变和随时间改变的遗漏变量。由于这些因素不可观察且难以测量,识别父母认知能力和非认知能力对子女认知能力和非认知能力的因果影响就变得相当困难。以往有关代际传递的文献通过使用双胞胎数据(Plug & Vijverberg,2003),或者使用父母童年时期认知能力和非认知能力作为工具变量(Attanasio et al.,2020c)等方法来解决这个问题。遗憾的是,本书所用调查数据及其包含的变量无法实现上述策略。因此,下文重点关注代际认知能力和非认知能力的相关关系,以及家庭教育对于这种相关性的影响。不过,考虑到随时间不变的遗漏变量(如基因)一定存在且会对回归系数造成影响(刘靖和毛学峰,2021),因此笔者仍将在稳健性检验部分通过使用固定效应模型的方法,尽可能缓解随时间不变的遗漏变量产生的内生性问题。

---

① 具体而言,本书以父亲和母亲"3岁以前不与父母(即子女的祖辈)一起居住的连续时间"的均值、父亲和母亲"4—12岁时不与父母(即子女的祖辈)一起居住的连续时间"的均值衡量父母童年生活经历,并按照调查年份标准化为均值为0、标准差为1的数值。此外,本书参照已有研究设定(王春超和林俊杰,2021),还考虑使用"改革开放前期家庭成分"衡量父母童年生活经历,基准回归结果与原文本基本一致。然而,由于"改革开放前期家庭成分"仅在CFPS 2010年问卷中出现,最终样本量过少,因此正文中不再具体讨论使用此指标作为工具变量的回归结果。

第二节 实证分析

本节实证分析主要分为三个部分。第一,运用代际回归系数和代际次序相关系数估计了父代对子代认知能力或非认知能力的代际传递效应,同时运用无条件分位数回归展现了代际传递效应随子女认知能力或非认知能力分位点的变化。第二,在此基础上,运用工具变量法解决内生性问题之后估计了家庭教育在认知能力和非认知能力代际传递机制中发挥的作用效果。第三,从性别、户口、独生子女、父母能力水平共4个维度、8种群体特征分析了父母教育投入和父母教养方式对认知能力和非认知能力代际传递的异质性影响。

一、认知能力和非认知能力的代际传递

作为本章重点关注的研究问题之一,本小节首先估计了父母认知或非认知能力对于子女认知或非认知能力的影响。表5-2第(1)列至第(4)列是依据式(5-1)得到的代际回归系数;第(5)列至第(8)列是依据式(5-2)得到的代际次序相关系数。观察表5-2可初步发现,无论是认知能力还是非认知能力都具有显著的代际传递性。原因一方面来自能力的遗传(Plomin et al. 1983);另一方面是子女有可能通过观察和模仿父母的行为来塑造自己的行为,从而表现出与父母一致的性格特征(Mayer et al. ,2004)。

表5-2 认知能力和非认知能力的代际传递

变量	代际回归系数				代际次序相关系数			
	(1)	(2)	(3)	(4)	(5)	(6)	(7)	(8)
	字词能力	数列能力	情绪稳定	信心	字词能力	数列能力	情绪稳定	信心
父母能力	0.412*** (0.015)	0.270*** (0.017)	0.258*** (0.015)	0.143*** (0.021)	0.343*** (0.015)	0.237*** (0.017)	0.250*** (0.015)	0.141*** (0.022)
样本量	3 572	3 086	3 766	2 555	3 572	3 086	3 766	2 555
R^2	0.237	0.268	0.079	0.037	0.208	0.272	0.071	0.037

（续表）

变量	代际回归系数				代际次序相关系数			
	(1)	(2)	(3)	(4)	(5)	(6)	(7)	(8)
	字词能力	数列能力	情绪稳定	信心	字词能力	数列能力	情绪稳定	信心
父亲能力	0.222*** (0.016)	0.076*** (0.016)	0.147*** (0.017)	0.090*** (0.020)	0.191*** (0.016)	0.082*** (0.018)	0.160*** (0.017)	0.112*** (0.015)
母亲能力	0.266*** (0.017)	0.185*** (0.017)	0.178*** (0.016)	0.098*** (0.020)	0.228*** (0.017)	0.159*** (0.018)	0.174*** (0.017)	0.083*** (0.016)
样本量	3 572	3 086	3 766	2 555	3 572	3 086	3 766	2 555
R^2	0.246	0.222	0.086	0.035	0.213	0.205	0.089	0.054

注：***代表在1%水平下显著，**代表在5%水平下显著，*代表在10%水平下显著。标准误都经过了区县层面的聚类调整。上表还控制了性别、户口、年龄、兄弟姐妹数量等个人特征，以及调查年份和区县的固定效应，限于篇幅未列出。

首先，以代际回归系数为例，父母字词能力对子女字词能力的影响系数为0.412，数列能力的影响系数为0.270，情绪稳定的影响系数为0.258，信心的影响系数为0.143，且均在1%水平下显著。这些系数介于国外学者基于西方国家数据得出的结果（Groves，2005；Black et al.，2009；Bjorklund et al.，2010；Johnston et al.，2013；Anger & Schnitzlein，2017）之间，因此有一定合理性。

其次，无论以何种方法估计代际传递，字词能力的代际传递效应都更高；而信心的代际传递效应略低。对于后者而言，除了父母对应的能力传递，其他外部因素对其发展可能发挥了更大作用（Anger，2012）。这与Brown et al.（2011）基于英国国家儿童发展数据得出的结论类似，主要是由于各项能力依赖于父母能力的程度不同，因此可塑性也不同（Anger & Heineck，2010）。

最后，当区分父亲和母亲的代际传递效应时，观察代际回归系数发现，母亲认知能力或非认知能力对子女认知能力或非认知能力的影响效应普遍高于父亲。使用代际次序相关系数衡量代际传递有类似效果，除了信心的传递，母亲能力对子女能力的代际传递效应远高于父亲。其中，母亲字词能力对子女字词能力的影响系数为0.228（$p<0.01$），高于父亲字词能力的影响系数0.191（$p<0.01$）；母亲数列能力对子女数列能力的影响系数为0.159（$p<0.01$），高于父亲数列能力的影响系数0.082（$p<0.01$）；母亲情绪稳定对子女情绪稳定的影响系数为0.174（$p<0.01$），高于父亲情绪稳定的影响系数0.160（$p<0.01$）。

简言之,与父亲能力相比,母亲能力对子女能力的代际传递效应更强。这与已有研究得出的结论类似(Anger & Heineck,2010;Grönqvist et al.,2017;刘靖和毛学峰,2021),母亲在能力的代际传递中扮演着更重要的角色。

进一步地,本小节参照 Firpo et al.(2009)的再集中影响函数展现了父母认知能力或非认知能力影响子女认知能力或非认知能力的影响系数随分位点的变化。如图5-1所示,在子女各项能力的不同分位点上,父母能力对子女能力的影响系数都为正。具体而言,字词能力、情绪稳定以及信心的代际传递效应几乎都随子女能力水平的提高而降低。也就是说,处于弱势水平的能力具有更强的代际传递性;相反,除父母自身能力之外的其他外部因素可能对能力水平高的孩子有更大影响。然而,数列能力的代际传递是个例外。图5-1(b)显示父母数列能力对处于60分位点的子女数列能力发挥了最大作用,也就是说,代际传递效应在数列能力处于中等偏上水平的群体中更加明显。即便如此,数列能力水平高的孩子同样受到较小的代际传递的影响,与上述字词能力、情绪稳定以及信心的代际传递表现出类似情况。

二、能力代际传递机制:家庭教育的作用

上述结果初步证实了父母认知能力和非认知能力对子女的认知能力和非认知能力具有显著的正向影响,即认知能力和非认知能力存在代际传递性。那么,其中可能的机制包括哪些? 参照以往有关时间偏好代际传递(Brown & Van DerPol,2015;Brene & Epper,2019;吴贾等,2020)、风险偏好和信任态度代际传递(Dohmen et al.,2012;Alan et al.,2014;Alan et al.,2017;Zumbuehl et al.,2021;刘靖和毛学峰,2021)等方面的研究,本书推测认知能力和非认知能力的代际传递机制主要包括三个方面:一是源自遗传,基因的先天性作用使得父母与子女之间的认知或非认知能力具有相似性(Brown et al.,2011),这种相似性在子女儿童时期就已经存在,并且显著预测成年时期的产出(Johnston et al.,2013)。二是源自子女的单向观察,父母与子女在一起生活的时间越长,孩子就越有机会去观察和模仿父母,从而表现出与父母相似的偏好或态度(Alan et al.,2017;Brene & Epper,2019)。换言之,即使父母没有使用任何方式教育子女,仅仅是在一起居住,孩子也有可能通过单方面模仿父母的行为举止而使自

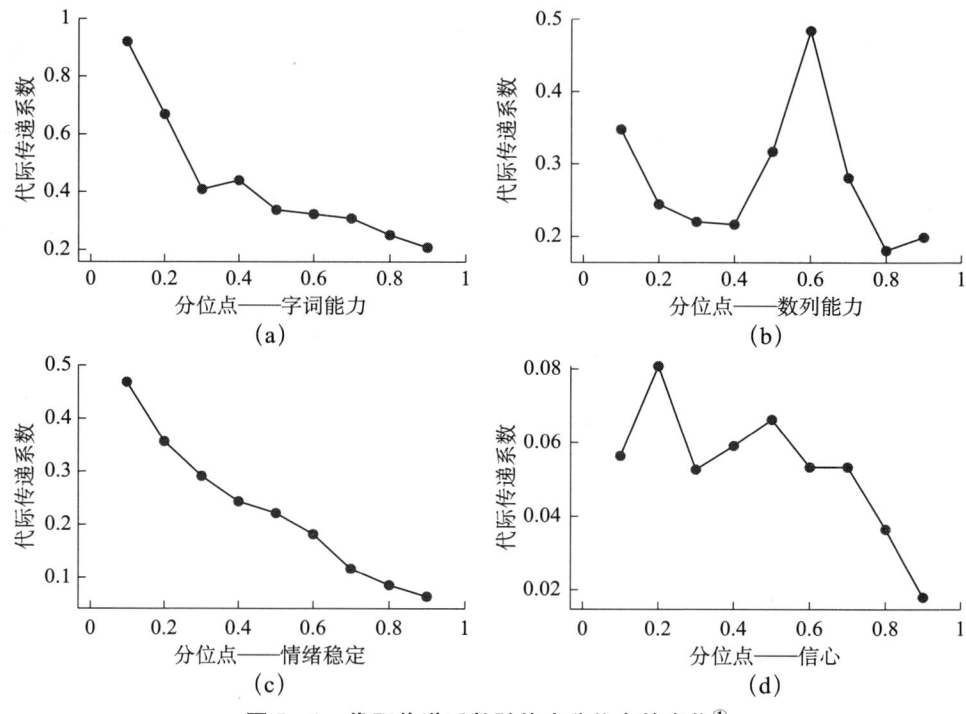

图 5-1 代际传递系数随能力分位点的变化[①]

身的认知能力和非认知能力受到影响。三是源自包括父母投入、亲子沟通互动等在内的家庭教育(Alan et al.,2014;Zumbuehl et al.,2013),一方面,父母可以将自己的观点和态度通过言语沟通的方式展示给子女,从而影响子女人力资本的形成;另一方面,父母也可以通过惩罚(或奖励)等方式限制(或强化)子女某些认知能力和非认知能力的发展。

上文讨论了可能影响认知能力和非认知能力代际传递的三个机制。遗憾的是,限于本书目前可获取的数据及其调查问卷中包含的题项,无法量化分析遗传因素、子女的观察与模仿在认知能力和非认知能力代际传递中发挥的作用。又由于上一章的研究发现,家庭教育能够提高子女认知能力和非认知能力水平,进一步还能促进其学业成绩的提升和未来教育获得。而且本研究理论基

---

① 限于篇幅,后文无特殊说明的情况下均使用代际回归系数衡量代际传递。由于 Firpo et al. (2009)提供的无条件分位数回归的绘图命令无法显示置信区间,因此附表 5-4 以 25、50、75 分位点为例详细展示了认知能力和非认知能力代际传递的无条件分位数回归结果。

础中的微观模型表明,家庭教育各项投入的增加不仅能够促进子代人力资本水平的提高,还会促进子代未来产出(例如,收入)的提高,从而缓解代际传递现象,体现了家庭教育在人力资本代际传递中的重要作用。鉴于此,检验家庭教育对于人力资本代际传递的影响富有意义。

综上,结合本研究主旨、理论基础以及所用调查数据中可获得的变量,本章重点关注的是家庭教育在能力代际传递中发挥了何种作用。如果良好的家庭教育能够缓解低水平能力的代际传递,则有以下推论:不同程度的父母教育投入或不同类型的父母教养方式会影响父母对子女认知能力和非认知能力的作用大小。基于式(5-3),本小节将验证此推论。表5-3汇报了父母教育投入和父母教养方式影响能力代际传递的工具变量法回归结果。首先,通过 Stock & Yogo(2002)提出的最小特征值统计量检验发现,该统计量的值在各列回归结果中都大于经验切割点10,拒绝"存在弱工具变量"的原假设。其次,本章采用了多个工具变量,通过过度识别检验发现 p 值都较大,没有拒绝"不存在过度识别"的原假设,下文不再赘述。此外还需要说明的是,考虑到认知能力和非认知能力可能具有关联性,因此本章在实证操作过程中还估计了家庭教育与父母认知能力的交互项对子女非认知能力的影响,以及家庭教育与父母非认知能力的交互项对子女认知能力的影响。回归结果显示各交互项系数几乎都不显著,在此不做具体讨论。

如表5-3所示,第(1)列、第(4)列、第(7)列、第(10)列在式(5-1)的基础上加入了父母教育投入及其与相应能力的交互项。对于各项能力而言,交互项系数都显著为负,说明父母教育投入的提升能够有效减轻父母认知或非认知能力对子女相应能力的传递。特别地,父母教育投入极大地缓解了情绪稳定的代际传递,交互项系数为-0.192,且在5%水平下显著。第(2)列、第(5)列、第(8)列、第(11)列在式(5-1)的基础上加入了父母教养方式及其与相应能力的交互项。观察发现,除了情绪稳定这一非认知能力,父母权威型教养方式与相应能力的交互项系数都显著为负。同时,对于数列能力而言,专制型或宽容型教养方式与代际传递的交互项系数分别在5%和10%水平下显著为负;对于信心而言,专制型教养方式与相应能力的交互项系数也在10%水平下显著为负。另外,权威型教养方式与相应能力的交互项系数绝对值都高于其他交互项。上述结果说明与父母忽视型教养方式相比,其他类型尤其是权威型教养方式能够显

表 5-3 父母教育投入和父母教养方式在能力代际传递中的作用

变量	(1)	(2)	(3)	(4)	(5)	(6)	(7)	(8)	(9)	(10)	(11)	(12)
	字词能力				数列能力		情绪稳定				信心	
父母教育投入×父母能力	-0.117** (0.051)			-0.074* (0.040)			-0.192** (0.093)			-0.148** (0.066)		-0.153* (0.081)
父母权威型教养方式×父母能力		-0.121* (0.073)	-0.030 (0.157)		-0.230*** (0.080)	-0.235* (0.135)		0.047 (0.081)	0.037 (0.089)		-0.201* (0.113)	0.117 (0.184)
父母专制型教养方式×父母能力		-0.014 (0.073)	0.029 (0.134)		-0.176* (0.082)	-0.211* (0.123)		0.103 (0.080)	0.048 (0.114)		-0.200* (0.112)	0.013 (0.164)
父母宽容型教养方式×父母能力		-0.071 (0.076)	-0.066 (0.128)		-0.159* (0.085)	-0.199* (0.121)		0.122 (0.085)	-0.128 (0.106)		-0.111 (0.118)	0.047 (0.158)
父母教育投入	0.261*** (0.089)		0.260** (0.102)	-0.004 (0.086)		-0.038 (0.104)	0.350*** (0.097)		0.360*** (0.113)	0.174* (0.103)		0.183 (0.116)
父母权威型教养方式×		0.126** (0.060)	-0.038 (0.125)		0.000 (0.068)	0.006 (0.130)		0.014 (0.063)	0.060 (0.073)		0.329*** (0.091)	0.077 (0.149)
父母专制型教养方式×		0.084 (0.063)	-0.090 (0.111)		-0.094 (0.070)	-0.111 (0.112)		-0.082 (0.065)	0.464*** (0.119)		0.275*** (0.094)	-0.000 (0.135)
父母宽容型教养方式×		0.091 (0.064)	-0.049 (0.104)		-0.019 (0.071)	-0.065 (0.106)		0.036 (0.068)	0.217*** (0.078)		0.281*** (0.097)	0.122 (0.131)

（续表）

变量	(1)	(2)	(3)	(4)	(5)	(6)	(7)	(8)	(9)	(10)	(11)	(12)
	字词能力			数列能力			情绪稳定			信心		
父母能力	0.333***	0.439***	0.322**	0.202***	0.366***	0.374***	0.211***	0.185***	0.202***	0.112***	0.278***	0.057
	(0.031)	(0.059)	(0.126)	(0.031)	(0.068)	(0.114)	(0.026)	(0.066)	(0.065)	(0.029)	(0.097)	(0.146)
性别	−0.124***	−0.143***	−0.120***	0.070*	0.039	0.078**	−0.026	−0.004	−0.010	−0.088*	−0.076*	−0.073
	(0.041)	(0.029)	(0.042)	(0.037)	(0.029)	(0.038)	(0.045)	(0.033)	(0.047)	(0.052)	(0.040)	(0.054)
户口	0.131*	−0.035	0.109	−0.099	−0.060	−0.096	0.179**	−0.031	0.179**	−0.010	−0.091*	−0.015
	(0.072)	(0.039)	(0.076)	(0.065)	(0.039)	(0.068)	(0.082)	(0.042)	(0.090)	(0.103)	(0.052)	(0.107)
年龄	0.200***	0.184***	0.200***	0.238***	0.256***	0.228***	−0.021	−0.023	−0.018	−0.048	−0.017	−0.037
	(0.028)	(0.013)	(0.028)	(0.025)	(0.013)	(0.026)	(0.030)	(0.015)	(0.032)	(0.037)	(0.017)	(0.038)
兄弟姐妹数量	−0.044*	−0.082***	−0.045*	−0.075***	−0.094***	−0.074***	−0.027	−0.061***	−0.031	−0.028	−0.050**	−0.015
	(0.023)	(0.016)	(0.023)	(0.022)	(0.016)	(0.022)	(0.027)	(0.017)	(0.028)	(0.029)	(0.021)	(0.030)
常数项	−0.002	0.033**	0.013	0.051**	0.070***	0.069***	0.006	0.039**	0.009	0.001	0.011	−0.002
	(0.022)	(0.015)	(0.023)	(0.020)	(0.015)	(0.021)	(0.025)	(0.017)	(0.026)	(0.029)	(0.023)	(0.030)
最小特征值	61.878	70.667	12.571	46.636	38.716	12.536	51.894	39.289	11.441	62.312	29.818	12.766
过度识别(p值)	0.3240	0.1375	0.2886	0.4877	0.4312	0.3264	0.4697	0.1034	0.2891	0.3039	0.2767	0.1530
样本量	1959	3289	1863	1675	2906	1599	2078	3380	1936	1570	2426	1517

注：*** 代表在1%水平下显著，** 代表在5%水平下显著，* 代表在10%水平下显著。标准误都经过了区县层面的聚类调整。上表还控制了调查年份和区县的固定效应，限于篇幅未列出。

著缓解认知能力和非认知能力的代际传递。第(3)列、第(6)列、第(9)列、第(12)列是同时考虑父母教育投入和父母教养方式及其与相应能力的交互项的回归结果。观察发现,父母教育投入显著降低了字词能力、情绪稳定以及信心的代际传递效应。以第(12)列回归结果为例,父母教育投入每增加一个单位,信心的代际传递性降低 0.153($p<0.1$)。对于父母教养方式而言,权威型、专制型和宽容型教养方式显著降低了数列能力的代际传递效应。具体而言,父母数列能力每增加一个单位,与忽视型教养方式相比,权威型教养方式使子女数列能力受父母数列能力的影响降低 0.235($p<0.1$);专制型教养方式使数列能力的代际传递效应降低 0.211($p<0.1$);宽容型教养方式使之降低 0.199($p<0.1$)。

总体而言,上述结果表明父母教育投入的增加显著缓解了能力的代际传递;与父母忽视型教养方式相比,权威型、专制型和宽容型教养方式都有可能缓解父母认知能力和非认知能力对子女认知能力和非认知能力的传递。这说明家庭教育是认知能力和非认知能力代际传递过程中的重要调节因素,与已有研究所得结论类似(Alan et al.,2014;Brene & Epper,2019)。高质量的养育可以改善两代人之间能力的传递(Brown et al.,2011;Heckman & Mosso,2014;Falk et al.,2021),原因主要在于要求和回应等构成父母教养方式的指标,以及家庭存书量、父母陪伴等衡量教育投入的指标都极大促进了子女认知能力和非认知能力的发展(Maccoby & Martin,1983;Byford et al.,2012)。上述有关代际传递机制的分析意味着父母能够通过教育投入和教养方式来影响认知能力和非认知能力的传递,同时验证了 Doepke & Zilibotti(2017)的重要假设,即父母可以塑造子女的认知能力和非认知能力。因此,子女能力的有效提升更多地取决于家庭教育,从而使得人力资本的代际流动性增强。

三、家庭教育影响能力代际传递的异质性分析

为了检验家庭教育对能力代际传递的影响是否在不同群体中有所差异,表 5-4 展现了分性别、户口、独生子女、父母能力水平[①]共 4 个维度、8 种群体

[①] 这里将父母的认知能力和非认知能力水平分别按其样本均值进行分组,低于均值即为较低的认知或非认知能力水平,高于均值则为较高的认知或非认知能力水平。

特征的情况下父母教育投入和父母教养方式影响能力代际传递效应的2SLS回归结果。限于篇幅,本小节分别选取了认知能力和非认知能力的一个代理变量,仅汇报了家庭教育影响数列能力、信心的代际传递的异质性。此外,本小节所有的2SLS回归结果将使用与上文一致的工具变量,在此不再赘述。

表5-4 家庭教育影响能力代际传递的异质性分析

变量	(1) 男孩	(2) 女孩	(3) 城镇	(4) 农村	(5) 独生	(6) 非独生	(7) 父母能力水平高	(8) 父母能力水平低
Panel A:数列能力的代际传递								
父母教育投入×父母能力	0.079 (0.097)	-0.065 (0.072)	0.001 (0.102)	0.136 (0.095)	-0.109 (0.086)	0.088 (0.089)	-0.147 (0.112)	0.394 (0.290)
父母权威型教养方式×父母能力	-0.321* (0.182)	-0.254 (0.196)	-0.278 (0.338)	-0.458** (0.188)	-0.214 (0.193)	-0.431** (0.180)	-0.125 (0.403)	-0.623* (0.378)
父母专制型教养方式×父母能力	-0.241 (0.166)	-0.307* (0.178)	-0.343 (0.338)	-0.363** (0.157)	-0.442** (0.178)	-0.264 (0.159)	-0.067 (0.391)	-0.456 (0.289)
父母宽容型教养方式×父母能力	-0.249 (0.185)	-0.299* (0.177)	-0.335 (0.343)	-0.250* (0.148)	-0.239 (0.180)	-0.252* (0.152)	-0.176 (0.400)	-0.402* (0.244)
父母教育投入	-0.251 (0.201)	-0.046 (0.141)	-0.195 (0.198)	0.097 (0.133)	-0.193 (0.165)	0.160 (0.149)	0.102 (0.170)	0.228 (0.398)
父母权威型教养方式	0.139 (0.159)	0.006 (0.194)	0.171 (0.326)	-0.124 (0.161)	0.189 (0.249)	-0.176 (0.173)	-0.019 (0.298)	-0.250 (0.449)
父母专制型教养方式	0.331 (0.212)	-0.089 (0.168)	0.085 (0.299)	-0.212 (0.139)	0.158 (0.213)	-0.230 (0.146)	-0.180 (0.272)	-0.237 (0.348)
父母宽容型教养方式	0.212 (0.160)	0.038 (0.163)	0.112 (0.298)	-0.127 (0.133)	0.058 (0.214)	-0.110 (0.135)	0.060 (0.275)	-0.312 (0.317)
父母能力	0.479*** (0.155)	0.364** (0.152)	0.323 (0.299)	0.557*** (0.154)	0.476*** (0.164)	0.452*** (0.148)	0.284 (0.352)	0.783*** (0.300)
样本量	833	766	391	1 208	480	1 119	832	767

(续表)

变量	(1) 男孩	(2) 女孩	(3) 城镇	(4) 农村	(5) 独生	(6) 非独生	(7) 父母能力水平高	(8) 父母能力水平低
Panel B：信心的代际传递								
父母教育投入×父母能力	-0.265** (0.124)	-0.034 (0.107)	-0.117 (0.172)	-0.255* (0.139)	-0.242** (0.122)	-0.091 (0.134)	-0.448* (0.235)	-0.170 (0.200)
父母权威型教养方式×父母能力	0.435 (0.274)	-0.229 (0.232)	0.236 (0.533)	0.182 (0.205)	0.573 (0.419)	-0.009 (0.217)	0.357 (0.562)	0.323 (0.461)
父母专制型教养方式×父母能力	0.241 (0.243)	-0.217 (0.206)	0.332 (0.494)	0.086 (0.189)	0.604 (0.398)	-0.114 (0.194)	0.316 (0.530)	0.164 (0.402)
父母宽容型教养方式×父母能力	0.318 (0.223)	-0.294 (0.202)	-0.092 (0.425)	0.178 (0.172)	0.445 (0.375)	-0.003 (0.178)	0.287 (0.547)	0.450 (0.343)
父母教育投入	0.250 (0.154)	0.191 (0.175)	0.042 (0.156)	0.257 (0.163)	0.073 (0.165)	0.293* (0.170)	0.379 (0.233)	0.155 (0.216)
父母权威型教养方式	0.298 (0.209)	-0.322 (0.212)	0.363 (0.414)	0.005 (0.183)	0.179 (0.311)	-0.015 (0.190)	-0.265 (0.423)	0.475 (0.481)
父母专制型教养方式	0.132 (0.192)	-0.229 (0.185)	0.318 (0.426)	-0.072 (0.158)	0.152 (0.307)	-0.075 (0.164)	-0.335 (0.380)	0.236 (0.431)
父母宽容型教养方式	0.302 (0.186)	-0.171 (0.183)	0.267 (0.418)	0.097 (0.150)	0.197 (0.303)	0.110 (0.154)	-0.232 (0.389)	0.759* (0.416)
父母能力	-0.180 (0.219)	0.303* (0.182)	0.024 (0.376)	-0.054 (0.175)	-0.315 (0.344)	0.146 (0.178)	-0.048 (0.472)	-0.292 (0.357)
样本量	805	712	356	1 161	442	1 075	829	688

注：***代表在1%水平下显著，**代表在5%水平下显著，*代表在10%水平下显著。标准误都经过了区县层面的聚类调整。上表还控制了性别、户口、年龄、兄弟姐妹数量等个人特征，以及调查年份和区县的固定效应，限于篇幅未列出。

Panel A 展现了家庭教育对数列能力代际传递的影响在不同群体中的差异。第(1)列和第(2)列显示，对于不同性别的子女而言，与忽视型教养方式相比，父母专制型和宽容型教养方式会缓解父母数列能力对女孩数列能力的代际传递。具体表现为父母数列能力每提高一个单位，专制型教养方式使得女孩数列能力受父母数列能力的影响系数降低 0.307（p < 0.1）；宽容型教养方式使其降

低 0.299（p<0.1）。与之不同，父母权威型教养方式会缓解父母数列能力对男孩数列能力的代际传递。父母数列能力每提高一个单位，权威型教养方式使得男孩数列能力受父母数列能力的影响系数降低 0.321（p<0.1）。第（3）列和第（4）列展现了划分户口的结果，农村群体中父母的权威型、专制型、宽容型教养方式与相应能力的交互项系数显著为负，影响系数分别为 −0.458（p<0.05）、−0.363（p<0.05）、−0.250（p<0.1），说明三种类型的教养方式都能缓解父母数列能力对农村子女数列能力的代际传递。相反，父母教养方式和父母教育投入在城镇子女数列能力的代际传递中都没有发挥作用，表现为交互项系数均不显著。第（5）列和第（6）列的结果表明，专制型教养方式显著缓解了父母数列能力对独生子女数列能力的代际传递；权威型、专制型和宽容型教养方式都能缓解父母数列能力对非独生子女数列能力的代际传递。第（7）列和第（8）列呈现了父母不同能力水平的结果，权威型和宽容型教养方式显著缓解了数列能力水平较低的父母对子女数列能力的代际传递。由于认知能力能够预测职业、收入等劳动力市场产出（Heckman et al.，2006），因此父母认知能力水平低的家庭在对子女进行人力资本投资时有可能面临较紧的借贷约束。有利的教养方式能够弥补家庭借贷约束带来的负面效应（Heckman & Mosso，2014），从而降低认知能力的代际传递效应。

Panel B 展现了家庭教育影响信心代际传递的分样本回归结果。与上述结论不同的是，各类型父母教养方式对信心的代际传递效应都不显著。不过，父母教育投入有效缓解了父母信心对农村子女信心的代际传递，表现为父母教育投入每增加一个单位，农村子女的信心受父母信心的影响系数降低 0.255（p<0.1）。不仅如此，父母教育投入显著降低了男孩、独生子女、信心水平较高的父母等群体的信心代际传递效应，交互项系数分别为 −0.265（p<0.05）、−0.242（p<0.05）、−0.448（p<0.1）。

综上，与忽视型教养方式相比，权威型、专制型和宽容型的父母教养方式能够有效缓解弱势群体认知能力的代际传递；父母教育投入的增加也有效改善了农村子女非认知能力的代际传递。因此，提高家庭教育质量——实施有利的教养方式、增加父母教育投入——能够避免那些处于弱势背景的子女陷入能力持续低下的困境（Byford et al.，2012；Heckman & Mosso，2014）。

第三节 稳健性检验

本节采取"以代际次序相关系数衡量代际传递""研究家庭教育不同维度带来的影响""区分父亲和母亲的情况""使用固定效应模型"一系列方法对本章结论进行稳健性检验。

一、以代际次序相关系数衡量代际传递

考虑到基于代际次序相关系数衡量代际传递的方法可以减少衰减偏误和生命周期偏误(Nybom & Stuffier,2017),表5-5展现了家庭教育对于各项能力代际次序相关性的影响效应。观察可知,父母教育投入每增加一个单位,使得子女字词能力受父母字词能力的影响系数降低0.141($p < 0.05$);情绪稳定的代际传递系数降低0.148($p < 0.05$);信心的代际传递系数降低0.138($p < 0.05$)。另外,与父母忽视型教养方式相比,专制型教养方式显著降低了父母数列能力对子女数列能力的代际传递效应,交互项系数为-0.242,且在10%水平下显著。这与上文所得结论类似,验证了本章结论的稳健性。

表5-5 稳健性检验:以代际次序相关系数衡量代际传递

变量	(1) 字词能力	(2) 数列能力	(3) 情绪稳定	(4) 信心
父母教育投入教养方式×父母能力	-0.141** (0.068)	-0.090 (0.065)	-0.148** (0.071)	-0.138** (0.058)
父母权威型教养方式×父母能力	-0.057 (0.154)	-0.226 (0.150)	0.058 (0.109)	0.173 (0.145)
父母专制型教养方式×父母能力	-0.014 (0.136)	-0.242* (0.138)	0.138 (0.095)	0.092 (0.133)
父母宽容型教养方式×父母能力	-0.109 (0.136)	-0.206 (0.136)	0.016 (0.097)	0.100 (0.133)
父母教育投入	0.884*** (0.270)	0.293 (0.299)	0.837*** (0.273)	0.652*** (0.212)

(续表)

变量	(1) 字词能力	(2) 数列能力	(3) 情绪稳定	(4) 信心
父母权威型教养方式	-0.053 (0.494)	0.573 (0.493)	-0.468 (0.374)	-0.436 (0.462)
父母专制型教养方式	-0.238 (0.421)	0.481 (0.428)	-0.782** (0.318)	-0.183 (0.401)
父母宽容型教养方式	0.141 (0.408)	0.453 (0.407)	-0.199 (0.325)	-0.132 (0.400)
父母能力	0.297** (0.124)	0.363*** (0.127)	0.080 (0.084)	-0.013 (0.117)
样本量	1 863	1 599	1 936	1 517

注：***代表在1%水平下显著，**代表在5%水平下显著，*代表在10%水平下显著。标准误都经过了区县层面的聚类调整。上表还控制了性别、户口、年龄、兄弟姐妹数量等个人特征，以及调查年份和区县的固定效应，限于篇幅未列出。

二、研究家庭教育不同维度带来的影响

基于家庭教育变量的衡量方式以及附表5－2，本小节将讨论父母教育投入与父母教养方式的不同维度对能力代际传递的作用。表5－6第(1)列、第(4)列、第(7)列、第(10)列展现了父母时间投入和金钱投入两个维度对能力代际传递的影响效应。其中，父母金钱投入的增加有效缓解了字词能力和数列能力两项认知能力的代际传递效应，前者交互项系数为-0.166，后者为-0.112，两者都在5%水平下显著。父母时间投入的增加则显著降低了情绪稳定这一非认知能力的代际传递效应，交互项系数为-0.281，且在1%水平下显著。第(2)列、第(5)列、第(8)列、第(11)列汇报了父母要求和父母反应两个维度对能力代际传递的影响效应。观察可知，父母要求的提升显著缓解了字词能力和信心的代际传递，表现为父母要求与字词能力的交互项系数为-0.126，与信心的交互项系数为-0.166，两者都在10%水平下显著。然而，父母反应并没有显著影响各项认知能力或非认知能力的代际传递。第(3)列、第(6)列、第(9)列、第(12)列展现了上述四种维度及其与相应能力的交互项同时加入方程的回归结果。对于认知能力而言，此时父母要求与金钱投入两个维度依然有效降低了父

表 5-6 稳健性检验：研究家庭教育不同维度带来的影响

变量	(1)	(2)	(3)	(4)	(5)	(6)	(7)	(8)	(9)	(10)	(11)	(12)
	字词能力			数列能力			情绪稳定			信心		
时间投入×父母能力	0.042 (0.095)		0.260 (0.170)	−0.083 (0.071)		0.097 (0.128)	−0.281*** (0.107)		−0.453** (0.205)	−0.101 (0.110)		0.059 (0.182)
金钱投入×父母能力	−0.166** (0.066)		−0.135* (0.081)	−0.112** (0.050)		−0.157*** (0.056)	0.021 (0.102)		0.381 (0.262)	−0.051 (0.118)		−0.200 (0.131)
父母要求×父母能力		−0.126* (0.073)	−0.353** (0.171)		−0.106 (0.083)	−0.331** (0.138)		0.155 (0.125)	0.458 (0.355)		−0.166* (0.088)	−0.309* (0.178)
父母反应×父母能力		−0.051 (0.041)	−0.065 (0.063)		0.033 (0.040)	0.035 (0.074)		−0.089 (0.060)	−0.241 (0.178)		0.061 (0.071)	0.121 (0.091)
时间投入	0.189* (0.115)		0.099 (0.164)	−0.227** (0.107)		−0.366** (0.157)	0.232** (0.108)		0.395** (0.192)	0.355** (0.142)		0.211 (0.234)
金钱投入	0.198** (0.094)		0.122 (0.100)	0.237*** (0.089)		0.183** (0.090)	0.173* (0.094)		−0.015 (0.134)	−0.238* (0.122)		−0.275** (0.135)
父母要求		0.012 (0.095)	0.137 (0.172)		−0.097 (0.099)	0.092 (0.151)		−0.005 (0.087)	−0.316* (0.189)		0.384*** (0.107)	0.163 (0.211)
父母反应		0.167*** (0.048)	0.143** (0.069)		0.157*** (0.047)	0.211*** (0.073)		0.205*** (0.054)	0.177*** (0.089)		0.072 (0.078)	0.135 (0.092)
父母能力	0.324*** (0.031)	0.353*** (0.019)	0.327*** (0.038)	0.186*** (0.031)	0.179*** (0.019)	0.184*** (0.037)	0.215*** (0.026)	0.244*** (0.018)	0.186*** (0.035)	0.110*** (0.032)	0.101*** (0.025)	0.154*** (0.028)
样本量	1 959	3 289	1 863	1 675	2 906	1 599	2 078	3 380	1 936	1 570	2 426	1 517

注：*** 代表在1%水平下显著，** 代表在5%水平下显著，* 代表在10%水平下显著。标准误都经过了区县层面的聚类调整。上表还控制了性别、户口、年龄、兄弟姐妹数量等个人特征，以及调查年份和区县的固定效应，限于篇幅未列出。

母字词能力和数列能力对子女相应能力的影响效应,而且父母要求的影响系数更大,表现为父母要求与相应能力交互项系数的绝对值都高于金钱投入。以字词能力为例,父母要求每增加一个单位,使得子女字词能力受父母字词能力的影响系数降低 0.353($p<0.05$);降低幅度大于金钱投入增加对其产生的影响系数 -0.135($p<0.1$)。对于非认知能力而言,父母时间投入的增加能够显著降低情绪稳定的代际传递,交互项系数的绝对值为 0.453,远高于其他维度与能力的交互项。父母要求提升则缓解了父母对子女信心的影响效应,交互项系数为 -0.309,且在 10% 水平下显著。总体而言,家庭教育的各维度尤其是时间投入的增加和父母要求的提升显著缓解了认知能力和非认知能力的代际传递,进一步表明本章结论具有稳健性。

三、区分父亲和母亲的情况

表 5-2 显示,父母能力对子女能力的代际传递效应不同,因此本小节将在划分父亲和母亲认知或非认知能力的情况下,探讨家庭教育对能力代际传递的影响。表 5-7 第(1)列至第(4)列展现的是家庭教育在父亲与子女之间能力代际传递中的作用。与忽视型父母教养方式相比,宽容型教养方式显著缓解了父亲数列能力对子女数列能力的代际传递,交互项系数为 0.222($p<0.05$);父母教育投入的提升则有效降低了父亲字词能力对子女字词能力的代际传递效应,交互项系数为 -0.119($p<0.1$)。然而,父母教养方式和教育投入并没有在父亲非认知能力对子女非认知能力的代际传递中发挥作用。第(5)列至第(8)列展现了家庭教育在母亲与子女之间能力代际传递中的影响。观察发现,父母教育投入显著缓解了母亲能力对子女各项能力的代际传递。具体而言,父母教育投入每增加一个单位,子女字词能力受母亲字词能力的影响效应降低 0.180($p<0.01$);数列能力的代际传递效应降低 0.084($p<0.1$);情绪稳定降低 0.255($p<0.01$);信心降低 0.150($p<0.05$)。总之,区分父亲和母亲认知或非认知能力的结果与上文结论保持一致。同时,有利的教养方式降低了父亲与子女之间数列能力的代际传递效应;而教育投入的提升则显著缓解了母亲与子女之间各项能力的代际传递。

表5-7 稳健性检验:区分父亲和母亲的情况

变量	(1)	(2)	(3)	(4)	(5)	(6)	(7)	(8)
	父亲能力对子女能力的代际传递				母亲能力对子女能力的代际传递			
	字词能力	数列能力	情绪稳定	信心	字词能力	数列能力	情绪稳定	信心
父母教育投入×父母能力	-0.119*	-0.070	0.040	-0.083	-0.180***	-0.084*	-0.255***	-0.150**
	(0.068)	(0.055)	(0.082)	(0.071)	(0.064)	(0.048)	(0.092)	(0.075)
父母权威型教养方式×父母能力	0.001	-0.209	0.032	-0.050	0.080	-0.078	0.246	0.112
	(0.144)	(0.129)	(0.152)	(0.162)	(0.139)	(0.121)	(0.180)	(0.172)
父母专制型教养方式×父母能力	0.100	-0.163	0.165	-0.190	0.089	-0.024	0.199	0.052
	(0.127)	(0.120)	(0.138)	(0.150)	(0.122)	(0.109)	(0.148)	(0.151)
父母宽容型教养方式×父母能力	-0.027	-0.222**	0.144	-0.057	0.096	0.003	0.223	0.022
	(0.118)	(0.112)	(0.133)	(0.145)	(0.122)	(0.111)	(0.158)	(0.153)
父母教育投入	0.343***	0.033	0.309***	0.235**	0.323***	0.172***	0.345***	0.249**
	(0.099)	(0.099)	(0.105)	(0.114)	(0.099)	(0.066)	(0.102)	(0.110)
父母权威型教养方式	-0.031	-0.051	-0.358***	0.063	-0.035	-0.117	-0.305**	-0.021
	(0.126)	(0.121)	(0.129)	(0.146)	(0.120)	(0.102)	(0.126)	(0.141)
父母专制型教养方式	-0.081	-0.141	-0.445***	-0.056	-0.133	-0.161*	-0.398***	-0.078
	(0.110)	(0.104)	(0.113)	(0.130)	(0.108)	(0.093)	(0.109)	(0.126)
父母宽容型教养方式	-0.001	-0.109	-0.238**	0.101	-0.020	-0.111	-0.188*	0.054
	(0.100)	(0.095)	(0.103)	(0.124)	(0.102)	(0.092)	(0.104)	(0.122)
父母能力	0.198*	0.315***	0.077	0.162	0.139	0.201**	-0.029	0.062
	(0.114)	(0.106)	(0.126)	(0.131)	(0.115)	(0.098)	(0.145)	(0.138)
样本量	2 066	1 831	2 138	1 664	2 259	1 990	2 292	1 816

注:***代表在1%水平下显著,**代表在5%水平下显著,*代表在10%水平下显著。标准误都经过了区县层面的聚类调整。上表还控制了性别、户口、年龄、兄弟姐妹数量等个人特征,以及调查年份和区县的固定效应,限于篇幅未列出。

四、使用固定效应模型

上文分析中提及,除了家庭教育变量,父母认知能力和非认知能力的内生性也值得关注。这是因为父母与子女的认知能力和非认知能力有可能受到一些共同因素的影响(如基因),由于这些因素不可观测且难以衡量,因此有可能产生遗漏变量。考虑到CFPS本身是一项追踪调查,本小节根据所用数据特点将其转换成面板数据的形式,然后使用固定效应模型解决上述由于遗漏变量而造成的内生性问题。基于式(5-3),模型为

$$\Delta\theta_{i,k,s,t} = \sigma_1 + \sigma_2 \Delta\theta^P_{i,k,s,t} + \sigma_3 \Delta PS_{i,k,s,t} + \sigma_4 \Delta\theta^P_{i,k,s,t} \times PS_{i,k,s,t} + \sigma_5 \Delta PI_i + \sigma_6 \Delta\theta^P_{i,k,s,t} \times PI_{i,k,s,t} + \sigma_7 \Delta X_{i,k,s,t} + \Delta\varepsilon_{i,k,s,t}, k \in \{C, N\} \quad (5-4)$$

式(5-4)通过差分剔除那些随时间不变的遗漏变量带来的影响。表5-8汇报了固定效应回归结果。观察发现,首先,父母教育投入每增加一个单位,使得子女字词能力受父母字词能力的影响系数降低0.055($p<0.1$);信心的代际传递系数降低0.155($p<0.05$)。与父母忽视型教养方式相比,宽容型教养方式显著降低了父母字词能力对子女字词能力的代际传递系数,交互项系数为-0.173($p<0.1$);权威型教养方式显著降低了父母数列能力、情绪稳定对子女数列能力及情绪稳定的代际传递效应,交互项系数分别为-0.162($p<0.1$)和-0.343($p<0.1$)。虽然由于差分造成的效率损失使得根据固定效应法得出的一些影响系数并不显著(Fiorini & Keane,2014),导致上述结果与正文略有差异,但是整体结论保持不变。固定效应回归的结果依旧表明家庭教育能够有效缓解父母与子女之间认知能力和非认知能力的代际传递,一定程度上验证了本章结论的稳健性。

表5-8 稳健性检验:使用固定效应模型

变量	(1) 字词能力	(2) 数列能力	(3) 情绪稳定	(4) 信心
父母教育投入×父母能力	-0.055* (0.029)	0.031 (0.034)	-0.058 (0.189)	-0.155** (0.078)
父母权威型教养方式×父母能力	-0.082 (0.088)	-0.162* (0.093)	-0.343* (0.192)	0.125 (0.206)
父母专制型教养方式×父母能力	-0.057 (0.087)	0.053 (0.098)	-0.232 (0.189)	0.196 (0.205)
父母宽容型教养方式×父母能力	-0.173* (0.089)	-0.001 (0.092)	-0.343 (0.289)	0.151 (0.211)
父母教育投入	-0.046 (0.034)	0.003 (0.040)	-1.270 (0.881)	0.229 (0.530)

（续表）

变量	（1）字词能力	（2）数列能力	（3）情绪稳定	（4）信心
父母权威型教养方式	0.177**	-0.127	0.446*	0.009
	(0.087)	(0.094)	(0.255)	(0.396)
父母专制型教养方式	0.158*	-0.131	0.233	0.019
	(0.085)	(0.096)	(0.234)	(0.381)
父母宽容型教养方式	0.245***	-0.060	-0.330	0.237
	(0.085)	(0.093)	(0.326)	(0.289)
父母能力	0.463***	0.026	0.406***	0.008
	(0.073)	(0.083)	(0.156)	(0.171)
样本量	3 976	3 446	4 219	3 025
R^2	0.230 2	0.166 0	0.075 4	0.028 3

注：***代表在1%水平下显著，**代表在5%水平下显著，*代表在10%水平下显著。标准误都经过了区县层面的聚类调整。上表还控制了随时间变动的个人特征变量以及调查年份变量，限于篇幅未列出。

第四节 拓展分析

上文实证分析结果表明家庭教育对缓解认知能力和非认知能力的代际传递具有重要作用。一方面，随着"三孩"政策的放开以及隔代照料和抚养现象的增加，祖辈对孙辈能力的传递与其他发达国家的家庭可能存在差异，而家庭教育又在其中发挥何种作用，也是值得关注的问题。另一方面，教育水平的代际传递性呈现上升趋势，这种现象不容乐观。探讨家庭教育是否能够缓解父母与子女之间教育的代际传递，同样富有意义。

一、能力的隔代传递以及家庭教育的作用

已有研究不仅发现祖辈的受教育年限直接影响孙辈的受教育情况（Zeng & Xie,2014），而且祖辈和孙辈的职业阶层也存在显著联系（Chan & Boliver, 2013）。考虑到祖辈在代际流动中的重要作用，为了探究其中潜在的原因，表5-9汇报了祖辈认知能力和非认知能力对孙辈认知能力和非认知能力的传递

效应①。观察可知,字词能力的隔代传递效应最高,影响系数为 0.184($p < 0.01$);情绪稳定的隔代传递效应最低,影响系数为 0.114($p < 0.01$)。区分祖辈性别的结果表明,祖父数列能力对孙辈数列能力的传递效应高于祖母;相反,对于字词能力、情绪稳定和信心而言,祖母对孙辈的传递效应更高。总之,上述结果意味着祖辈认知能力和非认知能力对孙辈的认知能力和非认知能力有一定预测作用,暗示了能力的持久性甚至可以追溯到祖代,这与已有研究所得结论类似(Attanasio et al.,2020a)。

表 5-9 认知能力和非认知能力的隔代传递

变量	(1) 字词能力	(2) 数列能力	(3) 情绪稳定	(4) 信心
祖辈能力	0.184***	0.121***	0.114***	0.136***
	(0.034)	(0.030)	(0.036)	(0.043)
样本量	775	625	792	578
R^2	0.106	0.252	0.019	0.018
祖父能力	0.081**	0.090***	0.007	0.055
	(0.034)	(0.029)	(0.045)	(0.045)
祖母能力	0.154***	0.045	0.158***	0.116***
	(0.037)	(0.031)	(0.044)	(0.044)
样本量	775	625	792	578
R^2	0.096	0.253	0.028	0.018

注:***代表在 1% 水平下显著,**代表在 5% 水平下显著,*代表在 10% 水平下显著。标准误都经过了区县层面的聚类调整。上表还控制了性别、户口、年龄、兄弟姐妹数量等个人特征,以及调查年份和区县的固定效应,限于篇幅未列出。

表 5-10 进一步检验了家庭教育对能力隔代传递的影响。观察第(1)列至第(4)列发现,除了情绪稳定这项非认知能力,家庭教育在祖辈其他能力对孙辈其他能力的代际传递中都发挥了重要作用。具体而言,父母教育投入的提升有效降低了字词能力的隔代传递效应,交互项系数为 -0.260,且在 10% 水平下显著。与父母忽视型教养方式相比,权威型教养方式有效降低了祖辈数列能力对孙辈数列能力的传递效应,影响系数为 -0.280($p < 0.1$);宽容型教养方式则缓

---

① 与上文保持一致,这里为了便于讨论,对于外祖父/祖父和外祖母/祖母的认知或非认知能力取均值,用来衡量祖父母的认知或非认知能力。

表 5-10 家庭教育在能力隔代传递中的作用

变量	(1)	(2)	(3)	(4)	(5)	(6)	(7)	(8)	(9)	(10)	(11)	(12)
	祖辈能力对孙辈能力的代际传递				祖父能力对孙辈能力的代际传递				祖母能力对孙辈能力的代际传递			
	字词能力	数列能力	情绪稳定	信心	字词能力	数列能力	情绪稳定	信心	字词能力	数列能力	情绪稳定	信心
父母教育投入×祖辈能力	-0.260* (0.140)	-0.091 (0.106)	-0.078 (0.164)	-0.086 (0.136)	-0.109 (0.122)	0.017 (0.102)	-0.099 (0.191)	-0.004 (0.105)	-0.270*** (0.104)	-0.116 (0.117)	-0.030 (0.101)	-0.201 (0.138)
父母权威型教养方式×祖辈能力	0.133 (0.270)	-0.280* (0.163)	0.002 (0.320)	-0.273 (0.213)	0.077 (0.232)	-0.444** (0.176)	0.103 (0.341)	-0.207 (0.190)	0.395 (0.262)	0.025 (0.210)	-0.153 (0.200)	-0.050 (0.278)
父母专制型教养方式×祖辈能力	0.315 (0.266)	-0.260 (0.162)	0.380 (0.300)	-0.305 (0.218)	0.243 (0.217)	-0.400** (0.172)	0.276 (0.291)	-0.331* (0.192)	0.408 (0.257)	0.035 (0.206)	0.016 (0.187)	-0.138 (0.247)
父母宽容型教养方式×祖辈能力	-0.014 (0.283)	-0.258 (0.164)	0.153 (0.303)	-0.421* (0.224)	0.035 (0.228)	-0.334* (0.179)	0.341 (0.312)	-0.224 (0.190)	0.207 (0.263)	0.008 (0.198)	-0.251 (0.200)	-0.296 (0.245)
父母教育投入	0.490*** (0.185)	0.186 (0.136)	0.226 (0.195)	0.169 (0.178)	0.336* (0.172)	0.028 (0.144)	0.250 (0.187)	0.133 (0.164)	0.565*** (0.177)	0.200 (0.152)	0.214 (0.163)	0.346* (0.179)
父母权威型教养方式	-0.320 (0.246)	-0.192 (0.168)	-0.225 (0.284)	-0.181 (0.234)	-0.112 (0.218)	-0.023 (0.169)	-0.288 (0.238)	-0.024 (0.221)	-0.421** (0.211)	-0.120 (0.173)	-0.393* (0.207)	-0.231 (0.229)
父母专制型教养方式	-0.084 (0.224)	-0.055 (0.155)	-0.315 (0.268)	-0.164 (0.231)	0.016 (0.195)	0.100 (0.147)	-0.334 (0.214)	-0.056 (0.208)	-0.201 (0.187)	-0.078 (0.146)	-0.394** (0.187)	-0.225 (0.209)
父母宽容型教养方式	-0.163 (0.227)	0.028 (0.158)	0.021 (0.270)	-0.132 (0.227)	-0.038 (0.188)	0.053 (0.148)	-0.126 (0.204)	0.047 (0.200)	-0.182 (0.180)	0.022 (0.143)	-0.083 (0.174)	0.005 (0.207)
祖辈能力	0.024 (0.235)	0.313** (0.130)	0.040 (0.265)	0.368** (0.176)	0.030 (0.190)	0.443*** (0.142)	-0.043 (0.266)	0.279* (0.151)	-0.125 (0.227)	0.035 (0.173)	0.326** (0.156)	0.238 (0.217)
样本量	402	307	409	376	506	402	511	468	642	499	643	591

注：***代表在1%水平下显著，**代表在5%水平下显著，*代表在10%水平下显著。标准误都经过了区县层面的聚类调整。上表还控制了性别、户口、年龄、兄弟姐妹数量等个人特征，以及调查年份和区县的固定效应，限于篇幅未列出。

解了信心的隔代传递,影响系数为 -0.421(p<0.1)。第(5)列至第(8)列展现了家庭教育在祖父与孙辈之间能力代际传递中的作用。与忽视型教养方式相比,权威型、专制型和宽容型教养方式有效降低了祖父数列能力对孙辈数列能力的传递效应;专制型教养方式显著缓解了信心的隔代传递。第(9)列至第(12)列汇报的是家庭教育在祖母与孙辈之间能力代际传递中的作用。观察发现,父母教育投入每增加一个单位,能使祖母对孙辈字词能力的隔代传递效应降低 0.270(p<0.01)。另外,由于已有研究已经证实了隔代照料对于能力发展的重要性(Luo et al.,2020),本书还检验了隔代照料在祖辈与孙辈之间的隔代传递以及父代与子代之间的代际传递中的作用,交互项系数几乎都不显著,限于篇幅未列出。综上,家庭教育有效缓解了能力的隔代传递。其中,父母教养方式主要在改善祖父能力对孙辈能力的代际传递中发挥了更显著的作用;而父母教育投入主要改善的是祖母能力对孙辈能力的代际传递。

二、教育的代际传递以及家庭教育的作用

由于认知能力和非认知能力能够预测教育、收入等社会经济产出(Heckman et al.,2006),而且能力的代际传递可能是解释社会经济产出持久性的潜在原因(Johnston et al.,2013)。因此,基于 CFPS 问卷中变量的可获得性,本小节探讨了教育的代际传递以及家庭教育在其中的作用。具体而言,以受教育年限为父母教育的代理变量;以成年时期是否读过高中或大学为子女教育表现的代理变量[①]。表 5-11 第(1)列展现了父母教育[②]对子女是否读过高中的影响。其中,父母受教育年限对子女读过高中的概率有显著正向影响,影响系数为 0.077,且在 1% 水平下显著。划分父亲和母亲的结果表明,父亲受教育年限对子女读过高中的影响系数为 0.061(p<0.01),母亲受教育年限对子女读过高中的影响系数为 0.051(p<0.01)。第(2)列结果显示父母受教育年限对子女是否读过大学的影响系数为 0.116,且在 1% 水平下显著;

[①] 由于本书选取的样本年龄范围为 10—15 岁,以 2010 年 CFPS 为例,此时 10—15 岁的少年到 2018 年是 18—23 岁,这意味着许多人可能还没有完成学历教育(大学或研究生)。因此,本小节并没有考虑子女受教育年限而是将子女是否读过高中或大学作为教育的代理变量。

[②] 与上文一致,这里将父亲和母亲受教育年限按照调查年份标准化为均值为 0、标准差为 1 的数值。为了便于讨论,对于父亲和母亲的标准化受教育年限加总取均值,用来衡量父母的受教育水平。

父亲和母亲受教育年限对子女是否读过大学的影响系数分别为 0.070(p < 0.01)和 0.056(p < 0.01)。第(3)列进一步展现了父母受教育年限对高中及以上群体读过大学的回归结果,其中,父母受教育年限对该结果的影响系数为 0.090,且在 1% 水平下显著;父亲和母亲受教育年限的影响系数则分别为 0.049(p < 0.01)和 0.053(p < 0.01)。总体而言,父母与子女之间的教育存在显著的代际传递现象。

表 5-11　教育的代际传递性

变量	(1) 读过高中	(2) 读过大学	(3) 高中及以上群体读过大学
父母受教育年限	0.077***	0.116***	0.090***
	(0.010)	(0.012)	(0.018)
样本量	2 026	1 949	1 110
R^2	0.078	0.159	0.110
父亲受教育年限	0.061***	0.070***	0.049***
	(0.010)	(0.012)	(0.018)
母亲受教育年限	0.051***	0.056***	0.053***
	(0.010)	(0.013)	(0.018)
样本量	2 026	1 949	1 110
R^2	0.062	0.159	0.110

注:***代表在 1% 水平下显著,**代表在 5% 水平下显著,*代表在 10% 水平下显著。标准误都经过了区县层面的聚类调整。上表还控制了性别、户口、年龄、兄弟姐妹数量等个人特征,以及调查年份和区县的固定效应,限于篇幅未列出。

表 5-12 进一步汇报了家庭教育在教育代际传递中发挥的作用。限于篇幅,这里只展示以是否读过高中为子女教育代理变量的回归结果。如表 5-12 所示,第(1)列结果表明父母教养方式与父母受教育年限的交互项并不显著,而父母教育投入显著降低了父母受教育年限对子女是否读过高中的影响效应,影响系数为 -0.062,且在 10% 水平下显著。观察第(2)列发现,父母教育投入和父母教养方式在父亲教育对子女教育的代际传递中没有发挥任何作用,表现为交互项系数都不显著。然而第(3)列显示,父母教育投入的提升显著缓解了母亲教育对子女教育的代际传递。具体而言,父母教育投入与母亲受教育年限的交互项对子女是否读过高中的影响系数为 -0.072,且在 10% 水平下显

著。综上,父母教育投入的增加有效改善了教育代际传递,尤其是在改善母亲教育对子女教育代际传递中发挥了更显著的作用。

总体而言,无论是认知能力和非认知能力的代际传递、隔代传递,还是教育的代际传递,教养方式主要缓解的是男性长辈对子代的传递效应;而教育投入主要改善了女性长辈对子代的传递效应。这与现有运用西方国家的数据所得结论类似(Alan et al.,2014;Alan et al.,2017;Brene & Epper,2019),原因可能是不同性别的长辈在养育孩子过程中扮演了不同角色(Brene & Epper,2019)。尤其是在中国社会背景下,父亲更多的是通过纪律、要求或者沟通、交流去塑造孩子的能力,而母亲则更多地参与了对子女的照料。同时,上述结论也反映出,如果想要有效增强认知能力和非认知能力的流动性,家庭教育的各个层面——有利的教养方式和积极的教育投入都必不可少。

表 5-12　家庭教育在教育代际传递中的作用

变量	(1) 父母教育对子女教育的代际传递	(2) 父亲教育对子女教育的代际传递	(3) 母亲教育对子女教育的代际传递
	读过高中		
父母教育投入 × 父母受教育年限	-0.062* (0.035)	-0.041 (0.039)	-0.072* (0.037)
父母权威型教养方式 × 父母受教育年限	0.037 (0.073)	0.013 (0.107)	0.057 (0.108)
父母专制型教养方式 × 父母受教育年限	0.030 (0.058)	0.002 (0.088)	0.072 (0.093)
父母宽容型教养方式 × 父母受教育年限	0.032 (0.058)	0.044 (0.086)	0.030 (0.092)
父母教育投入	0.090 (0.077)	0.089 (0.072)	0.101 (0.077)
父母权威型教养方式	-0.110 (0.094)	-0.104 (0.087)	-0.111 (0.093)
父母专制型教养方式	-0.076 (0.071)	-0.073 (0.069)	-0.070 (0.075)

家庭教育对子女人力资本发展的影响研究

（续表）

变量	(1) 父母教育对子女 教育的代际传递	(2) 父亲教育对子女 教育的代际传递	(3) 母亲教育对子女 教育的代际传递
	读过高中		
父母宽容型教养方式	-0.050 (0.065)	-0.041 (0.067)	-0.052 (0.070)
父母受教育年限	0.014 (0.060)	0.019 (0.085)	-0.017 (0.094)
样本量	1 066	1 077	1 076

注：***代表在1%水平下显著，**代表在5%水平下显著，*代表在10%水平下显著。标准误都经过了区县层面的聚类调整。上表还控制了性别、户口、年龄、兄弟姐妹数量等个人特征，以及调查年份和区县的固定效应，限于篇幅未列出。

第五节 本章小结

到目前为止，经济学研究的视角主要集中在对于收入或者教育的代际流动性分析上。虽然近年来涌现出大量与认知能力和非认知能力相关的文献，但是国内几乎没有研究探讨认知能力和非认知能力的代际传递。一方面，讨论能力的代际传递有助于解释社会经济产出中不同代际传递性背后的原因（Blanden et al., 2007; Anger & Heineck, 2010; Bjorklund et al., 2010; Johnston et al., 2013）。另一方面，通过探寻家庭教育在能力代际传递中发挥的作用，有助于改善能力的不平等现象，避免让处于弱势背景的孩子陷入能力持续低下的困境（Byford et al., 2012）。基于CFPS数据，本章探讨了父母与子女之间认知能力和非认知能力的代际传递，以及家庭教育的两个层面——父母教育投入和父母教养方式对能力代际传递的影响，并考察了家庭教育作用于不同群体能力代际传递的异质性，进一步分析了家庭教育在能力隔代传递和教育代际传递中所发挥的作用。

本章的主要发现包括：

第一，认知能力和非认知能力存在代际传递性。具体而言，父母字词能力、数列能力、情绪稳定和信心对子女相应的各项能力有显著正向影响。而且母亲在能力的代际传递中扮演着更重要的角色。同时,对于认知或非认知能力水平高的孩子而言,能力的代际传递效应很低,除父母自身能力外的其他外部因素可能对其发展有更大的影响。

第二,包含父母教育投入和父母教养方式在内的家庭教育显著调节了能力的代际传递。其中,父母教育投入的增加显著降低了能力的代际传递效应;与父母忽视型教养方式相比,权威型、专制型和宽容型教养方式都有可能缓解父母认知能力和非认知能力对子女认知能力和非认知能力的传递现象。

第三,异质性分析结果显示,与忽视型教养方式相比,其他三种类型的父母教养方式缓解了弱势群体认知能力的代际传递;父母教育投入的增加也有效缓解了农村子女非认知能力的代际传递。

第四,一系列稳健性检验得出的结论与上述三个发现基本一致,且家庭教育的各维度尤其是时间投入和父母要求显著缓解了认知能力和非认知能力的代际传递。

第五,进一步分析表明,无论是认知能力和非认知能力的代际传递、隔代传递,还是教育的代际传递,父母教养方式主要缓解的是男性长辈对子代的传递效应;而教育投入的增加主要降低了女性长辈对子代的传递效应。

随着基因经济学的迅速发展,越来越多的研究指出,基因表达本身就由包括养育在内的环境因素介导(Nisbett et al.,2012),无论何种情况下考虑环境因素对于基因表达的调节作用,遗传力的估计都会受到很大影响。在人力资本的长期代际传递中,约三分之一由出生后的环境因素所导致(Adermon et al.,2021)。本研究表明,能力的代际传递固然存在,但是会受到家庭教育强大的调节作用。这与 Heckman & Mosso(2014)通过整理大量实验证据得出的结论相符,证实了父母教育投入和父母教养方式在塑造子女认知或非认知能力过程中的重要性。本章揭示了通过家庭教育缓解能力代际传递的机制,具有重要的政策含义。事实上,目前许多国家推出了家庭教育指导项目,例如社区工作人员通过每周一小时的家访活动,鼓励父母与子女互动。这些干预措施显著提高了弱势儿童的认知能力和非认知能力水平(Gertler et al.,2014;Attanasio et al.,2020a)。由于这有可能进一步促进社会阶层的代际流动,从而改善不平等现象,因此,未来实施旨在提高家庭教育质量的干预措施将十分必要。

第六章

家庭教育与子女人力资本的动态形成——基于 CES 生产函数的研究

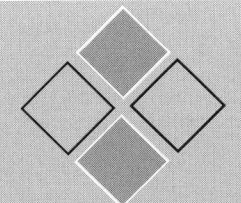

第一节　模型与数据

本节首先构造了一个人力资本的 CES 生产函数;其次,介绍了该函数中衡量各潜在要素的动态因子分析法;最后,介绍了本章所用的 CFPS 数据,并且基于调查问卷中可获取的题项,展示了各年龄组子女认知能力和非认知能力、父母教育投入、父母认知能力和非认知能力的测量指标。

需要说明的是,基于家庭教育的概念界定以及本书的实证需求,本章无法在 CFPS 各年份问卷中寻找到 1—5 岁子女幼年时期衡量父母教养方式的代理变量,所以下文主要关注的是从出生到成年时期的父母教育投入与子女人力资本之间的非线性关系,仅在拓展分析部分讨论了父母教养方式对 6—17 岁子女认知能力和非认知能力的非线性影响。因此,本节无论是在构造人力资本生产函数时,还是在展示关键变量的测量指标时,主要使用的都是单一层面的父母教育投入来衡量家庭教育。

一、模型和方法

依据赫克曼等人构建的新人力资本理论框架(Cunha & Heckman, 2007, 2008; Kautz et al., 2014),本书将人力资本的形成写为如下形式:

$$\theta_{k,t+1} = f_{k,s}(\theta_{C,t}, \theta_{N,t}, PI_t, \theta_{C,P}, \theta_{N,P}), \quad k \in \{C, N\} \quad (6-1)$$

式(6-1)中,t 代表年龄;k 代表人力资本的不同维度,本书主要讨论的两个维度是认知能力(C)和非认知能力(N)。$t+1$ 时期的人力资本水平 $\theta_{k,t+1}$ 主要由 t 期认知能力 $\theta_{C,t}$、t 期非认知能力 $\theta_{N,t}$、父母教育投入 PI_t、父母认知能力 $\theta_{C,P}$、父母非认知能力 $\theta_{N,P}$ 五种投入要素共同决定。其中,PI_t 是本书重点关注的要素。

下文实证分析将遵循 Cunha et al. (2010) 的设定,使用 CES 生产函数估计人力资本的动态发展。子女人力资本的 k 维度在 $t+1$ 时期的生产函数可以表示为如下方程:

$$\theta_{k,t+1} = A_{k,t} (\alpha_{k,t,1} \theta_{C,t}^{\rho_{k,t}} + \alpha_{k,t,2} \theta_{N,t}^{\rho_{k,t}} + \alpha_{k,t,3} PI_t^{\rho_{k,t}} + \alpha_{k,t,4} \theta_{C,P}^{\rho_{k,t}} + \alpha_{k,t,5} \theta_{N,P}^{\rho_{k,t}})^{\frac{1}{\rho_{k,t}}}$$

$$(6-2)$$

式(6-2)中,每个时期各要素投入系数$\alpha_{k,t,j}(j=1,\cdots,5)$的总和为1,即$\alpha_{k,t,1}+\alpha_{k,t,2}+\alpha_{k,t,3}+\alpha_{k,t,4}+\alpha_{k,t,5}=1$。根据Cunha et al.(2010)的研究,假定父母认知能力$\theta_{C,P}$和非认知能力$\theta_{N,P}$不随时间推移而改变,生产函数的参数和其他投入要素则会随子女的年龄发生变化。需要说明的是,父母教育投入PI_t不仅包括t期的金钱投入,还包括t期的时间投入(Attanasio et al.,2020a)。参数$\rho_{k,t}$决定了人力资本生产函数中各要素投入之间的替代弹性$1/(1-\rho_{k,t})$:若$\rho_{k,t}=1$,生产函数呈线性而且各要素投入是完全可替代的;若$\rho_{k,t}$趋于0,生产函数呈柯布—道格拉斯函数形式且各要素投入的替代弹性为1;若$\rho_{k,t}$趋于负无穷,则各要素投入完全互补。换言之,参数$\rho_{k,t}$可以捕捉到人力资本形成过程中各要素投入之间的替代或互补关系。除此之外,人力资本的形成还受到参数$A_{k,t}$的影响,包含可观测特征和不可观测因素,具体表现为如下形式:

$$A_{k,t}=exp(\gamma_{k,0,t}+\gamma_{k,X,t}X_t+\varepsilon_{k,t}) \qquad (6-3)$$

其中,$\gamma_{k,0,t}$代表全要素生产率(total factor productivity,TFP);X_t是指一系列影响人力资本积累的其他因素,包括子女性别、子女数量、户口等可观测特征;$\varepsilon_{k,t}$代表不可观测因素。

值得注意的是,子女认知能力和非认知能力有可能反过来影响父母给子女分配资源的方式(Lugo-Gil & Tamis-Lemonda,2008)。具体而言,一方面,父母进行教育投入时也许会考虑子女当前的人力资本水平,因为这有可能决定教育投入的回报(尤其是当子女能力和父母教育投入之间存在互补性时)。另一方面,父母教育投入也取决于父母自身的认知能力和非认知能力、子女性别、子女数量、户口等因素。此外,父母进行教育投入时还可能会对不可观测因素做出反应,例如,父母可以通过增加教育投入来弥补子女由于遗传因素而存在的人力资本发展差距。因此,这些情形的存在都意味着父母教育投入这一变量并不完全外生。

为了解决上述潜在的内生性问题,本书将首先参照Attanasio et al.(2020a)使用的控制函数方法估计一个教育投入函数,具体函数形式如下:

$$PI_t=\beta_0+\beta_{C,t}\theta_{C,t}+\beta_{N,t}\theta_{N,t}+\beta_{C,P}\theta_{C,P}+\beta_{N,P}\theta_{N,P}+\beta_{X,t}X_t+\beta_{V,t}W_t+v_t$$
$$(6-4)$$

式(6-4)中,X_t是影响人力资本发展的一系列变量;W_t可以视为不直接进入人力资本生产函数的工具变量,即影响父母教育投入但是不直接影响子女认知能力和非认知能力。由于家庭教育具有区域内的相似性(Pinquart & Kauser, 2018),但是其他家庭的父母教育投入不会直接作用于子女的人力资本,因此本书将使用"同一区县其他家庭父母的平均教育投入"作为工具变量,此构造方式普遍见于诸多研究中(尹志超和甘犁,2010;张皓辰和秦雪征,2019;Yang & Zhao,2020)。为了确保结果稳定,下文稳健性分析部分还将使用其他多个工具变量解决父母教育投入内生性问题,例如地区宏观经济环境、父母童年生活经历等。通过在人力资本生产函数中加入父母教育投入函数的残差项v_t,可以估计解决了父母教育投入内生性问题之后的子女人力资本发展水平。基于式(6-1)和式(6-3),拓展后的人力资本生产函数的对数形式可以表示为:

$$\ln \theta_{k,t+1} = \ln[f_{k,s}(\theta_{C,t}, \theta_{N,t}, PI_t, \theta_{C,P}, \theta_{N,P})] + \gamma_{k,0,t} + \gamma_{k,X,t} X_t + \xi_k v_t + \varepsilon_{k,t}$$
(6-5)

如何采取有效的方法来衡量上述生产函数中的各个投入要素,是进行实证分析之前需要解决的另一个重要问题。由于本书讨论的是多期人力资本生产函数,一方面,即使 CFPS 数据提供了丰富的变量,也难以保证认知能力和非认知能力以及父母教育投入的测量值在每个时期都一致;另一方面,所使用的单一可观测指标只能作为潜在因素的不完全代理变量,这有可能会因测量误差而导致偏误问题。因此,下文将引用 Cunha et al. (2010) 提出的动态因子分析方法,从诸多可观测指标中提取本书关注的潜在因素。

令 $Z_{k,t,j}$ 表示潜在因素 $\theta_{k,t}$ 在 t 期可观测到的第 j 种测量指标,$M_{k,t}$ 表示潜在因素 $\theta_{k,t}$ 在 t 期可观测到的测量指标的数量,假设可观测指标和潜在因素之间存在半对数关系,方程可表示为如下形式:

$$Z_{k,t,j} = m_{k,t,j} + \lambda_{k,t,j} \ln(\theta_{k,t}) + \mu_{k,t,j}, j \in \{1, \cdots, M_{k,t}\}$$
(6-6)

其中,$\lambda_{k,t,j}$ 代表因子载荷;$m_{k,t,j}$ 代表截距项;$\mu_{k,t,j}$ 是测量误差,其不受潜在因素的影响且相互独立。为了消除不同时期不同潜在因素之间的量纲差异,与传统因子分析的常见做法相似,这里假定 t 时期各潜在因素 $\theta_{k,t}$ 对应的首个测量指标的因子载荷 $\lambda_{k,t,1} = 1, E(\ln(\theta_{k,t})) = 0$。在上述假设下,生产函数中的投入与产出的潜在因素可以从不同测量指标中提取而得,而且其均值随着时间的推移而变得具有可比性。

二、数据和变量

本章将使用 CFPS 公布的 2010 年、2012 年、2014 年、2016 年、2018 年五轮调查数据①,包括 15 073 位 1—17 岁的子女②,共计 120 584 个样本。为了便于讨论跨越多个时期的人力资本生产函数,下文将年龄划分为 2(1—2 岁)、4(3—5 岁)③、6(6—7 岁)、8(8—9 岁)、10(10—11 岁)、12(12—13 岁)、14(14—15 岁)、16(16—17 岁)④八个组别。本章附表 6-8 举例展示了本章所用样本的构造形式。

需要说明的是,由于本章探讨的人力资本生产函数跨越多个时期,一方面,CFPS 某些问题的设置在五轮调查中并不一致,例如,有关抑郁自评量表的问题在五个年份中就涉及三种问卷。另一方面,一些问题只针对特定年龄的样本提出,例如字词回忆和数列计算问卷仅测试 10 岁及以上年龄的样本。这都给本研究的设计带来一定困难。下文将尽可能选用合适且在每个调查年份都出现过的测量指标,来识别不同年龄阶段的各要素投入。此外,实证分析还包括性别(均值 = 0.519;标准差 = 0.500)、子女数量(均值 = 1.745;标准差 = 1.033)、户口(均值 = 0.767;标准差 = 0.423)等控制变量,本小节不再详细讨论。

附表 6-1 至附表 6-4 具体展现了各年龄组子女认知能力和非认知能力、父母教育投入、父母认知能力和非认知能力的测量指标。依据这些测量指标的构建情况,可以从中提取出各年龄组对应的潜在因素。表 6-1 展现了各潜在

---

① 笔者写作期间,由于 CFPS 2020 年和 2022 年的调查数据当时未公布,因此使用的是 CFPS 2010—2018 年的五轮调查数据。

② 由于 CFPS 少儿问卷中与婴儿时期父母教育投入、子女认知能力和非认知能力有关的可选取的指标很少,因此没有考虑 0 岁的情况。

③ 之所以把 3—5 岁划分为同一年龄组,是因为 CFPS 少儿问卷有关幼儿时期父母教育投入、子女认知或非认知能力的问题中把 3—5 岁划分为了一组。也就是说,衡量 3—5 岁关键变量的指标相同且不随年龄增长而发生改变。这里需要注意的是,假定个体 3 岁时参与了 2010 年的第一轮调查,那么 5 岁时参与 2012 年的第二轮调查,7 岁时参与 2014 年的第三轮调查。这种情况下,回归分析中讨论的就是 4 岁年龄组(2010 年调查)父母教育投入对 6 岁年龄组(2014 年调查)子女认知或非认知能力的影响。

④ CFPS 少儿问卷针对的调查对象是 0—15 岁子女。这里之所以还包含 CFPS 成人问卷中的 16 岁年龄组(16—17 岁),是便于下文检验 14 岁年龄组父母教育投入对 16 岁年龄组子女认知能力和非认知能力的影响。

因素所对应的测量指标的因子载荷和信噪比[①]。如表6-1所示,除了个别测量指标,几乎所有测量指标的信噪比都在20%以上,尤其是个别认知能力测量指标的信噪比超过90%,反映了这些测量指标包含潜在因素的大量信息。同时,"几个月能独立小便(4岁)"(4: peemonth)、"全年教育总支出(6岁)"(6: investment)等指标信噪比过低,也反映了测量指标都是不完全代理变量,如果采用单一的指标衡量生产函数中的各投入要素,就有可能导致严重的测量误差。

表6-1 各年龄组测量指标与潜在因素的关系

变量	因子载荷	信噪比(%)	变量	因子载荷	信噪比(%)
子女认知能力			父母教育投入		
2: talk	1.000	77.3	2: parenting_a_1	1.000	54.0
2: count	0.549	26.0	2: parenting_a_2	1.236	82.7
4: talkmonth	1.000	66.3	2: parenting_a_3	1.153	71.5
4: countmonth	0.534	21.0	2: investment	0.060	1.2
6: chnlevel	1.000	98.1	4: parenting_b_1	1.000	92.0
6: matlevel	0.645	48.0	4: parenting_b_2	0.348	13.6
8: chnlevel	1.000	97.3	4: parenting_b_3	0.264	7.8
8: mathlevel	0.665	48.8	4: parenting_b_4	0.365	15.1
10: wordtest	1.000	52.9	4: investment	0.221	4.7
10: mathtest	0.608	22.3	6: parenting_c_1	1.000	28.4
12: wordtest	1.000	70.0	6: parenting_c_2	0.841	20.4
12: mathtest	0.579	21.8	6: parenting_c_3	1.407	56.2
14: wordtest	1.000	57.0	6: investment	0.055	0.1
14: mathtest	0.833	29.1	8: parenting_c_1	1.000	34.9
16: wordtest	1.000	54.8	8: parenting_c_2	0.765	20.9
16: mathtest	0.945	33.0	8: parenting_c_3	1.085	41.6
子女非认知能力			8: investment	0.306	3.7

---

① 信噪比$s_j^{\ln\theta_{k,t}} = \dfrac{(\lambda_{j,k,t})^2 Var(\ln\theta_{k,t})}{(\lambda_{j,k,t})^2 Var(\ln\theta_{k,t}) + Var(\mu_{j,k,t})}$,用来表示测量指标含有潜在因素信息量的程度。

(续表)

变量	因子载荷	信噪比(%)	变量	因子载荷	信噪比(%)
$2:walk$	1.000	77.7	$10:parenting\_c\_1$	1.000	39.9
$2:pee$	0.442	12.2	$10:parenting\_c\_2$	0.578	13.5
$4:walkmonth$	1.000	74.2	$10:parenting\_c\_3$	0.705	20.4
$4:peemonth$	0.278	5.9	$10:investment$	0.220	2.3
$6:perform\_1$	1.000	45.1	$12:parenting\_c\_1$	1.000	24.6
$6:perform\_2$	1.080	47.7	$12:parenting\_c\_2$	0.916	20.8
$6:perform\_3$	0.910	35.0	$12:parenting\_c\_3$	0.901	20.2
$6:perform\_4$	1.044	44.2	$12:investment$	0.282	2.0
$6:perform\_5$	0.726	22.3	$14:parenting\_c\_1$	1.000	17.4
$6:perform\_6$	0.969	39.1	$14:parenting\_c\_2$	0.928	15.1
$6:perform\_7$	0.882	32.4	$14:parenting\_c\_3$	0.742	9.4
$8:perform\_1$	1.000	43.6	$14:investment$	0.145	0.3
$8:perform\_2$	1.030	45.4	父母认知能力		
$8:perform\_3$	0.886	35.3	$wordtest\_f$	1.000	44.1
$8:perform\_4$	1.050	45.9	$mathtest\_f$	0.994	43.1
$8:perform\_5$	0.634	18.4	$wordtest\_m$	1.084	52.6
$8:perform\_6$	0.894	34.3	$mathtest\_m$	1.096	53.6
$8:perform\_7$	0.898	34.6	父母非认知能力		
$10:depression\_1$	1.000	65.9	$bigfive\_1\_f$	1.000	25.4
$10:depression\_2$	0.699	17.3	$bigfive\_2\_f$	2.347	53.8
$10:depression\_3$	0.720	22.6	$bigfive\_3\_f$	2.379	62.5
$12:depression\_1$	1.000	63.1	$bigfive\_4\_f$	2.143	45.1
$12:depression\_2$	0.881	27.1	$bigfive\_5\_f$	0.555	5.7
$12:depression\_3$	0.946	38.8	$bigfive\_1\_m$	0.637	11.3
$14:depression\_1$	1.000	62.8	$bigfive\_2\_m$	2.053	42.9
$14:depression\_2$	0.907	26.8	$bigfive\_3\_m$	2.065	48.2
$14:depression\_3$	0.806	30.2	$bigfive\_4\_m$	1.841	35.6
$16:depression\_1$	1.000	65.7	$bigfive\_5\_m$	0.563	5.8
$16:depression\_2$	0.861	31.5			
$16:depression\_3$	0.849	39.1			

基于上文估计出的潜在因素,图6-1绘制了在不同认知或非认知能力初始值水平下青少年时期子女认知能力样本均值的分布情况。如图6-1所示,初始认知或非认知能力水平低的孩子在整个青少年时期的认知能力发展过程中存在持续弱势。左图表明,低水平初始认知能力儿童与高水平初始认知能力儿童之间的能力发展差距随着时间的推移而逐渐拉大,这种差距将一直持续到接近成年时期(16岁年龄组,即16—17岁)。即使初始认知能力水平低的孩子在青少年时期的认知能力水平获得一定程度的提高,但是与初始认知能力水平高的孩子相比,两者之间仍具有较大差距。右图同样表明,在不同初始非认知能力水平下,随着时间的推移,子女认知能力发展的差距先逐渐拉大后略微缩小,但是这种差距并不会完全消失,而是一直持续到接近成年。上述现象初步表明,如果没有尽早识别初始能力水平低下的儿童并且采取相应的措施进行预防,这些孩子很有可能无法赶超那些初始能力水平高的人。

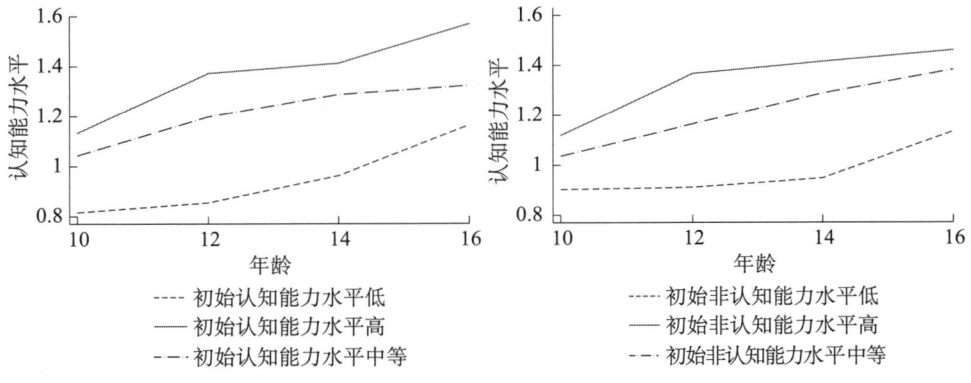

图6-1 认知能力样本均值的分布情况

注:由于2岁年龄组样本量较少,这里的初始认知能力水平选取2岁、4岁两个年龄组认知能力水平的均值,初始非认知能力水平选取2岁、4岁两个年龄组非认知能力水平的均值。其中,"初始认知能力水平高"是指初始认知能力水平在前25%(0.75分位点及以上)的样本;"初始认知能力水平中等"是指初始认知能力水平在0.25—0.75分位点之间的样本;"初始认知能力水平低"是指初始认知能力水平在后25%(0.25分位点及以下)的样本。初始非认知能力水平的划分与之相同。

第二节 实证分析

本节实证分析主要分为三个部分:首先,构造了父母教育投入的估计函数,便于下文运用控制函数法解决父母教育投入的内生性问题。其次,基于人力资本的 CES 生产函数描绘了子女认知能力和非认知能力随时间推移的动态发展过程,从而可以识别父母教育投入对于各年龄组子女人力资本发展的非线性影响。最后,分析了不同时期的父母教育投入对子女人力资本发挥的作用效果,一是儿童时期不同阶段的父母教育投入对于儿童人力资本发展的影响;二是童年晚期不同阶段的父母教育投入对青少年人力资本发展的影响。

一、父母教育投入的估计函数

估计人力资本生产函数之前,考虑到父母教育投入并不完全外生,基于式(6-4),本小节首先汇报各年龄组父母教育投入函数的系数估计值,然后将父母教育投入函数的残差项代入人力资本生产函数,从而解决可能存在的内生性问题。如表6-2所示,子女认知能力的影响系数在2岁、4岁、6岁、8岁年龄组显著为正,即儿童时期认知能力水平更高的孩子获得的父母教育投入更多。各年龄组子女非认知能力对于父母教育投入的影响较为复杂,影响系数仅在6岁、8岁、14岁年龄组显著为正。除了个别年龄组,父母认知能力对于教育投入都有显著的正向影响,且对于4岁年龄组父母教育投入的影响尤其大。虽然父母非认知能力几乎对于各年龄组的教育投入都没有显著影响,但是观察仅有的呈现显著正向影响的两个年龄组可以发现,父母非认知能力对于2岁、12岁年龄组子女的教育投入的影响系数都高于父母认知能力。性别在教育投入函数中没有太大作用,仅对6岁年龄组的父母教育投入有显著影响,与 Attanasio et al. (2020a)的研究结果一致。子女数量对于2岁、4岁、6岁年龄组父母教育投入具有显著负向影响,这也符合现实生活的直观感受,家庭中子女数量越多,每个孩子所能分配到的家庭教育资源越少,获得的父母教育投入也相应越少。对于不同户口而言,除了12岁、14岁等青少年时期,农村子女在各个阶段获得的父母教育投入都显著少于城市子女。此外,各年龄组"同一区县其他家庭父母的平均教育投入"对于父母教育投入带来了显著的正向影响,弱工具变量检验的 F 值都大于10,拒绝"存在弱工具变量"的原假设,一定程度上证明了本章所用工具变量的有效性。

表6-2 父母教育投入的估计函数

变量	(1)	(2)	(3)	(4)	(5)	(6)	(7)
	父母教育投入						
	年龄组:2	年龄组:4	年龄组:6	年龄组:8	年龄组:10	年龄组:12	年龄组:14
子女认知能力	0.061*** (0.011)	0.083** (0.031)	0.050** (0.022)	0.070*** (0.021)	0.015 (0.016)	-0.012 (0.022)	-0.020 (0.028)
子女非认知能力	0.025 (0.019)	-0.011 (0.012)	0.154*** (0.030)	0.166*** (0.031)	-0.033 (0.030)	-0.046* (0.023)	0.121** (0.051)
父母认知能力	0.094*** (0.018)	0.230*** (0.028)	-0.023 (0.028)	0.064** (0.023)	0.067** (0.025)	0.080** (0.034)	0.049 (0.036)
父母非认知能力	0.105*** (0.028)	0.048 (0.042)	0.022 (0.038)	-0.004 (0.022)	-0.039 (0.051)	0.098** (0.040)	-0.022 (0.046)
性别	0.059 (0.064)	0.013 (0.052)	0.153** (0.066)	0.052 (0.051)	-0.007 (0.050)	0.015 (0.050)	-0.113 (0.104)
子女数量	-0.180*** (0.038)	-0.298*** (0.027)	-0.057** (0.026)	0.017 (0.016)	0.029 (0.038)	-0.011 (0.033)	0.010 (0.051)
户口	-0.409*** (0.125)	-0.819*** (0.129)	-0.199* (0.114)	-0.244*** (0.083)	-0.223** (0.083)	0.030 (0.104)	-0.021 (0.118)
同一区县其他家庭父母的平均教育投入	0.648*** (0.076)	0.355*** (0.055)	0.814*** (0.061)	0.772*** (0.057)	0.786*** (0.079)	0.760*** (0.082)	0.500*** (0.065)
常数项	0.733*** (0.233)	1.709*** (0.238)	0.231 (0.150)	0.042 (0.132)	0.460** (0.172)	0.297 (0.187)	0.657*** (0.194)
弱工具变量检验的F值	60.60	40.87	182.24	188.47	105.31	93.60	52.98
样本量	2 824	3 687	1 404	3 158	2 598	2 497	1 633
R^2	0.163	0.198	0.190	0.245	0.160	0.132	0.056

注:***代表在1%水平下显著,**代表在5%水平下显著,*代表在10%水平下显著;括号内为bootstrap自助抽样100次后的稳健标准误。上表还控制了各年龄组不同样本分别对应的调查年份以及区县虚拟变量,限于篇幅未列出。

表6-2某种程度上也揭示了父母教育投入与子女和父母认知或非认知能力之间的线性关系。然而,考虑到这些变量之间还可能存在非线性关系,本小

节将基于二次函数形式运用数值模拟的方法进一步估计父母教育投入与其他主要变量的关系。为了便于讨论,下文划分了早期(童年时期:2岁、4岁、6岁、8岁年龄组)和晚期(青少年时期:10岁、12岁、14岁年龄组)两个阶段。具体做法如下,首先与图6-1保持一致,使用2岁、4岁年龄组认知能力和非认知能力的均值衡量子女初始认知能力和非认知能力水平①,其他变量分别取早晚期对应样本均值,从而估计出父母教育投入的二次函数方程。然后基于上述方程的影响系数,令子女与父母的认知能力和非认知能力在[-1,1]中取值,分别模拟子女初始认知能力和非认知能力以及父母认知能力和非认知能力与父母教育投入的关系。绘制结果如图6-2所示,限于篇幅,这里未列出具体数值。

图6-2(a)和图6-2(b)表明无论是童年时期还是青少年时期,较高水平的子女初始认知能力和非认知能力都对应较高的父母教育投入量。与图6-2(a)不同的是,图6-2(b)显示无论初始非认知能力水平高低,晚期父母教育投入都在子女高初始认知能力水平处达到较大值,反映了子女初始认知能力水平是晚期识别父母教育投入量的一个重要指标。图6-2(c)和图6-2(d)展现了早晚期父母教育投入与父母认知能力和非认知能力之间的关系,观察发现无论子女处于童年时期还是青少年时期,父母认知能力和非认知能力水平高的子女都对应较高的父母教育投入量;相反,父母认知能力和非认知能力水平低的子女对应较低的父母教育投入量。此外,图6-2(c)和图6-2(d)还表明无论父母认知能力水平高低,只要父母非认知能力水平高的子女就会对应较高的父母教育投入量。这说明父母非认知能力是早晚期识别父母教育投入量的另一个重要指标。总体而言,这些结论与表6-2所得结论基本类似。

二、父母教育投入对于各年龄组子女人力资本发展的影响

基于式(6-5),表6-3描述了子女认知能力随时间推移的动态发展过程,

---

① 由于样本年龄组划分成了两个阶段,而子女认知能力和非认知能力水平又会随着时间推移发生改变,因此这里讨论的是子女初始认知能力和非认知能力水平与父母教育投入之间的关系。但是,本书在实际操作中也尝试使用了各阶段子女认知能力和非认知能力水平的均值进行估计,所得结论与原文基本一致,限于篇幅不再列出。

从而可以识别父母教育投入对于各年龄组子女认知能力发展的非线性影响。表6-3和表6-4都是考虑了父母教育投入内生性的估计结果,即将父母教育投入函数的残差项纳入人力资本生产函数。另外,附表6-9和附表6-10也汇报了将父母教育投入视为外生变量的估计结果。

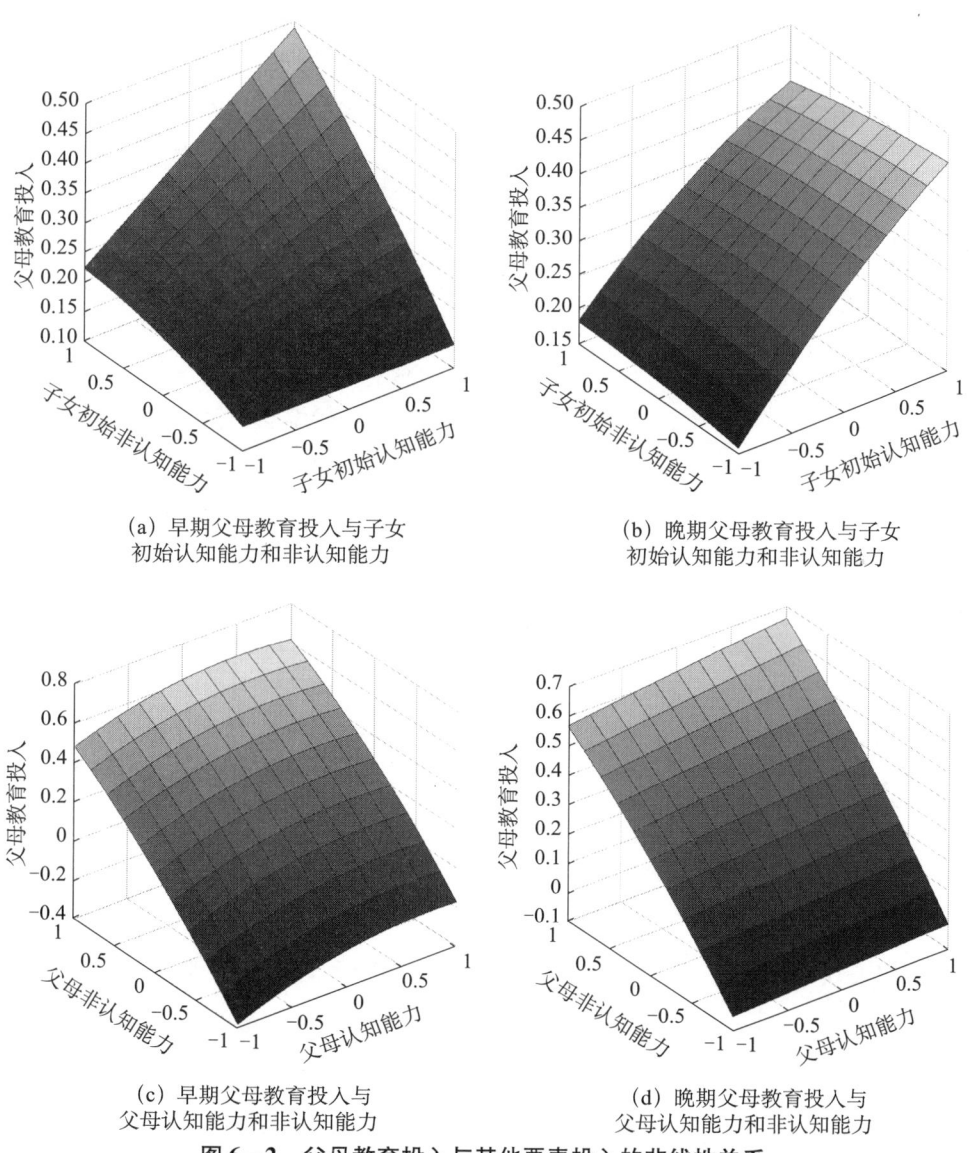

(a) 早期父母教育投入与子女
初始认知能力和非认知能力

(b) 晚期父母教育投入与子女
初始认知能力和非认知能力

(c) 早期父母教育投入与
父母认知能力和非认知能力

(d) 晚期父母教育投入与
父母认知能力和非认知能力

图6-2 父母教育投入与其他要素投入的非线性关系

家庭教育对子女人力资本发展的影响研究

表 6-3 子女认知能力的 CES 生产函数

变量	(1)	(2)	(3)	(4)	(5)	(6)	(7)
	$t+1$ 期子女认知能力						
	年龄组:4	年龄组:6	年龄组:8	年龄组:10	年龄组:12	年龄组:14	年龄组:16
t 期子女认知能力	0.302***	0.182***	0.376***	0.130***	0.208***	0.246***	0.175***
	(0.029)	(0.033)	(0.038)	(0.026)	(0.027)	(0.030)	(0.043)
t 期子女非认知能力	0.042*	0.139***	0.097***	0.135***	0.153***	0.120***	0.175***
	(0.024)	(0.035)	(0.037)	(0.033)	(0.027)	(0.030)	(0.053)
t 期父母教育投入	0.415***	0.341***	0.322***	0.259***	0.268***	0.307***	0.234***
	(0.035)	(0.052)	(0.057)	(0.050)	(0.038)	(0.041)	(0.059)
父母认知能力	0.120***	0.208***	0.144***	0.333***	0.287***	0.239***	0.233***
	(0.024)	(0.040)	(0.042)	(0.033)	(0.033)	(0.039)	(0.056)
父母非认知能力	0.122***	0.131***	0.061	0.143***	0.084***	0.088**	0.184***
	(0.020)	(0.034)	(0.045)	(0.031)	(0.032)	(0.035)	(0.059)
父母教育投入残差项	-0.182***	-0.138***	-0.197***	-0.085***	-0.131***	-0.150***	-0.171***
	(0.022)	(0.035)	(0.031)	(0.027)	(0.023)	(0.023)	(0.031)
全要素生产率	-0.240***	-0.016	-0.205**	0.379***	0.005	-0.072	-0.279**
	(0.069)	(0.103)	(0.100)	(0.084)	(0.082)	(0.076)	(0.114)
ρ	0.244**	0.281*	0.358*	-0.082	-0.142	-0.536***	-1.610***
	(0.104)	(0.153)	(0.193)	(0.146)	(0.132)	(0.152)	(0.336)
替代弹性	1.323	1.391	1.558	0.924	0.876	0.651	0.383
样本量	2 686	1 199	973	1 649	1 436	1 410	799

注:***代表在1%水平下显著,**代表在5%水平下显著,*代表在10%水平下显著;括号内为bootstrap自助抽样100次后的稳健标准误。上表还控制了各年龄组不同样本分别对应的调查年份、区县虚拟变量,以及性别、户口、子女数量等人口特征,限于篇幅未列出。

如表6-3所示,t 期子女认知能力和非认知能力对于 $t+1$ 期子女认知能力都有显著正向影响,而且观察10岁、16岁年龄组发现,子女非认知能力带来的交叉效应并不亚于认知能力的自身效应[①]。具体而言,10岁年龄组子女的认知能力受到上一时期非认知能力的影响效应为0.135($p<0.01$),16岁年龄组的

---

① 交叉效应和自身效应都属于自我生产效应,具体定义请参见第三章。

认知能力受到上一时期非认知能力的影响效应为 0.175（p<0.01），均高于或等于同年龄组子女当期的认知能力受到上一时期认知能力的影响效应。父母认知能力对于各年龄组子女认知能力都具有显著正向影响，反映了认知能力的代际传递作用。需要关注的是，与童年时期（4 岁、6 岁、8 岁年龄组）相比，这种传递性在青少年时期（10 岁、12 岁、14 岁、16 岁年龄组）表现得更强，侧面说明处于弱势背景（例如，父母认知能力水平较低）的子女在青少年时期难以通过外部干预措施实现认知能力的提升。除了 8 岁年龄组，父母非认知能力也促进了各年龄组子女认知能力水平的提高。对于本章重点关注的父母教育投入而言，父母教育投入对 4 岁年龄组子女认知能力的影响效应最大，影响系数为 0.415（p<0.01），且远远高于其他要素投入带来的影响效应。与认知能力的代际传递效应相反，父母教育投入为子女童年时期带来的积极效应高于其青少年时期。这与已有文献（Cunha et al.，2010；Attanasio et al.，2020a）得到的结论一致。同时，父母教育投入残差项的系数显著为负，在这种情况下，父母教育投入的增加可能对子女认知能力发展遭受的负面冲击起到补偿作用（Attanasio et al.，2020a）。忽略这一点将会低估父母教育投入对子女人力资本发展的影响，如附表 6-9 所示，与表 6-3 相比，各年龄组父母教育投入的影响系数都较低。此外，童年时期计算得出的替代弹性都大于 1，说明各要素投入之间存在替代性；而青少年时期的替代弹性都小于 1，说明各要素投入之间存在互补关系，即某些要素投入的增加不仅有利于下一时期人力资本的发展，还会促进其他要素投入的生产效率。上述现象意味着童年时期更容易通过干预措施来提升弱势儿童的认知能力；但是对于青少年时期而言，如果上一阶段的认知能力水平较低，将难以通过日后其他要素投入的增加进行补偿。

表 6-4 子女非认知能力的 CES 生产函数

变量	(1)	(2)	(3)	(4)	(5)	(6)	(7)
	$t+1$ 期子女非认知能力						
	年龄组:4	年龄组:6	年龄组:8	年龄组:10	年龄组:12	年龄组:14	年龄组:16
t 期子女认知能力	0.018 (0.019)	0.171*** (0.023)	0.065* (0.033)	0.128*** (0.024)	0.044** (0.018)	0.091*** (0.027)	0.066** (0.032)

(续表)

变量	(1)	(2)	(3)	(4)	(5)	(6)	(7)
	\multicolumn{7}{c}{t+1期子女非认知能力}						
	年龄组:4	年龄组:6	年龄组:8	年龄组:10	年龄组:12	年龄组:14	年龄组:16
t期子女非认知能力	0.272*** (0.023)	0.163*** (0.024)	0.346*** (0.036)	0.104*** (0.027)	0.356*** (0.030)	0.352*** (0.028)	0.391*** (0.041)
t期父母教育投入	0.499*** (0.033)	0.445*** (0.038)	0.454*** (0.054)	0.407*** (0.041)	0.444*** (0.040)	0.376*** (0.037)	0.275*** (0.046)
父母认知能力	0.078*** (0.023)	−0.000 (0.028)	−0.065* (0.038)	0.200*** (0.028)	0.022 (0.029)	0.026 (0.034)	0.048 (0.038)
父母非认知能力	0.134*** (0.023)	0.221*** (0.026)	0.201*** (0.046)	0.161*** (0.027)	0.134*** (0.041)	0.155*** (0.034)	0.221*** (0.044)
父母教育投入残差项	−0.267*** (0.020)	−0.255*** (0.026)	−0.259*** (0.032)	−0.185*** (0.024)	−0.244*** (0.021)	−0.179*** (0.021)	−0.162*** (0.026)
全要素生产率	−0.332*** (0.059)	−0.622*** (0.078)	−0.264*** (0.092)	−0.068 (0.070)	−0.309*** (0.066)	−0.626*** (0.074)	−0.329*** (0.098)
ρ	0.153 (0.097)	0.445*** (0.112)	0.345** (0.140)	0.059 (0.129)	−0.003 (0.169)	−0.244* (0.148)	−0.230 (0.203)
替代弹性	1.181	1.802	1.527	1.063	0.997	0.804	0.813
样本量	2 791	2 418	975	1 866	1 639	1 573	842

注:***代表在1%水平下显著,**代表在5%水平下显著,*代表在10%水平下显著;括号内为bootstrap自助抽样100次后的稳健标准误。上表还控制了各年龄组不同样本分别对应的调查年份、区县虚拟变量,以及性别、户口、子女数量等人口特征,限于篇幅未列出。

表6-4展现了子女非认知能力动态形成的CES生产函数,用来识别父母教育投入对于各年龄组子女非认知能力发展的非线性影响。如表6-4所示,除了个别年龄组,t期子女认知能力和非认知能力对于$t+1$期非认知能力发展的影响效应显著为正。其中,多数年龄组的子女非认知能力的自身效应高于认知能力的交叉效应。例如16岁年龄组子女的非认知能力受到基期非认知能力的影响效应为0.391($p<0.01$),受到基期认知能力的影响效应仅为0.066($p<0.05$)。对于父母认知能力而言,除了个别年龄组(4岁、10岁),追踪时期父母认知能力对于下一期子女非认知能力都没有显著正向影响;而父母非认知能力

对于子女非认知能力的影响效应在各个年龄组都显著为正,一定程度上体现了非认知能力也具有代际传递效应。与上文子女认知能力生产函数类似,父母教育投入对 4 岁年龄组子女的非认知能力影响较大,影响系数接近 0.5 且在 1%水平下显著。与表 6-3 所不同的是,对于子女非认知能力而言,各年龄组父母教育投入与其他要素投入相比的影响系数几乎都最大。这表明,在子女非认知能力发展过程中,父母教育投入具有极其重要的作用。与认知能力生产函数相比,表 6-4 各年龄组要素投入替代弹性几乎都在 1 左右,意味着无论是童年时期还是青少年时期,非认知能力的差距都比较容易通过其他要素投入予以缩小。换言之,早期和晚期的干预对于非认知能力的发展都至关重要。

三、不同时期的父母教育投入对子女人力资本发展的影响

上文已经探讨了父母教育投入在子女认知能力和非认知能力动态发展中的作用效果,接下来本小节将考察不同时期父母教育投入对子女人力资本发展的影响。这里主要选取了 10 岁和 16 岁两个比较有代表性的年龄组进行讨论。原因如下:截至笔者写作期间,CFPS 历经五轮近 8 年的调查,因此同一样本在不同年份调查中的最大年龄间隔为 8。选用 10 岁年龄组可以获取该样本在 2 岁、4 岁、6 岁、8 岁时的父母教育投入,反映了儿童时期不同阶段的父母教育投入对于儿童人力资本发展的影响。同理,选用 16 岁年龄组可以获取该样本分别在 8 岁、10 岁、12 岁、14 岁时的父母教育投入,反映了童年晚期不同阶段的父母教育投入对于青少年人力资本发展的影响。

表 6-5 展示了不同时期父母教育投入分别加入子女认知能力和非认知能力生产函数的部分估计结果[①]。遵循上文设定,本小节也代入父母教育投入函数的残差项从而解决可能存在的内生性问题。限于篇幅,没有逐一列出不同时期父母教育投入函数的系数估计值。这里需要说明的是,本章在实际操作时也考虑过将不同时期父母教育投入同时纳入人力资本的生产函数,然而 CFPS 的许多样本并没有完整地参与五轮调查,这意味着完全获取各个时期的父母教育投入具有很大难度。此时由于大量缺失值的存在导致最终样本量非常小(低于 50),受数据所限获得的影响系数并没有代表性。因此这里将不再讨论所有时

---

① 附表 6-11 和附表 6-12 较为详细地汇报了不同时期父母教育投入影响子女认知能力和非认知能力的回归结果。

期父母教育投入同时纳入人力资本生产函数的结果。

观察发现,无论对于哪个年龄组而言,除了当期父母教育投入,更早时期的父母教育投入也会对晚期子女认知能力和非认知能力有显著正向作用,且影响系数更大。例如,2 岁年龄组父母教育投入对 10 岁年龄组子女认知能力的影响系数为 0.596 且在 1% 水平下显著,远高于 8 岁年龄组父母教育投入带来的系数效应 0.259($p<0.01$)。10 岁年龄组父母教育投入对 16 岁年龄组子女认知能力的影响系数为 0.437($p<0.01$),也高于 14 岁年龄组父母教育投入的影响系数 0.234($p<0.01$)。

不同时期父母教育投入对子女非认知能力的影响也呈现了类似结果。对于 10 岁年龄组子女非认知能力而言,6 岁年龄组父母教育投入的影响系数为 0.522($p<0.01$),高于 8 岁年龄组的 0.407($p<0.01$)。同样,对于 16 岁年龄组子女而言,在 8 岁年龄组获得的父母教育投入对其非认知能力的影响系数为 0.429($p<0.01$),高于 14 岁年龄组父母教育投入带来的影响系数 0.275($p<0.01$)。上述结果表明,虽然当期父母教育投入对于下一期子女人力资本发展具有相当大的影响,但是更早时期的父母教育投入发挥了更重要的作用。因此,本章拓展分析中将进一步研究特定年龄组持续增加父母教育投入对子女认知能力和非认知能力产生的巨大影响。

表 6-5 不同时期父母教育投入带来的影响

变量		父母教育投入						
		年龄组:2	年龄组:4	年龄组:6	年龄组:8	年龄组:10	年龄组:12	年龄组:14
子女认知能力	年龄组:10	0.596*** (0.085)	0.311*** (0.064)	0.414*** (0.072)	0.259*** (0.050)			
	年龄组:16				0.411*** (0.079)	0.437*** (0.099)	0.330*** (0.048)	0.234*** (0.059)
子女非认知能力	年龄组:10	0.416*** (0.110)	0.367*** (0.052)	0.522*** (0.062)	0.407*** (0.041)			
	年龄组:16				0.429*** (0.095)	0.354*** (0.055)	0.414*** (0.044)	0.275*** (0.046)

注:***代表在 1% 水平下显著,**代表在 5% 水平下显著,*代表在 10% 水平下显著;括号内为 bootstrap 自助抽样 100 次后的稳健标准误。上表还控制了各年龄组不同样本分别对应的调查年份以及区县虚拟变量;上一期子女认知能力和非认知能力、父母认知能力和非认知能力等其他投入要素;性别、户口、子女数量等人口特征以及考虑内生性之后父母教育投入函数的残差项;限于篇幅未列出。

第三节 稳健性检验

接下来本节将运用"划分父母教育投入的衡量方式""使用其他工具变量""变换 CES 生产函数形式""分样本估计人力资本生产函数"一系列方法对上述结果进行稳健性检验。

一、划分父母教育投入的衡量方式

在运用相关测量指标构建父母教育投入变量时,附表 6-3 显示不同年份 CFPS 少儿问卷的题项存在差异。虽然各年龄组父母教育投入对应的衡量指标并不一致,但是包含的类别相似:一类是和时间有关的教育投入;另一类是和金钱有关的教育投入。本小节将进一步区分这两类父母教育投入对子女人力资本发展的影响,估计结果如表 6-6 所示。限于篇幅,这里只展示了 4 岁、10 岁、16 岁三个年龄组的结果。

表 6-6 稳健性检验:划分父母教育投入(子女人力资本生产函数)

变量	(1)	(2)	(3)	(4)	(5)	(6)
	$t+1$ 期子女认知能力			$t+1$ 期子女非认知能力		
	年龄组:4	年龄组:10	年龄组:16	年龄组:4	年龄组:10	年龄组:16
	Panel A:以父母的时间投入衡量教育投入					
t 期子女认知能力	0.245*** (0.021)	0.110*** (0.022)	0.200*** (0.037)	-0.034** (0.015)	0.095*** (0.022)	0.023 (0.031)
t 期子女非认知能力	-0.024 (0.022)	0.042* (0.024)	0.127*** (0.039)	0.271*** (0.022)	0.029 (0.024)	0.402*** (0.038)
t 期父母教育投入	0.596*** (0.034)	0.547*** (0.068)	0.273*** (0.048)	0.582*** (0.032)	0.620*** (0.060)	0.348*** (0.048)
父母认知能力	0.080*** (0.022)	0.239*** (0.037)	0.253*** (0.045)	0.077*** (0.020)	0.167*** (0.032)	0.037 (0.039)
父母非认知能力	0.103*** (0.024)	0.062*** (0.020)	0.147*** (0.051)	0.104*** (0.026)	0.088*** (0.025)	0.191*** (0.042)

(续表)

变量	(1)	(2)	(3)	(4)	(5)	(6)
	$t+1$ 期子女认知能力			$t+1$ 期子女非认知能力		
	年龄组:4	年龄组:10	年龄组:16	年龄组:4	年龄组:10	年龄组:16
样本量	3 362	2 103	1 167	3 554	2 367	1 266
Panel B:以父母的金钱投入衡量教育投入						
t 期子女认知能力	0.202*** (0.044)	0.124*** (0.027)	0.236*** (0.040)	-0.031** (0.014)	0.109*** (0.023)	0.036 (0.034)
t 期子女非认知能力	-0.004 (0.023)	0.188*** (0.031)	0.214*** (0.039)	0.188*** (0.033)	0.188*** (0.026)	0.405*** (0.034)
t 期父母教育投入	0.714*** (0.048)	0.250*** (0.044)	0.140*** (0.045)	0.785*** (0.039)	0.439*** (0.039)	0.294*** (0.044)
父母认知能力	0.076*** (0.023)	0.322*** (0.032)	0.206*** (0.048)	0.040** (0.018)	0.156*** (0.025)	0.021 (0.043)
父母非认知能力	0.012 (0.022)	0.117*** (0.025)	0.204*** (0.049)	0.017 (0.019)	0.108*** (0.020)	0.245*** (0.039)
样本量	2 686	1 660	875	2 791	1 878	920

注:***代表在1%水平下显著,**代表在5%水平下显著,*代表在10%水平下显著;括号内为bootstrap自助抽样100次后的稳健标准误。上表还控制了各年龄组不同样本分别对应的调查年份以及区县虚拟变量;性别、户口、子女数量等人口特征以及考虑内生性之后父母教育投入函数的残差项;限于篇幅未列出。

对于子女人力资本发展的生产函数而言,如果以父母的时间投入衡量教育投入,与子女青少年时期相比,父母时间投入对4岁、10岁年龄组子女认知能力和非认知能力都产生了更大的作用效果。其中,4岁年龄组子女认知能力受到上一期父母时间投入影响的系数为 0.596($p<0.01$),高于16岁年龄组子女认知能力受到上一期父母时间投入影响的系数 0.273($p<0.01$)。对于非认知能力而言,父母时间投入对10岁年龄组子女的影响系数为 0.620($p<0.01$),也高于对16岁年龄组子女的影响系数 0.348($p<0.01$)。以教育支出衡量的父母金钱投入同样表现出对于儿童时期子女认知能力和非认知能力存在较大的正向影响;而且与子女认知能力相比,各年龄组子女非认知能力因父母金钱投入增加获得的正向影响更大。具体而言,父母金钱投入对16岁年龄组子女认知能力的影响系数仅为 0.140($p<0.01$),低于对子女非认知能力的影响系数 0.294($p<0.01$);而对于4岁年龄

组而言,父母金钱投入对子女认知能力的影响系数为 0.714(p<0.01),对子女非认知能力的影响系数高达 0.785(p<0.01)。一方面,上述结果再次表明父母教育投入对童年时期子女人力资本发展尤其是非认知能力的重要性,即原结论具有稳健性。另一方面,比较两种类型的父母教育投入系数可以发现,对于儿童早期认知能力和非认知能力而言,父母金钱投入带来的影响更大;对于青少年时期人力资本发展而言,父母时间投入发挥了更重要的作用。

表 6-7 展现了划分父母教育投入类型后,不同时期父母教育投入对子女人力资本发展的影响。首先,与上文结论保持一致,无论以哪种类型衡量父母教育投入变量,更早时期的父母教育投入同样对于晚期子女认知能力和非认知能力发展带来重要作用,而且影响系数的大小不亚于上一期父母教育投入。其次,对于 16 岁年龄组子女而言,青少年时期不同阶段获得的父母时间投入对其认知能力和非认知能力的影响大于父母金钱投入所带来的影响。相反,对于 10 岁年龄组子女认知能力和非认知能力而言,儿童时期不同阶段父母时间投入发挥的作用要小于父母金钱投入。结合上文所得结论以及现实直观感受,可能的解释如下:一方面,中国父母在子女成长的过程中对其金钱投入越来越多,与童年时期相比,青少年获得的教育支出普遍呈现较高水平[①]。另一方面,伴随着子女的不断升学,孩子在校时间越来越长,相应的亲子相处时间逐渐缩短。因此,如果父母在子女的童年时期额外付出更多的教育费用、在其青少年时期投入更多的时间,或许能为子女人力资本发展带来更大的效用。

表 6-7 稳健性检验:划分父母教育投入(不同时期父母教育投入的影响)

变量		Panel A:以父母的时间投入衡量教育投入						
		年龄组:2	年龄组:4	年龄组:6	年龄组:8	年龄组:10	年龄组:12	年龄组:14
子女认知能力	年龄组:10	0.672*** (0.090)	0.265*** (0.058)	0.423*** (0.068)	0.547*** (0.068)			
	年龄组:16				0.447*** (0.081)	0.420*** (0.101)	0.318*** (0.046)	0.273*** (0.048)

---

① 如附表 6-3 所示,14 岁年龄组子女获得的全年教育总支出的样本均值高达 3 555.34 元,远高于 2 岁年龄组的样本均值 184.37 元。

家庭教育对子女人力资本发展的影响研究

(续表)

变量		Panel A：以父母的时间投入衡量教育投入						
		年龄组:2	年龄组:4	年龄组:6	年龄组:8	年龄组:10	年龄组:12	年龄组:14
子女非认知能力	年龄组:10	0.449*** (0.105)	0.333*** (0.052)	0.547*** (0.063)	0.620*** (0.060)			
	年龄组:16			0.446*** (0.094)	0.354*** (0.054)	0.408*** (0.042)	0.348*** (0.048)	
		Panel B：以父母的金钱投入衡量教育投入						
子女认知能力	年龄组:10	0.713*** (0.084)	0.403*** (0.095)	0.181*** (0.049)	0.250*** (0.044)			
	年龄组:16			0.421*** (0.060)	0.180*** (0.068)	0.143*** (0.048)	0.140*** (0.045)	
子女非认知能力	年龄组:10	0.614*** (0.121)	0.489*** (0.078)	0.332*** (0.045)	0.439*** (0.039)			
	年龄组:16			0.443*** (0.075)	0.310*** (0.060)	0.279*** (0.046)	0.294*** (0.044)	

注：*** 代表在1%水平下显著，** 代表在5%水平下显著，* 代表在10%水平下显著；括号内为bootstrap自助抽样100次后的稳健标准误。上表还控制了各年龄组不同样本分别对应的调查年份以及区县虚拟变量；上一期子女认知能力和非认知能力、父母认知能力和非认知能力等其他投入要素；性别、户口、子女数量等人口特征以及考虑内生性之后父母教育投入函数的残差项；限于篇幅未列出。

二、使用其他工具变量

上文估计父母教育投入的控制函数时，主要采用了"同一区县其他家庭父母的平均教育投入"作为工具变量解决潜在的内生性问题。为了验证结果是否稳健，本小节在构造子女人力资本的 CES 生产函数之前，添加了其他两类工具变量来估计父母教育投入函数。一是宏观层面的地区经济环境，以社区问卷中"村/居经济状况"①题项来衡量。由于家庭教育可能会受到外部经济文化环境的影响，例如地区收入状况与父母养育孩子的模式紧密相连（Doepke & Zilibotti,2017；Doepke et al.,2019），但是外生的宏观变量很难对子女人力资本

---

① 参照已有研究设定（张勋等，2020），以"村/居经济状况"衡量地区宏观经济特征。该指标源自访员观察，取值范围为1—7（1＝很穷；7＝很富），并按照调查年份标准化为均值为0、标准差为1的数值。

第六章 家庭教育与子女人力资本的动态形成——基于CES生产函数的研究

发展带来直接效应。二是父母童年生活经历,以成人问卷中"3岁以前不与父母一起居住的连续时间""4—12岁时不与父母一起居住的连续时间"①来衡量。童年生活经历也会影响为人父母后对子女的教育投入和教养方式(Simons et al.,1993),例如童年时期遭受暴力事件,成年后更有可能虐待子女(Jaffee et al.,2013);而且接触暴力会造成情感抽离,阻碍自己与子女之间的互动(Attanasio et al.,2020b)。但是父母童年时期的经历并不会直接影响当前子女的人力资本水平,符合工具变量外生性的特点。

表6-8展现了使用其他多个工具变量的回归结果,限于篇幅,仅列出4岁、10岁、16岁年龄组人力资本生产函数各要素投入的影响系数。观察发现,当期父母教育投入依旧显著促进下一期子女认知能力和非认知能力的发展,而且这种影响效应在儿童早期更高。具体而言,父母教育投入对于4岁年龄组子女认知能力的影响系数为0.292,对于非认知能力的影响系数为0.493,且都在1%水平下显著。这种影响效应随着年龄的增长而逐渐减小,表现为父母教育投入对于16岁年龄组子女认知能力和非认知能力的影响系数分别降低到0.226($p<0.01$)和0.281($p<0.01$)。这与上文结论基本一致,体现了父母教育投入对于子女早期人力资本发展更加重要。

表6-8 稳健性检验:使用其他工具变量

变量	(1)	(2)	(3)	(4)	(5)	(6)
	$t+1$期子女认知能力			$t+1$期子女非认知能力		
	年龄组:4	年龄组:10	年龄组:16	年龄组:4	年龄组:10	年龄组:16
t期子女认知能力	0.437*** (0.045)	0.129*** (0.028)	0.172*** (0.046)	0.021 (0.020)	0.128*** (0.024)	0.064** (0.032)
t期子女非认知能力	0.039 (0.031)	0.131*** (0.035)	0.183*** (0.057)	0.274*** (0.023)	0.101*** (0.027)	0.387*** (0.041)
t期父母教育投入	0.292*** (0.039)	0.269*** (0.056)	0.226*** (0.062)	0.493*** (0.033)	0.412*** (0.041)	0.281*** (0.046)

---

① 具体而言,本书以父亲和母亲"3岁以前不与父母(即子女的祖辈)一起居住的连续时间"的均值、父亲和母亲"4—12岁时不与父母(即子女的祖辈)一起居住的连续时间"的均值衡量父母童年生活经历,并按照调查年份标准化为均值为0、标准差为1的数值。

（续表）

变量	(1)	(2)	(3)	(4)	(5)	(6)
	t+1 期子女认知能力			t+1 期子女非认知能力		
	年龄组:4	年龄组:10	年龄组:16	年龄组:4	年龄组:10	年龄组:16
父母认知能力	0.120***	0.330***	0.247***	0.075***	0.199***	0.046
	(0.025)	(0.036)	(0.061)	(0.023)	(0.028)	(0.037)
父母非认知能力	0.112***	0.141***	0.172***	0.137***	0.160***	0.221***
	(0.022)	(0.033)	(0.061)	(0.023)	(0.027)	(0.044)
ρ	0.202	0.09	0.271	0.134	−0.064	−0.778***
	(0.154)	(0.159)	(0.378)	(0.097)	(0.130)	(0.203)
替代弹性	1.253	1.099	1.372	1.155	0.940	0.562
样本量	1 960	1 443	750	2 790	1 866	841

注：*** 代表在 1% 水平下显著，** 代表在 5% 水平下显著，* 代表在 10% 水平下显著；括号内为 bootstrap 自助抽样 100 次后的稳健标准误。上表还控制了各年龄组不同样本分别对应的调查年份以及区县虚拟变量；性别、户口、子女数量等人口特征以及考虑内生性之后父母教育投入函数的残差项；限于篇幅未列出。

三、变换 CES 生产函数形式

CES 生产函数中不同投入要素的灵活组合可能会导致不同的结果（刘成奎等，2019）。本小节首先设定人力资本的初始水平由一个简单的 CES 生产函数来表示（由 t 期认知能力和非认知能力构建而成），然后嵌套在另一个 CES 生产函数中，即 $t+1$ 期人力资本发展是 t 期儿童人力资本水平、父母教育投入以及父母认知能力和非认知能力的函数。基于式（6-2）和式（6-3），嵌套 CES 生产函数可表示为如下形式：

$$\theta_{k,t+1} = e^{\gamma_{k,0,t}+\gamma_{k,X,t}X_t+\varepsilon_{k,t}} \{\alpha_{k,t,1}[\delta_{k,t,1}\theta_{C,t}^{\rho_{skills,k,t}} + (1-\delta_{k,t,1})\theta_{N,t}^{\rho_{skills,k,t}}]^{\frac{\rho_{k,t}}{\rho_{skills,k,t}}} + \alpha_{k,t,2}PI_t^{\rho_{k,t}} + \alpha_{k,t,3}\theta_{C,P}^{\rho_{k,t}} + \alpha_{k,t,4}\theta_{N,P}^{\rho_{k,t}}\}^{\frac{1}{\rho_{k,t}}} \quad (6-7)$$

式（6-7）中，$[\delta_{k,t,1}\theta_{C,t}^{\rho_{skills,k,t}} + (1-\delta_{k,t,1})\theta_{N,t}^{\rho_{skills,k,t}}]^{\frac{1}{\rho_{skills,k,t}}}$ 可视作第一级 CES 生产函数，与父母教育投入 $PI_t^{\rho_{k,t}}$、父母认知能力 $\theta_{C,P}^{\rho_{k,t}}$、父母非认知能力 $\theta_{N,P}^{\rho_{k,t}}$ 共同构成第二级 CES 生产函数。嵌套 CES 生产函数可以用来检验子女人力资本发展的过程中是否存在认知能力和非认知能力之间的替代或互补。

表6-9展现了基于式(6-7)的估计结果,限于篇幅,仅列出4岁、10岁、16岁年龄组人力资本生产函数各要素投入的影响系数。首先,无论对于认知能力还是非认知能力而言,儿童早期能力形成的自身效应远远高于交叉效应。以认知能力为例,2岁年龄组子女认知能力对于4岁认知能力的影响系数高达0.724($p<0.01$),而非认知能力带来的影响系数仅为0.276($p<0.01$)。其次,认知或非认知能力对于下一期人力资本发展的影响系数在各年龄组之间的相对大小与表6-3和表6-4的结果相似。相比4岁年龄组,父母认知能力和非认知能力分别对于较高年龄组子女认知能力和非认知能力的影响系数都更高,再次体现青少年时期能力的代际传递性更强。最后,父母教育投入依旧对子女认知能力和非认知能力的发展存在显著正向作用。这种影响效应在儿童早期较大,对于4岁年龄组子女认知能力的影响系数为0.414($p<0.01$),对于4岁年龄组子女非认知能力的影响系数为0.464($p<0.01$);随着年龄的增长而逐渐减小,对于16岁年龄组子女认知能力的影响系数为0.224($p<0.01$),对于16岁年龄组子女非认知能力的影响系数为0.273($p<0.01$),与上文结论基本一致,再次体现出父母教育投入对于子女儿童时期人力资本发展的重要性。此外,观察发现各年龄组嵌套替代弹性都小于1,说明子女认知能力和非认知能力在各个时期都呈现互补关系,协同促进下一阶段的人力资本发展。

表6-9 稳健性检验:变换CES生产函数形式

变量	(1)	(2)	(3)	(4)	(5)	(6)
	$t+1$期子女认知能力			$t+1$期子女非认知能力		
	年龄组:4	年龄组:10	年龄组:16	年龄组:4	年龄组:10	年龄组:16
t期子女认知能力	0.724*** (0.028)	0.564*** (0.022)	0.575*** (0.027)	0.329*** (0.017)	0.477*** (0.019)	0.320*** (0.019)
t期子女非认知能力	0.276*** (0.028)	0.436*** (0.022)	0.425*** (0.027)	0.671*** (0.017)	0.523*** (0.019)	0.680*** (0.019)
嵌套人力资本水平	0.349*** (0.025)	0.254*** (0.038)	0.382*** (0.066)	0.329*** (0.023)	0.234*** (0.032)	0.484*** (0.049)
t期父母教育投入	0.414*** (0.035)	0.266*** (0.048)	0.224*** (0.058)	0.464*** (0.032)	0.399*** (0.040)	0.273*** (0.046)

(续表)

变量	(1)	(2)	(3)	(4)	(5)	(6)
	$t+1$ 期子女认知能力			$t+1$ 期子女非认知能力		
	年龄组:4	年龄组:10	年龄组:16	年龄组:4	年龄组:10	年龄组:16
父母认知能力	0.117*** (0.024)	0.333*** (0.033)	0.212*** (0.054)	0.082*** (0.023)	0.206*** (0.028)	0.023 (0.034)
父母非认知能力	0.120*** (0.021)	0.147*** (0.032)	0.182*** (0.057)	0.126*** (0.022)	0.160*** (0.027)	0.220*** (0.044)
ρ	0.144 (0.109)	-0.018 (0.155)	-1.462*** (0.321)	0.005 (0.105)	0.077 (0.134)	-0.173 (0.222)
嵌套 ρ	-0.777*** (0.089)	-0.486*** (0.116)	-1.355*** (0.106)	-0.887*** (0.078)	-0.780*** (0.082)	-0.777*** (0.089)
替代弹性	1.168	0.982	0.406	1.005	1.083	0.853
嵌套替代弹性	0.563	0.673	0.425	0.530	0.562	0.563
样本量	2 686	1 649	799	2 791	1 866	842

注:*** 代表在1% 水平下显著,** 代表在5% 水平下显著,* 代表在10% 水平下显著;括号内为 bootstrap 自助抽样100 次后的稳健标准误。上表还控制了各年龄组不同样本分别对应的调查年份以及区县虚拟变量;性别、户口、子女数量等人口特征以及考虑内生性之后父母教育投入函数的残差项;限于篇幅未列出。

四、分样本估计人力资本生产函数

为了检验上述人力资本生产函数在不同群体特征中是否仍然稳健,本小节将分性别、户口、独生子女、父母认知或非认知能力水平、子女认知或非认知能力水平①估计人力资本生产函数,从而考察父母教育投入在不同群体中影响子女认知能力和非认知能力的差异性。限于篇幅,表6-10只列出了4岁、10岁、16岁三个年龄组人力资本生产函数的结果。

总体而言,除了非独生子女群体,父母教育投入对儿童早期人力资本发展的影响效应都最大。一是父母教育投入对于童年时期(4岁)认知能力和非认

---

① 基于各年龄组样本均值衡量子女认知或非认知能力的不同水平,高于均值代表"高子女认知能力水平"或"高子女非认知能力水平";低于均值则为"低子女认知能力水平"或"低子女非认知能力水平"。父母认知或非认知能力不同水平的衡量方式同上。

第六章　家庭教育与子女人力资本的动态形成——基于 CES 生产函数的研究

表 6-10　稳健性检验：分样本估计人力资本生产函数

变量	(1)	(2)	(3)	(4)	(5)	(6)	(7)	(8)	(9)	(10)	(11)	(12)
	t+1期子女认知能力						t+1期子女非认知能力					
	年龄组:4	年龄组:10	年龄组:16	年龄组:4	年龄组:10	年龄组:16	年龄组:4	年龄组:10	年龄组:16	年龄组:4	年龄组:10	年龄组:16
Panel A:分性别												
	女孩			男孩			女孩			男孩		
t期父母教育投入	0.450***	0.258***	0.352***	0.383***	0.261***	0.142**	0.528***	0.372***	0.328***	0.463***	0.445***	0.220***
	(0.050)	(0.070)	(0.094)	(0.048)	(0.073)	(0.069)	(0.045)	(0.064)	(0.058)	(0.047)	(0.055)	(0.076)
样本量	1 304	788	415	1 382	861	384	1 364	878	440	1 427	988	402
Panel B:分户口												
	城镇			农村			城镇			农村		
t期父母教育投入	0.408***	0.429***	0.309***	0.431***	0.201***	0.182***	0.469***	0.462***	0.347***	0.511***	0.387***	0.230***
	(0.073)	(0.101)	(0.087)	(0.041)	(0.058)	(0.058)	(0.060)	(0.091)	(0.058)	(0.040)	(0.046)	(0.053)
样本量	561	386	556	2 125	1 263	587	596	426	599	2 195	1 440	621
Panel C:分是否独生子女												
	独生子女			非独生子女			独生子女			非独生子女		
t期父母教育投入	0.441***	0.196**	0.201*	0.311***	0.306***	0.237***	0.476***	0.496***	0.283***	0.343***	0.391***	0.273***
	(0.040)	(0.093)	(0.110)	(0.035)	(0.058)	(0.071)	(0.036)	(0.083)	(0.092)	(0.065)	(0.047)	(0.054)
样本量	1 917	513	238	2 044	1 136	561	1 978	580	247	813	1 286	595
Panel D:子女认知能力的不同水平												
	高			低			高			低		
t期父母教育投入	0.245***	0.236***	0.240***	0.173**	0.112***	0.172***	−0.036	0.192***	0.112***	0.028	0.116***	0.054
	(0.053)	(0.068)	(0.059)	(0.068)	(0.029)	(0.047)	(0.027)	(0.058)	(0.041)	(0.025)	(0.026)	(0.034)
样本量	643	629	322	769	1 020	476	642	701	341	2 150	1 165	500

(续表)

变量	(1)	(2)	(3)	(4)	(5)	(6)	(7)	(8)	(9)	(10)	(11)	(12)
	\multicolumn{6}{c}{$t+1$期子女认知能力}				$t+1$期子女非认知能力			
	年龄组:4	年龄组:10	年龄组:16	年龄组:4	年龄组:10	年龄组:16	年龄组:4	年龄组:10	年龄组:16	年龄组:4	年龄组:10	年龄组:16
	高	高	高	低	低	低	高	高	高	低	低	低
	\multicolumn{12}{c}{Panel E: 子女认知能力的不同水平}
t期父母教育投入	0.058	0.026	0.158**	0.035	0.189***	0.153***	0.337***	0.128**	0.444***	0.257***	0.090***	0.399***
	(0.053)	(0.072)	(0.066)	(0.027)	(0.041)	(0.053)	(0.047)	(0.062)	(0.052)	(0.026)	(0.032)	(0.050)
样本量	648	836	388	2 039	813	410	662	938	413	2 130	928	428
	\multicolumn{12}{c}{Panel F: 父母认知能力的不同水平}
t期父母教育投入	0.408***	0.429***	0.309***	0.431***	0.201***	0.182***	0.469***	0.462***	0.347***	0.511***	0.387***	0.230***
	(0.073)	(0.101)	(0.087)	(0.041)	(0.058)	(0.058)	(0.060)	(0.091)	(0.058)	(0.040)	(0.046)	(0.053)
样本量	869	339	245	1 818	1 310	553	925	380	256	1 867	1 486	585
	\multicolumn{12}{c}{Panel G: 父母非认知能力的不同水平}
t期父母教育投入	0.135**	0.255***	0.172***	0.113***	0.342***	0.263***	0.026	0.067	−0.006	0.093***	0.239***	0.071
	(0.057)	(0.076)	(0.052)	(0.026)	(0.038)	(0.070)	(0.035)	(0.055)	(0.035)	(0.027)	(0.033)	(0.053)
样本量	848	351	285	1 839	1 298	513	900	402	297	1 892	1 464	544

注：*** 代表在1%水平下显著，** 代表在5%水平下显著，* 代表在10%水平下显著；括号内为bootstrap自助抽样100次后的稳健标准误。上表还控制了各年龄组不同样本所对应的调查年份以及区县虚拟变量；子女认知和非认知能力、父母认知和非认知能力等其他投入要素；性别、户口、子女数量等人口特征以及考虑内生性之后父母教育投入函数的残差项。限于篇幅未列出。

知能力的影响系数都高于青少年时期(16岁);二是父母教育投入的影响系数高于子女认知能力和非认知能力、父母认知能力和非认知能力等其他要素投入的影响系数①。这与上文估计结果基本一致,反映了本章结论的稳健性。

分性别来看,与女孩相比,父母教育投入对于10岁年龄组男孩的认知能力和非认知能力带来的影响大,系数分别为0.261($p<0.01$)和0.445($p<0.01$)。与男孩相比,父母教育投入对于女孩在儿童时期和青少年时期的认知能力和非认知能力有更高的影响系数。以认知能力为例,具体表现为父母教育投入对于4岁年龄组女孩认知能力的影响系数为0.450($p<0.01$),高于同年龄组男孩认知能力受到的影响系数0.383($p<0.01$)。同时,父母教育投入对于16岁年龄组女孩认知能力的影响系数为0.352($p<0.01$),远高于对同年龄组男孩的影响系数0.142($p<0.05$)。

分户口来看,父母教育投入对于农村子女童年时期人力资本发展的影响效应更大。具体而言,父母教育投入对于4岁年龄组农村子女认知能力的影响系数为0.431($p<0.01$),高于对同年龄组城镇子女的影响系数0.408($p<0.01$)。父母教育投入对于4岁年龄组农村子女非认知能力的影响系数为0.511($p<0.01$),同样高于对同年龄组城镇子女的影响系数0.469($p<0.01$)。这一定程度上说明了父母教育投入对于儿童时期农村子女人力资本发展的必要性。

分是否独生子女来看,父母教育投入对于青少年时期非独生子女的认知能力发展更有效。其中,父母教育投入对于10岁年龄组非独生子女认知能力的影响系数为0.306($p<0.01$),高于对同年龄组独生子女的影响系数0.196($p<0.05$)。同时,父母教育投入对于16岁年龄组非独生子女认知能力的影响系数也高于独生子女,前者为0.237($p<0.01$),后者为0.201($p<0.1$)。

对于子女或父母的不同能力水平而言,有以下几点发现:其一,与较高的子女能力水平相比,父母教育投入可能对于低能力水平子女的认知能力发展更有效;其二,与较高的父母认知能力水平相比,父母教育投入的增加对于那些处于较低父母认知能力水平背景下的子女童年时期认知能力和非认知能力的发展都发挥了更大作用;其三,与较高的父母非认知能力水平相比,父母教育

---

① 限于篇幅,未列出完整回归结果。

投入对于那些处于较低父母非认知能力水平背景下的子女青少年时期人力资本发展带来更显著的正向影响。

总之,人力资本生产函数的分样本估计结果显示,父母教育投入对于不同群体人力资本的影响存在异质性,如果依据上述结论在合适时间增加父母教育投入,那么某些年龄阶段的女孩、农村子女、非独生子女、能力水平低下子女的认知能力和非认知能力发展将受到深远影响。

第四节　拓展分析

上文基于 CES 生产函数估计了父母教育投入对子女认知能力和非认知能力发展的影响,以及不同时期父母教育投入分别带来的作用效果,并运用一系列方法验证了各要素投入系数的稳健性。本小节将从不同能力水平上父母教育投入的边际产出,增加父母教育投入的反事实模拟,父母教育投入对子女发展的长期影响,以及考虑父母教养方式的估计结果四个方面进一步验证家庭教育在子女人力资本动态形成中的重要地位。

一、不同能力水平上父母教育投入的边际产出

在讨论父母教育投入的边际产出之前,本小节首先运用上文估计出的人力资本生产函数绘制了子女认知能力和非认知能力的边际产出曲线。这里选取了2岁、8岁、14岁年龄组(对应的下一期认知或非认知能力分别是4岁、10岁和16岁年龄组)CES 生产函数的估计参数进行计算,其他投入要素取样本均值。图6-3 首先展示了 t 期认知能力(非认知能力)的不同水平对于 $t+1$ 期认知能力(非认知能力)的作用效果。限于篇幅,本小节没有报告各年龄组当期认知能力对下一期非认知能力的影响,以及当期非认知能力对下一期认知能力的影响。

图6-3(a)中,在当期认知能力的较低水平上,各年龄组认知能力的边际产出较高,但是随着当期认知能力水平的提升而骤然下降。整体而言,青少年时期(14岁)认知能力的边际产出远远低于童年早期(2岁)。这一结果表明,对于童年早期认知能力水平较低的孩子,这种弱势的持久性在人力资本发展过

程中将非常高,即早期认知能力处于弱势的群体在后期可能仍旧处于弱势,这与图6-1展现出的样本认知能力分布情况相似。此外,对于青少年时期认知能力水平较高的孩子,其他外部因素对他们认知能力的发展可能发挥了更大作用。图6-3(b)有关非认知能力的边际产出呈现类似变化。对于非认知能力水平高的孩子而言,当期非认知能力对于下一期非认知能力的边际产出很小;而在较低的非认知能力水平上则体现了较大的边际产出。此外,童年早期(2岁)非认知能力的边际产出与青年少时期(14岁)几乎相似,不同初始水平上每增加一单位非认知能力导致下一期非认知能力增加的产出基本相同。换言之,早晚期非认知能力在各初始水平上的自我生产效应并没有太大差异。

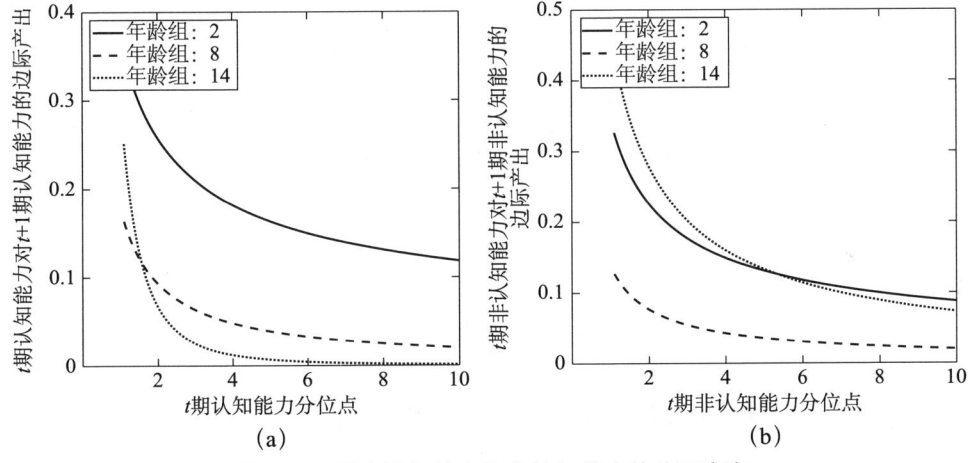

图6-3 子女认知能力和非认知能力的边际产出

图6-4绘制了父母教育投入的边际产出曲线,反映了父母教育投入的边际产出随着子女认知或非认知能力的变化而发生的改变。观察发现父母教育投入与子女认知或非认知能力之间存在互补性,且对于童年早期(2岁)的子女而言尤为明显。这表明父母教育投入对子女早期人力资本发展带来的影响更大。具体而言,2岁年龄组时期的父母教育投入对子女认知或非认知能力的边际产出尤其高,并且随着能力水平的提升而逐渐提高。这意味着对于早期认知或非认知能力水平较高的儿童进行教育投入将更有成效。相反,青少年时期的人力资本弱势(尤其是低认知能力水平的情况)很难通过教育投入的增加来弥补。这也符合已有学者通过干预实验得出的结论,即生命周期早期是父母教育

投入效率相对较高的敏感时期(Kautz et al.,2014),初始能力水平越高的孩子获得的父母教育投入的回报就越大。因此,如何尽早识别初始能力处于弱势的孩子并采取相应措施进行预防将是未来实施干预的重点。此外,图6-4(a)显示较年长时期(8岁、14岁)的子女认知能力与父母教育投入之间没有很强的互补性,各认知能力水平上父母教育投入的边际产出几乎没有变化。而图6-4(b)表明除了童年早期(2岁),父母教育投入对较年长时期子女非认知能力的边际产出也很高,再次印证了父母教育投入对青少年时期子女非认知能力的发展同样重要。

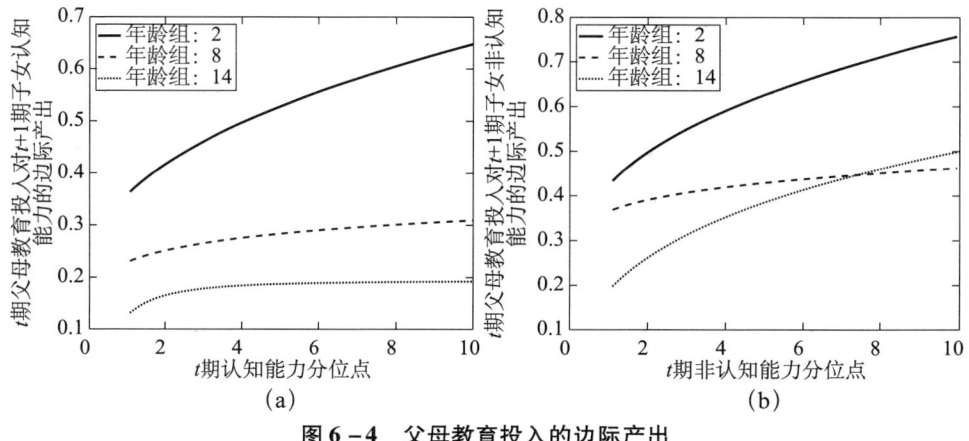

图6-4 父母教育投入的边际产出

二、增加父母教育投入的反事实模拟

上文表明更早时期的父母教育投入也会对青少年时期特定年龄组子女的人力资本发展产生重要作用。因此,本小节接下来将进一步验证各年龄组通过干预增加父母教育投入能否对子女人力资本发展带来良好的效果。基于CES生产函数的估计参数,图6-5展现了特定年龄组分别强化父母教育投入这一外生冲击时的反事实模拟。其中,发生冲击时父母教育投入分别设定为各年龄组前10%水平,其他投入要素则取对应年龄组的样本均值。每幅图报告了各年龄组当期增加父母教育投入之后由CES生产函数预测的认知或非认知能力的变化,这一结果是由各年龄组要素投入系数以及要素投入量的组合共同驱动的。

观察图 6-5 发现,首先,增加父母教育投入这一正向冲击给子女非认知能力带来的增幅高于认知能力。这与已有文献所得结论类似,当儿童时期教育投入发生变化时,非认知能力往往比认知能力更容易塑造(Heckman et al.,2013)。其次,分年龄组来看,图 6-5(a)显示 2 岁时增加父母教育投入对子女认知能力和非认知能力的影响最大且最为深远:不仅会使子女 4 岁时的认知能力水平与真实值相比提高约 70%,非认知能力水平提高超过 80%;而且这种影响将一直持续到 12 岁左右。最后,虽然在其他年龄组增加父母教育投入也具备良好的效果,但是子女认知能力和非认知能力的增幅都小于儿童早期(2 岁)增加父母教育投入所带来的影响,并且这种影响随着发生冲击时年龄组的增大而逐渐减小。具体而言,图 6-5(b)显示 4 岁时增加父母教育投入使子女 6 岁时的认知能力水平与原值相比提高约 40%,非认知能力水平提高约 60%。图 6-5(g)显示等到 14 岁时,增加父母教育投入使子女 16 岁时的非认知能力水平提高不到 20%,认知能力的增幅也在 10% 以下。

此外,随着时间推移,子女的认知能力和非认知能力会发生变化,即使是非常成功的干预也将面临能力衰退的现象(Attanasio et al.,2020a)。这意味着旨在改善人力资本发展的投入需要持续和跟进。图 6-5(h)展现了 2 岁、4 岁、6 岁、8 岁年龄组连续增加父母教育投入时带来的效果,不仅使得 4 岁、6 岁、8 岁年龄组认知能力的增幅维持在 70% 左右、非认知能力增幅维持在 80% 以上,累积效应远远大于图 6-5(a)至图 6-5(g)短期增加父母教育投入的情况;而且对于子女人力资本发展的影响一直持续到青少年时期。这既反映了早期增加父母教育投入的重要性,又表明持续若干时期增加父母教育投入至关重要。总之,上述结果证明了特定时期实施增加父母教育投入的干预将有效改善子女人力资本的发展状况。

三、父母教育投入对子女发展的长期影响

由于认知能力和非认知能力能够预测包括收入、教育、职业选择、犯罪率等在内的诸多产出(Cunha & Heckman,2007;Cunha & Heckman,2008;Cunha et al.,2010),这意味着父母教育投入对子女认知能力和非认知能力的影响可能会传导到他们的未来产出上。鉴于此,本小节将进一步探讨父母教育投入对子女

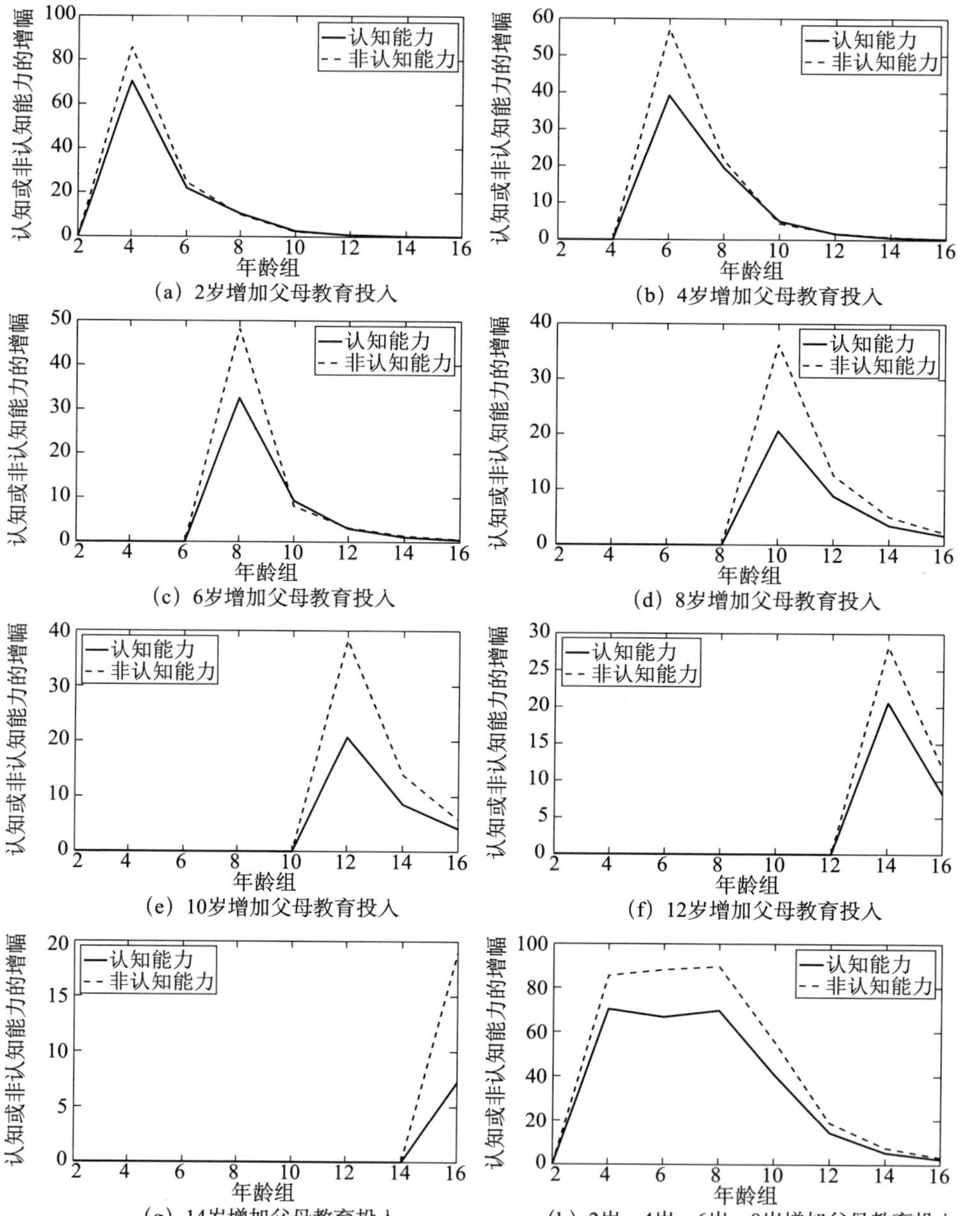

(a) 2岁增加父母教育投入

(b) 4岁增加父母教育投入

(c) 6岁增加父母教育投入

(d) 8岁增加父母教育投入

(e) 10岁增加父母教育投入

(f) 12岁增加父母教育投入

(g) 14岁增加父母教育投入

(h) 2岁、4岁、6岁、8岁增加父母教育投入

图6-5　不同年龄组增加父母教育投入的反事实模拟

注:上图绘制了特定年龄组分别增加父母教育投入的反事实模拟。其中,图6-5(a)至图6-5(g)分别代表2岁、4岁、6岁、8岁、10岁、12岁、14岁年龄组增加父母教育投入后由CES生产函数预测的认知或非认知能力的变化。图6-5(h)代表2岁、4岁、6岁、8岁年龄组同时增加父母教育投入后认知或非认知能力的变化。

第六章 家庭教育与子女人力资本的动态形成——基于CES生产函数的研究

发展的长期影响。首先,令 $t+1$ 期的子女产出由认知能力和非认知能力组成,表示为以下形式:

$$Q_j = [\rho_j(Q_{C,t+1})^{\phi_{Q,j}} + (1-\rho_j)(Q_{N,t+1})^{\phi_{Q,j}}]^{\frac{1}{\phi_{Q,j}}} \quad (6-8)$$

结合 CFPS 问卷中各变量的可获得性,本章选取的子女产出 Q_j 包括成年时期的教育产出、观念行为两个方面。具体而言,前者包括是否上过高中、是否参加辅导、是否在重点班以及语文成绩水平、数学成绩水平;后者包括互联网使用频率、是否阅读、是否信任别人以及对未来的信心程度、对生活的满意度[①]。附表 6-13 展现了与子女产出有关的变量描述性统计。参照 Cunha et al. (2010) 的设定,假定个体在未成年时期包括童年、青少年两个阶段($t=2$)。然后,结合式(6-2)和式(6-8),产出可以进一步为子女初始能力水平、父母教育投入和父母能力水平的函数,即

$$Q = [\tau_1 \theta_{C,1}^{\phi} + \tau_2 \theta_{N,1}^{\phi} + \tau_3 PI_1^{\phi} + \tau_4 PI_2^{\phi} + \tau_5 \theta_{C,p}^{\phi} + \tau_6 \theta_{N,p}^{\phi}]^{\frac{1}{\phi}} \quad (6-9)$$

若下文没有特殊说明,PI_1 是指 8 岁、10 岁年龄组父母教育投入的均值;PI_2 是指 12 岁、14 岁年龄组父母教育投入的均值[②]。$Q_{C,1}$ 和 $Q_{N,1}$ 分别取童年时期子女认知能力和非认知能力的均值。

表 6-11 展现了父母教育投入对子女产出的影响。首先,各阶段父母教育投入对子女未来的各项产出均有显著正向效应,说明父母教育投入不仅有助于促进子女未成年时期人力资本的形成,还有利于子女未来的长期发展。其次,观察第(1)列至第(5)列发现,与第 2 期父母教育投入相比,第 1 期父母教育投入对子女教育产出有更高的影响系数[③]。相反,第(6)列至第(10)列则表明,第

---

① 其中,"互联网使用频率"以问题"使用互联网络学习(如搜索学习资料、上网络学习课程等)的频率有多高"来衡量;"是否阅读"以问题"过去 12 个月,除以工作和考试为目的外,是否阅读"来衡量;"是否信任别人"以问题"认为大多数人是可以信任的,还是和人相处要越小心越好"来衡量;"对未来的信心程度"以问题"您给自己对未来的信心程度打几分"来衡量;"对生活的满意度"以问题"您给自己生活的满意程度打几分"来衡量。

② 本书关注的子女未来产出所对应的样本年龄都在 16 岁及以上。具体而言,选取的是 16—17 岁对应的产出,如果 16—17 岁时期的关键变量缺失就向后推移 2 岁(即下一个调查年份),以此类推。因此最早只能追溯到该样本在 8 岁时期的父母教育投入。

③ 这里第 1 期通常可以理解为童年时期,第 2 期是指青少年时期。但是表 6-11 中的第(4)列和第(5)列是一个例外。由于本书想探讨父母教育投入对子女学业表现的影响,而 CFPS 问卷中与学业表现有关的指标"语文成绩水平"和"数学成绩水平"只在少儿问卷中出现。因此对于第(4)列和第(5)列而言,第 1 期父母教育投入选取 2 岁、4 岁年龄组的均值;第 2 期父母教育投入选取 6 岁、8 岁年龄组的均值;子女学业表现选取 10—15 岁的均值。

2 期父母教育投入对子女观念和行为产出发挥了更大效用。上述结果表明,对于不同产出而言,早晚期父母教育投入的最优比率可能不同。早期增加父母教育投入能够有效促进子女的教育产出,而晚期增加父母教育投入能够有效促进子女的观念和行为产出。

四、考虑父母教养方式的估计结果

由于本章无法从所用数据的各年份调查问卷中寻找到 1—5 岁幼年时期衡量父母教养方式的代理变量,因此上文主要探讨的是从出生到成年时期的父母教育投入与子女人力资本之间的非线性关系。然而,家庭教育不仅包括父母教育投入这种投资密集型互动,还包括注意力密集型互动,即父母教养方式(Cobb-Clark et al., 2019)。基于此,本小节将探讨家庭教育的两个重要层面——父母教育投入和父母教养方式对子女认知能力和非认知能力的非线性影响。其中,父母教养方式包括父母对子女的要求和反应两个维度①(Maccoby & Martin,1983)。由于衡量父母要求的题项仅出现在 6—15 岁样本的提问中,因此本小节只关注家庭教育对 8—16 岁年龄组子女认知能力和非认知能力的影响。附表 6-14 展现了 6 岁、8 岁、10 岁、12 岁、14 岁各年龄组构建父母教养方式的测量指标的描述性统计。

表 6-12 汇报了父母教育投入和父母教养方式的各维度同时放入回归方程对子女人力资本发展的影响。首先,除了 16 岁年龄组的子女认知能力,父母时间投入对子女认知能力和非认知能力均有显著正向效应;而父母金钱投入仅显著促进 14 岁年龄组子女认知能力以及 10 岁年龄组子女非认知能力水平的提高,影响系数分别为 0.116($p<0.1$) 和 0.199($p<0.01$),分别低于父母时间投入的影响系数 0.167($p<0.01$) 和 0.219($p<0.01$)。其次,除了个别年龄组,父母要求和父母反应与子女认知能力和非认知能力水平之间存在显著的正向效应,而且该效应大于父母时间投入和金钱投入所带来的效应。以 12 岁年

---

① 依据 CFPS 的问卷设计,本小节尽可能选取了每轮调查中都出现过的问题,共计 5 个题项。采用因子分析法,以"父母要求子女完成家庭作业""父母阻止或终止子女看电视""父母限制子女所看电视节目的类型"衡量父母对子女的管教或限制等父母要求;以"父母关心子女的教育""父母主动与子女沟通和交流"衡量父母对子女的关心和日常交流等父母反应。

第六章　家庭教育与子女人力资本的动态形成——基于 CES 生产函数的研究

表 6-11　父母教育投入对子女产出的影响

变量	(1) 是否上过高中	(2) 是否参加辅导	(3) 教育产出 是否在重点班	(4) 语文成绩水平	(5) 数学成绩水平	(6) 互联网使用频率	(7) 是否阅读	(8) 观念行为 是否信任别人	(9) 对未来的信心程度	(10) 对生活的满意度
第1期子女认知能力	0.147*** (0.024)	0.042 (0.101)	0.022 (0.025)	0.046** (0.020)	0.106*** (0.023)	0.156*** (0.032)	0.178*** (0.023)	0.112*** (0.023)	0.143*** (0.018)	0.139*** (0.019)
第1期子女非认知能力	0.163*** (0.024)	0.463*** (0.098)	0.115*** (0.036)	0.243*** (0.025)	0.256*** (0.028)	0.191*** (0.037)	0.139*** (0.022)	0.169*** (0.024)	0.172*** (0.018)	0.161*** (0.020)
第1期父母教育投入	0.163*** (0.022)	0.434*** (0.098)	0.368*** (0.072)	0.280*** (0.047)	0.281*** (0.051)	0.123*** (0.028)	0.110*** (0.020)	0.127*** (0.022)	0.112*** (0.016)	0.129*** (0.017)
第2期父母教育投入	0.145*** (0.022)	0.183** (0.093)	0.361*** (0.068)	0.274*** (0.039)	0.185*** (0.041)	0.176*** (0.031)	0.153*** (0.021)	0.151*** (0.022)	0.184*** (0.018)	0.176*** (0.018)
父母认知能力	0.171*** (0.025)	-0.183* (0.096)	0.021 (0.038)	0.104*** (0.026)	0.116*** (0.029)	0.117*** (0.035)	0.176*** (0.027)	0.171*** (0.026)	0.116*** (0.020)	0.150*** (0.020)
父母非认知能力	0.211*** (0.029)	0.061 (0.086)	0.113*** (0.043)	0.053* (0.028)	0.055* (0.030)	0.237*** (0.051)	0.245*** (0.029)	0.270*** (0.035)	0.273*** (0.027)	0.246*** (0.026)
样本量	968	912	566	2 710	2 710	936	1 101	1 101	1 101	1 101

注：*** 代表在 1% 水平下显著，** 代表在 5% 水平下显著，* 代表在 10% 水平下显著；括号内为 bootstrap 自助抽样 100 次后的稳健标准误。上表还控制了各年龄组不同样本分别对应调查年份以及区县虚拟变量；性别、户口、子女数量等人口特征以及考虑内生性之后父母教育投入函数的残差项；限于篇幅未列出。

表6-12 父母教育投入和父母教养方式对子女人力资本发展的非线性影响

变量	(1)	(2)	(3)	(4)	(5)	(6)	(7)	(8)	(9)	(10)
	t+1期子女认知能力					t+1期子女非认知能力				
	年龄组:8	年龄组:10	年龄组:12	年龄组:14	年龄组:16	年龄组:8	年龄组:10	年龄组:12	年龄组:14	年龄组:16
t期子女认知能力	0.335***	0.104***	0.178***	0.214***	0.184***	0.026	0.093***	0.029	0.057**	0.001
	(0.040)	(0.027)	(0.028)	(0.031)	(0.047)	(0.037)	(0.023)	(0.021)	(0.028)	(0.039)
t期子女非认知能力	0.058	0.107***	0.105***	0.059*	0.184***	0.330***	0.057**	0.301***	0.296***	0.323***
	(0.038)	(0.032)	(0.028)	(0.032)	(0.058)	(0.039)	(0.026)	(0.034)	(0.030)	(0.044)
t期父母时间投入	0.139***	0.110**	0.093**	0.167***	0.061	0.150**	0.219***	0.155**	0.165***	0.162***
	(0.049)	(0.046)	(0.041)	(0.041)	(0.076)	(0.071)	(0.064)	(0.063)	(0.059)	(0.045)
t期父母金钱投入	0.046	0.039	0.058	0.116*	0.026	0.005	0.199***	0.031	-0.002	0.089
	(0.064)	(0.049)	(0.053)	(0.059)	(0.025)	(0.046)	(0.036)	(0.027)	(0.026)	(0.077)
t期父母要求	0.123	0.151***	0.124**	0.115**	0.183*	0.263***	0.069	0.286***	0.179***	0.191***
	(0.078)	(0.047)	(0.051)	(0.056)	(0.079)	(0.072)	(0.047)	(0.058)	(0.051)	(0.069)
t期父母反应	0.279***	0.135***	0.175***	0.080	-0.001	0.181***	0.203***	0.157***	0.196***	0.095
	(0.065)	(0.048)	(0.050)	(0.052)	(0.044)	(0.066)	(0.041)	(0.043)	(0.047)	(0.072)
父母认知能力	0.050	0.273***	0.245***	0.187***	0.154***	-0.093**	0.105***	-0.002	-0.001	-0.033
	(0.047)	(0.034)	(0.035)	(0.039)	(0.055)	(0.043)	(0.027)	(0.033)	(0.035)	(0.048)
父母非认知能力	-0.030	0.081***	0.022	0.063*	0.208***	0.137***	0.056**	0.043	0.109***	0.172***
	(0.048)	(0.026)	(0.033)	(0.035)	(0.063)	(0.049)	(0.024)	(0.047)	(0.034)	(0.045)
样本量	857	1 563	1 388	1 354	746	858	1 770	1 589	1 514	784

注: ***、**、*分别代表在1%水平下显著、代表在5%水平下显著、代表在10%水平下显著;括号内为bootstrap自助抽样100次后的稳健标准误。上表还控制了各年龄组不同样本分别对应的调查年份以及区县虚拟变量;性别、户口、子女数量等人口特征;以及考虑内生性之后父母时间投入、父母金钱投入和父母反应的残差项;限于篇幅未列出。

龄组为例,父母要求对子女认知能力的影响系数为 0.124($p<0.05$),父母反应的影响系数为 0.175($p<0.01$),无论是系数大小还是显著性都高于父母时间投入和金钱投入;与之相应,父母要求对子女非认知能力的影响系数为 0.286($p<0.01$),父母反应的影响系数为 0.157($p<0.01$),同样高于父母时间投入和金钱投入的影响系数。上述结果表明,与父母教育投入类似,家庭教育的另一个层面——父母教养方式在子女认知能力和非认知能力动态形成中也发挥了重要作用。

第五节　本章小结

当前数字经济引发的技术变革对于人力资源开发带来了重要挑战,因此,探索如何从童年时期就有效提高人力资本水平具有鲜明的现实意义。有关家庭教育影响子女认知能力和非认知能力动态形成的研究大多基于西方样本,并不清楚之前的种种结论是否适用于我国。基于 CFPS 数据,本章构建了人力资本的 CES 生产函数,探讨了家庭教育对子女人力资本动态形成的非线性影响。

本章的主要发现包括:

第一,早期是父母教育投入效率相对较高的敏感时期。父母教育投入为子女童年时期人力资本发展带来的积极影响大于其青少年时期。

第二,虽然当期父母教育投入对于下一期子女人力资本发展具有相当大的效果,但是更早时期的父母教育投入发挥了更重要的作用。

第三,父母金钱投入对于子女儿童时期认知能力和非认知能力产生的影响更大,而父母时间投入则对青少年时期人力资本发展至关重要。

第四,一系列稳健性检验得出的结论与原文基本一致,同时发现,如果在合适时期增加父母教育投入,能够有效促进某些年龄阶段的女孩、农村子女、非独生子女、能力水平低下等群体的人力资本发展。

第五,父母教育投入与子女认知能力和非认知能力之间存在互补性。对于早期认知或非认知能力水平较高的儿童进行教育投入将更有成效;相反,青少年时期人力资本的弱势(尤其是低认知能力水平的情况)很难通过父母教育投入来弥补。

第六,反事实模拟的结果显示,早期并且持续若干时期增加父母教育投入能显著提升子女认知能力和非认知能力水平。

第七,对于不同产出而言,早晚期父母教育投入的最优比率可能不同。早期增加父母教育投入能够有效促进子女的教育产出,而晚期增加父母教育投入能够有效促进子女的观念和行为产出。

第八,与父母教育投入类似,父母教养方式在子女认知能力和非认知能力的动态形成中也发挥了重要作用。

本章最有意义的结论为早期父母教育投入相当重要。这种重要性可以分为两个方面,一是父母教育投入给童年时期子女人力资本的形成带来了巨大影响;二是更早时期的父母教育投入对于青少年时期子女人力资本的发展同样发挥了重要作用。同时,早期持续性增加父母教育投入对子女认知能力和非认知能力的发展极具效率。这意味着,旨在提升儿童人力资本的干预措施越早实施将带来越好的效果;另外,后期持续推进干预措施可能会更成功。对于政策制定者而言,通过开展家庭教育指导的方式促进早期人力资本积累,不仅有助于个体在长期发展中获得更好的劳动力市场产出,还有助于我国未来实现从人口大国向人力资源强国的转变。

第七章 主要结论与政策启示

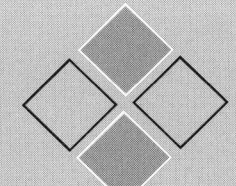

第一节　主要结论

随着数字经济时代到来,新兴产业高速发展,当前对人力资本的需求正在发生从"量"到"质"的转变。国家经济发展依靠自主创新推动增长,需要大批高素质、强技能人才匹配。由于生命周期的早期是人力资本积累的关键时期,此阶段的人力资本投资一般在家庭内部进行。影响子女人力资本形成的诸多因素中,家庭教育发挥了关键作用。我国"双减"政策的出台、《中华人民共和国家庭教育促进法》的正式施行意味着家庭教育会在儿童成长过程中占据越来越重要的地位。因此,探讨如何通过家庭教育有效提升子女人力资本水平具有鲜明的现实意义,有助于从个体早期为国家培养未来高素质人才做充分准备,在全球数字经济蓬勃发展的大环境下为改善人力资本不平等、促进弱势儿童发展以及缓解代际传递现象等重要话题提供经验证据。

本书参照 Cunha & Heckman(2007,2008)和 Cunha et al. (2010)等研究提出的以能力为核心的新人力资本理论,结合 Baumrind(1966)和 Cobb – Clark et al. (2019)等研究对家庭教育的理论解释,构建了认知能力和非认知能力的形成、代际传递、对于产出的影响以及家庭教育在其中发挥的作用等相关内容的研究框架。基于 CEPS 基期年份和追踪年份的两轮数据,以及 CFPS 2010—2018 年的五轮数据,本书首先考察了家庭教育的两个重要层面——父母教育投入和父母教养方式——对子女认知能力和非认知能力的影响。之后进一步讨论了家庭教育对子女教育产出(即学业表现)的影响,既包括家庭教育对子女学业成绩的短期影响,又包括家庭教育对子女成年时期教育获得的长期影响。同时还着重关注了隔代照料与家庭教育的交互作用给子女人力资本发展带来的影响效应。其次,本书从代际传递的视角分析了父母与子女之间认知能力和非认知能力的传递效应,以及家庭教育对于能力代际传递的影响,还分析了家庭教育在祖辈与孙辈之间认知能力和非认知能力的隔代传递中发挥的作用。最后,在上述研究基础上,由于家庭教育与子女认知能力和非认知能力之间并不一定总是呈现线性关系,而且认知能力和非认知能力的形成是一个动态发展的过程。因

家庭教育对子女人力资本发展的影响研究

此本书又基于CES生产函数探讨了从出生到成年时期的家庭教育对子女人力资本动态形成的非线性影响,从而识别认知能力和非认知能力的自我生产效应,不同能力形成的敏感时期,以及早期和晚期父母教育投入分别带来的效果等重要问题。

本书主要得出以下结论:

第一,积极的父母教育投入和有利的父母教养方式显著提升了子女认知能力和非认知能力水平。基于CEPS数据,本书探讨了家庭教育的两个层面——父母教育投入和父母教养方式——对子女认知能力和非认知能力的影响及中间机制,以及隔代照料与家庭教育的交互作用对子女认知能力和非认知能力的影响,以期为下一步的干预提供方向。主要发现:①有利的父母教养方式主要促进的是子女认知能力的发展;而增加父母教育投入主要提升的是子女非认知能力水平。②使用无条件分位数回归探讨了家庭教育对认知能力和非认知能力的影响系数随分位点的变化,发现父母教养方式对于那些能力水平低的子女产生了更大的效应。③分样本回归结果表明,家庭教育尤其是专制型教养方式有可能促进处于弱势背景的子女的认知能力发展,而教育投入有可能促进父亲受教育年限低的子女的非认知能力发展。同时,家庭教育对于初始能力水平低的子女的认知或非认知能力发展都有显著促进作用。④因果中介分析显示,增加父母教育投入或者选取有利的教养方式通过促使子女交到更高质量的朋友、参加学科辅导和兴趣辅导等中间机制,进而有助于提升子女认知能力和非认知能力水平。⑤一系列稳健性检验得出的结论与原文基本一致,同时发现,对于青少年而言,父母教养方式和教育投入可能具有较强的即时效应,当期高质量的家庭教育能够为子女认知能力和非认知能力的发展带来更大的影响。⑥父母教养方式的两个重要维度——亲子沟通和关系、父母要求和期望显著提升子女认知能力和非认知能力水平;父母时间投入主要促进的是子女非认知能力发展。⑦进一步分析了家庭教育对子女教育产出即学业表现的影响,发现父母教育投入和教养方式不仅能够促进子女学业成绩的提升,而且能够提高子女接受高中或高等教育的概率。此外,有利的教养方式能够减少隔代照料对子女人力资本发展带来的负面影响。

第二,家庭教育能够有效缓解人力资本的代际传递效应,包括能力的代际传递、能力的隔代传递以及教育的代际传递。基于CFPS数据,本书估计了我国父母对子女认知能力和非认知能力的代际传递效应;探讨了家庭教育对能力的代际传递有何影响,并考察了家庭教育作用于不同群体能力代际传递的异质性效应;进一步分析了家庭教育在能力隔代传递和教育代际传递中发挥的作用。主要发现:①认知能力和非认知能力存在代际传递性。具体而言,父母字词能力、数列能力、情绪稳定和信心对子女相应的各项能力有显著正向影响。而且母亲在能力的代际传递中扮演着更重要的角色。同时,对于认知或非认知能力水平高的孩子而言,能力的代际传递效应很小,除父母自身能力之外的其他外部因素可能对其发展有更大的影响。②包含父母教育投入和教养方式在内的家庭教育显著调节了能力的代际传递。其中,父母教育投入显著降低了能力的代际传递效应;与父母忽视型教养方式相比,权威型、专制型和宽容型教养方式都有可能缓解父母对子女认知能力和非认知能力的传递现象。③异质性分析结果显示,与忽视型教养方式相比,其他三种类型的父母教养方式缓解了弱势群体认知能力的代际传递效应;父母教育投入也有效缓解了农村子女非认知能力的代际传递效应。④一系列稳健性检验得出的结论与原文基本一致,同时发现,家庭教育的各维度尤其是时间投入和父母要求显著缓解了认知能力和非认知能力的代际传递效应。⑤进一步分析表明,无论是认知能力和非认知能力的代际传递、隔代传递,还是教育的代际传递,父母教养方式主要缓解的是男性长辈对子代的传递效应;而父母教育投入主要改善了女性长辈对子代的传递效应。

第三,早期是父母教育投入效率相对较高的敏感时期。一是父母教育投入为童年时期子女人力资本的形成带来了巨大影响;二是更早时期的父母教育投入对于青少年时期子女人力资本的发展同样发挥了重要作用。基于CFPS数据,本书通过构建人力资本的CES生产函数,估计了从出生到成年时期的家庭教育对子女人力资本动态形成的非线性影响。主要发现:①父母教育投入为童年时期子女人力资本发展带来的积极影响高于其青少年时期。②虽然当期父母教育投入对于下一期子女人力资本发展具有相当大的效果,但是更早时期的父母教育投入发挥了更重要的作用。③父母金钱投入对于儿童时期子女认知能力和非认知能力产生了更大的影响,而父母时间投入则对青少年时期子女的人力资本发展至关重要。④一系列稳健性检验得出的结论与原文基本一致,同时发现,如果在合适时期增加父母教育投入,能够有效促进某些年龄阶段的女孩、农村子女、非独生子女、能力水平低下子女等群体的人力资本发展。⑤父母教育投入与子女认知能力和非认知能力之间存在互补性。对于早期认知或非认知能力水平较高的儿童进行教育投入将更有成效;相反,青少年时期的人力资本弱势(尤其是低认知能力的情况)很难通过父母教育投入来弥补。⑥反事实模拟的结果显示,早期并且持续若干时期增加父母教育投入能显著提升子女认知能力和非认知能力水平。⑦对于不同产出而言,早晚期父母教育投入的最优比率可能不同。早期增加父母教育投入能够有效促进子女的教育产出,而晚期增加父母教育投入能够有效促进子女的观念和行为产出。⑧与父母教育投入类似,父母教养方式在子女认知能力和非认知能力的动态形成中也发挥了重要作用。

第二节 政策启示

(一)家庭教育的早期干预至关重要

家庭教育是早期人力资本积累的决定因素,不仅能为个体的长期发展奠定基础,而且是衡量儿童贫困和优势的真正标准(Kautz et al.,2014)。本书富有意义的结论表明:早期父母教育投入相当重要。同时,早期持续性增加父母教育投入对子女认知能力和非认知能力的发展极具效率。这意味着,旨在提升儿童人力资本的干预措施越早实施将带来越好的效果;另外,后期持续推进干预措施可能会更成功。

事实上,国外已有许多针对弱势儿童的早期干预措施,例如启蒙计划项目、初学者计划项目、佩里学前教育项目等,这些干预措施提供了良好的家庭环境,显著提升了处境不利儿童的认知能力和非认知能力,使其入学时有更好的学业表现(Byford et al.,2012;Kautz et al.,2014;Gertler et al.,2014;Attanasio et al.,2020a)。此外,由于本书结果表明亲子沟通和关系、父母要求和期望以及父母的时间投入在影响子女人力资本形成中发挥了更大的作用,因此有效的干预不仅仅包括对贫困家庭的现金补贴,还包括提升父母与孩子密切互动、鼓励和指导的能力。

综上,我国政策制定者可以借鉴国外经验,实施旨在提高家庭教育质量的早期干预措施。例如,社区工作人员可以通过每周家访活动,鼓励父母与儿童互动,包括高质量的玩耍、学习和看护;也可以通过评选"模范家庭"的方式,在整个社区内营造浓厚的文化氛围;还可以定期邀请家庭教育领域的专家举办相关讲座或培训,采用角色扮演、案例分析、家庭作业等形式,帮助家长树立科学的教育理念。同时,家长也需要及时将学习到的育儿知识运用在实践中,并且在日常生活中以身作则,时刻注意自己的言行举止,为儿童树立正面形象。总之,通过持续性增加早期父母教育投入并采取有利的教养方式,在能力生产函数存在动态互补的情况下有助于促进人力资本积累,能够为那些处境不利的孩子提供最有效的补救策略。这不仅有益于个体在长期发展中获得更好的劳动力市场产出,还有助于我国未来实现从人口大国向人力资源强国的转变。

(二)非认知能力培养应成为家庭教育的重心

青少年时期的非认知能力比认知能力更具可塑性(Kautz et al.,2014)。本书结果表明,虽然个体生命周期早期是父母教育投入效率相对较高的敏感时期,但是早期和晚期的父母教育投入对子女各阶段非认知能力的形成都发挥了极其重要的作用,从侧面反映出父母教育投入的补偿性干预仍会对青少年的非认知能力产生较大影响。一方面,本书已经证实增加父母教育投入能够有效提升子女非认知能力。另一方面,诸多学者验证了信心、学业毅力等非认知能力在教育领域的重要性(Stankov & Lee,2014)。结合本书结论,青少年时期的非认知能力仍旧可以通过父母的养育和指导得到提升,进而有可能促进其学业表现。

因此,未来有关非认知能力的塑造应作为家庭教育关注的焦点。首先,父母可以通过培养子女兴趣特长的方式促进其意志力、自信心、创造力等非认知能力的发展。具体而言,需要转变教育投资策略,根据子女的特质和性格来定位他们的兴趣,合理有效地投入时间和金钱于子女的兴趣特长,让孩子学会坚持,感受到成长与荣誉,长期来看还能增强他们的自我效能感。其次,学校可以配备专业的兴趣规划导师。通过对中小学学生进行兴趣测评,科学地挖掘学生自身优势,强化学生对自我能力的认知和探索。最后,本研究还能为教育工作者制定与提升学业表现有关的教学计划提供启示。教师可以开设有益的课堂练习,通过训练元认知能力、调整学习策略等方式来提升学生的毅力和信心水平,进而提升其学业表现。综上,家庭和学校应当采取一致性行动实现双方优势的互补,共同承担促使孩童发展的重要责任(康丽颖,2019)。最后,政府可以通过开设普惠性兴趣班的方式,广泛培养学生的兴趣爱好,进一步促使广大青少年都能提高非认知能力水平。

(三)通过家庭教育缓解弱势地位的代际传递

随着基因经济学的发展,逐渐增多的研究指出,基因表达本身就由包括养育在内的环境因素介导(Nisbett et al.,2012),无论何种情况下考虑环境因素对于基因表达的调节作用,遗传力的估计都会受到很大影响。本研究同样表明,能力的代际传递固然存在,但是会受到家庭教育强大的调节作用。这与Heckman & Mosso(2014)通过整理大量实验证据得出的结论相符,证实了父母教育投入和父母教养方式在塑造子女认知或非认知能力过程中的重要性。上述结论具有以下两点政策启示:

第一,探讨能力的代际传递有助于更好地理解不同社会经济产出不平等的中间机制。如果教育的代际相关性主要是由父母与子女之间认知能力和非认知能力的传递所驱动,那么生命早期就已经存在不平等,因此晚期投资在高等教育上的回报可能低于预期。在这种情形下,政策制定者应当把低认知或非认知能力水平的父母作为重点关注对象,有助于尽早识别出智力、情绪或者行为问题等方面存在风险的孩子。早期及时实施相关干预,可能比晚期的补救措施带来更好的效果。

第二,成功的家庭教育可以缓解两代人之间弱势地位的代际传递,避免让处境不利的子女陷入能力持续低下的困境。随着《中华人民共和国家庭教育促进法》的正式施行,家长需要遵循法律条例关注子女心理、生理和智力的发展状况,注重亲子陪伴的质量,与子女平等交流、相互促进,并且给予他们充分的尊重、爱护和理解。同时,政府需要重视对于农村贫困地区提供家庭教育指导服务,一是可以设立专项资金并加大扶持力度,保障农村地区顺利开展家庭教育培训,建设专门的活动室用于亲子互动。二是可以建立线上学习平台,将公共教育资源延伸到贫困群体,采用微电影、短视频或其他通俗易懂的形式,帮助农村父母学习科学的养育知识和方法。这有可能促进社会阶层的代际流动,从而改善不平等现象。

(四)积极引导家庭教育中的父亲养育行为

一方面,不同性别长辈在养育孩子过程中扮演了不同角色(Alan et al.,2014;Alan et al.,2017;Brene & Epper,2019)。尤其是在中国社会背景下,父亲更多的是通过纪律、要求去塑造孩子的能力,而母亲则更多地参与了照料子女。由于传统父亲的角色不仅是供养者,还是参与者,能够深刻影响子女的成长历程,因此父亲在家庭中同样承担着与孩子进行沟通、回应、鼓励等方面的责任(Lamb,2004)。另一方面,在过去几十年里,许多国家在教育领域面临着明显的性别差距的逆转,表现为男孩在阅读和写作、高中考试成绩和大学录取率方面都落后于女孩,即"男孩危机"现象(Deary et al.,2007;Husain & Millimet,2009)。本研究表明,父母权威型、专制型和宽容型教养方式更有利于初中男孩认知能力的提升,即针对少年时期认知能力水平低的男孩的家庭教育干预会带来更大回报。这意味着家庭教育尤其是积极的教养方式有可能会缩小学业中的性别差距,从而避免出现"男孩危机"的困境。由于父亲更容易理解男性的思考方式,因此更有可能采取有效的方法解决男孩成长过程中面临的种种问题。

综上,家庭教育的干预措施可以着重于积极引导父亲养育行为。首先,父亲自身需要充分发挥角色榜样作用,尽可能多地参与子女的教育和生活,同时应避免过度溺爱或长期缺位。其次,政策制定者可以参考欧洲国家的实践经验,通过为男性设立育儿假、育儿津贴的方式,增强父亲育儿意识,积极承担早期养育责任。社区工作人员可以联合专业化的家庭教育指导服务队伍,为父亲提供示范性的科学养育策略,提高父亲的养育质量。学校也可以鼓励男性长辈更多地参与家长会,增加父亲与教师的互动频率,及时了解子女在校学习情况,从而有助于他们实施针对性的家庭教育策略。

(五)提高隔代照料质量,协同促进人力资本发展

2021年7月,中共中央、国务院颁布的《关于优化生育政策促进人口长期均衡发展的决定》中提及"支持隔代照料、家庭互助等照护模式"。这意味着随着

"三孩"生育政策的实施以及配套支持措施的出台,未来越来越多的家庭可能会由祖辈分担照料责任。本书结论可以为"三孩"政策背景下的儿童照料提供崭新的视角。虽然本研究与已有一些研究都表明,隔代照料不利于孩子的人力资本发展(Bernal & Keane,2011;Del Boca et al.,2018;姚植夫和刘奥龙,2019;邢敏慧和张航,2020),但是本书同样证实了隔代照料与父母教养方式的交互作用对子女认知能力和学业成绩发挥着积极效应。换言之,有利的父母教养方式能够缓解隔代照料对子女人力资本发展带来的阻碍效应。在隔代照料越来越普遍的背景下,作为家庭教育中的重要一环,祖辈与父辈协同作用才可能有助于实现子女人力资本的提升。

因此,相关政策方向可以聚焦在以下两点:

其一,家庭内部成员应当树立科学的养育观念。隔代照料并不意味着父母养育职责的缺失,父母对子女的要求和反应仍旧重要,需要尽可能多地参与到子女的成长过程中。同时,政府可以通过实施积极的政策来强化对于父母养育子女的支持,例如适当延长育儿假、提供育儿补贴、增加普惠性托育服务、加强对早教机构的监管等,从而降低养育成本,缓解家长的压力。

其二,尽可能降低隔代照料带来的消极影响,提高隔代照料质量。首先,祖辈和父辈针对子女养育情况应达成共识、协作配合,共同促进子女人力资本的发展。社区可以通过普及科学的现代育儿理念、举办早教培训项目等形式提升祖辈照料子辈的水平,防止由于代际育儿观念的差异而导致家庭矛盾。其次,由于祖辈需要花费精力照料子辈,有可能会产生焦虑、抑郁等心理状态,因此,社区还可以通过举办文化娱乐活动、提供健身设施等方式帮助老年人构建社交网络,提升生活品质,纾解由于过重的照料负担而造成的负面情绪。最后,考虑到参与照料的许多老人是流动人口,政府还需要为这些随迁老人配套相应的养老和医疗保险制度,例如提供转移接续、异地结算等更为便捷的政策保障。

(六)实现家庭教育、学校教育、社会教育的更好衔接和平衡

随着"双减"政策的出台、《中华人民共和国家庭教育促进法》的正式施行,家庭教育变得愈发关键。如何实现家庭教育、学校教育、社会教育的良好衔接就成为一个比较现实的问题。本书结果表明家庭教育对于促进早期子女人力资本发展至关重要,所以家庭教育作为主体具有不可替代的作用,需要充分发

挥家庭教育在学生品德教育和人格养成方面的优势。学校作为学生接受教育的"主阵地",需要全面提升教学质量,及时家访,定期召开家长会。社会则需要发挥"指引"和"赋能"的作用。一是可以借助图书馆、博物馆等丰富的文化机构,满足学生发展兴趣、爱好和特长。二是需要搭建覆盖城乡的家庭教育指导服务体系,例如婚姻登记机构、婴幼儿照护服务机构、医疗保健机构、社区家长学校等都可以向父母提供家庭教育指导,将科学的家教理念、家教知识和家教方法传输给家长。

总之,实现家庭教育、学校教育、社会教育的良好衔接就意味着要厘清三者的责任边界,充分发挥各自优势,明确三者的功能并不是替代而是协同,彼此之间密切配合、取长补短。

第三节 研究展望

本书重点探讨的是家庭教育对子女人力资本发展的影响。基于新人力资本理论和家庭教育的理论解释,本书将家庭教育与认知能力和非认知能力的动态形成、人力资本对产出的影响以及人力资本的代际传递联系起来,在社会各界广泛关注家庭教育、培养学生综合能力的政策背景下,得出了许多有价值的结论。如本书第一章所述,受限于数据等方面的遗憾,本书仍存在需要改进之处。具体而言,未来的研究方向主要包括以下两点:

第一,本书虽然探讨了家庭教育对子女成年时期的教育获得、观念和行为表现等产出结果的影响,但是由于清洗后的相关数据样本量较少,未能分析家庭教育对子女工资收入、职业选择等劳动力市场产出带来的作用效果。由于本书结论表明家庭教育能够促进子女认知能力和非认知能力的发展,而且已有研究发现认知能力和非认知能力与个体收入密切相关(Heckman et al. ,2006;程虹和李唐,2017;王春超和张承莎,2019)。因此,未来在数据可得的条件下可以分析家庭教育是否通过影响子女认知能力和非认知能力进而影响其收入,也可以估计认知能力和非认知能力在收入代际传递中的解释力度,还可以探讨家庭教育在收入代际传递中发挥何种作用。

第二，由于改善产前条件可以有效提高个体早期人力资本水平（Kautz et al.，2014），因此产前投资在子女初始能力的形成中同样重要。一方面，未来可以关注政府为孕期妇女提供的法律保障或者干预措施带来的效果，评估这些项目是否通过促进母亲实施健康行为（例如，定期产检；接受营养、卫生、心理等保健服务），从而增加对于子女胚胎时期的健康投入，进一步促进子女出生后的人力资本形成。另一方面，在条件允许的基础上，未来还可以通过设计调查问卷并组织大规模追踪调查的方式来收集相关数据，探讨父母的产前投资如何影响子女在婴儿时期的认知能力和非认知能力水平以及人力资本的长期发展。

参考文献

Adermon, A., Lindahl, M., & Palme, M. (2021). Dynastic human capital, inequality, and intergenerational mobility. *American Economic Review*, 111(5): 1523–1548.

Agee, M. D., & Crocker, T. D. (2002). Parents' discount rate and the intergenerational transmission of cognitive skills. *Economica*, 69(273): 143–154.

Agostinelli, F., Doepke, M., Sorrenti, G., et al. (2020). It takes a village: The economics of parenting with neighborhood and peer effects. National Bureau of Economic Research (NBER) Working Papers, No. w27050.

Agostinelli, F., & Wiswall, M. (2016). Identification of dynamic latent factor models: The implications of re-normalization in a model of child development. National Bureau of Economic Research (NBER) Working Papers, No. w22441.

Aiyagari, S. R., Greenwood, J., & Seshadri, A. (2002). Efficient investment in children. *Journal of Economic Theory*, 102(2): 290–321.

Alan, S., Baydar, N., Boneva, T., et al. (2017). Transmission of risk preferences from mothers to daughters. *Journal of Economic Behavior & Organization*, 134: 60–77.

Alan, S., Baydar, N., Boneva, T., et al. (2013). Parental Socialization Effort and the Intergenerational Transmission of Risk Preferences. Koç University-TüS? AD Economic Research Forum (ERF) Working Paper, No. 1313.

Alan, S., Ertac, S., & Mumcu, I. (2018). Gender stereotypes in the classroom and effects on achievement. *Review of Economics and Statistics*, 100(5): 876–890.

Allport, G. W., & Odbert, H. S. (1936). Trait-names a psycho-lexical study. *Psychological Monographs*, 47(1): 1–171.

Ang, R. P. (2006). Effects of parenting style on personal and social variables for Asian adolescents. *American Journal of Orthopsychiatry*, 76(4): 503–511.

Anger, S. (2012). *The intergenerational transmission of cognitive and non-cognitive skills during adolescence and young adulthood*. SOEP Papers on Multidisciplinary Panel Data Research, No. 473.

Anger, S., & Heineck, G. (2010). Do smart parents raise smart children? The intergenerational transmission of cognitive abilities. *Journal of Population Economics*, 23(3): 1255–1282.

Anger, S., & Schnitzlein, D. D. (2017). Cognitive skills, non-cognitive skills, and family background: evidence from sibling correlations. *Journal of Population Economics*, 30(2): 591–620.

Angrist, J. D., & Pischke, J. S. (2008). *Mostly Harmless Econometrics*. Princeton, NJ: Princeton University Press.

Attanasio, O., Cattan, S., Fitzsimons, E., et al. (2020a). Estimating the production function for human capital: Results from a randomized controlled trial in Colombia. *American Economic Review*, 110(1): 48–85.

Attanasio, O., Meghir, C., & Nix, E. (2020b). Human capital development and parental investment in India. *Review of Economic Studies*, 87(6): 2511–2541.

Attanasio, O., Meghir, C., Nix, E., et al. (2017). Human capital growth and poverty: Evidence from Ethiopia and Peru. *Review of Economic Dynamics*, 25: 234–259.

Attanasio, O., Paula, U. D., & Toppeta, A. (2020c). The persistence of socio-emotional skills life cycle and intergenerational evidence. National Bureau of Economic Research (NBER) Working Papers, No. w27823.

Aunola, K., Stattin, H., & Nurmi, J. E. (2000). Parenting styles and adolescents' achievement strategies. *Journal of Adolescence*, 23(2): 205–222.

Baumrind, D. (1966). Effects of authoritative parental control on child behavior. *Child Development*, 37(4): 887–907.

Baumrind, D. (1968). Authoritarian vs authoritative parental control. *Adolescence*, 3(11): 255–272.

Beaujean, A. A., Firmin, M. W., Attai, S., et al. (2011). Using personality and cognitive ability to predict academic achievement in a young adult sample. *Personality and Individual Differences*, 51(6): 709–714.

Becker, G. S. (1962). Investment in human-capital: A theoretical-analysis. *Journal of Political Economy*, 70(5): 9–49.

Becker, G. S. (1981). *A Treatise on the Family*. Cambridge, MA: Harvard University Press.

Becker, G. S., Kominers, S. D., Murphy, K. M., et al. (2018). A theory of intergenerational mobility. *Journal of Political Economy*, 126(S1): S7–S25.

Becker, G. S., & Tomes, N. (1979). Equilibrium-theory of the distribution of income and intergenerational mobility. *Journal of Political Economy*, 87(6): 1153–1189.

Becker, G. S., & Tomes, N. (1986). Human-capital and the rise and fall of families. *Journal* of Labor Economics,4(3): S1 – S39.

Bernal, R., & Keane, M. P. (2010). Quasi-structural estimation of a model of childcare choices and child cognitive ability production. Journal of Econometrics,156(1): 164 – 189.

Bernal, R., & Keane, M. P. (2011). Child care choices and children's cognitive achievement: Thecase of single mothers. Journal of Labor Economics,29(3): 459 – U139.

Bjorklund, A., Eriksson, K. H., & Jantti, M. (2010). IQ and family background: Are associations strong or weak?. The B. E. Journal of Economic Analysis & Policy,10(1) (Article 2).

Black, S. E., & Devereux, P. J. (2010). Recent developments in intergenerational mobility. National Bureau of Economic Research (NBER) Working Papers, No. 15889.

Black, S. E., Devereux, P. J., & Salvanes, K. G. (2009). Like father, like son? A note on the intergenerational transmission of IQ scores. Economics Letters,105(1): 138 – 140.

Blanden, J., Gregg, P., & Macmillan, L. (2007). Accounting for intergenerational income persistence: Noncognitive skills, ability and education. Economic Journal,117(519): C43 – C60.

Borghans, L., Duckworth, A. L., Heckman, J. J., et al. (2008). The economics and psychology of personality traits. Journal of Human Resources,43(4): 972 – 1059.

Borghans, L., Golsteyn, B. H. H., Heckman, J. J., et al. (2011). Identification problems in personality psychology. Personality and Individual Differences,51(3): 315 – 320.

Borghans, L., Golsteyn, B. H. H., Heckman, J. J., et al. (2016). What grades and achievement tests measure. Proceedings of the National Academy of Sciences,113(47): 13354 – 13359.

Bouchard, T. J., & McGue, M. (1981). Familial studies of intelligence: A review. Science,212(4498): 1055 – 1059.

Bowles, S. (1972). Schooling and inequality from generation to generation. Journal of Political Economy,80(3): S219 – S251.

Bowles, S., Gintis, H., & Osborne, M. (2001). The determinants of earnings: A behavioral approach. Journal of Economic Literature,39(4): 1137 – 1176.

Bowles, S., & Nelson, V. I. (1974). Inheritance of IQ and intergenerational reproduction of economic inequality. Review of Economics and Statistics,56(1): 39 – 51.

Brene, A., & Epper, T. (2019). Parenting values moderate the intergenerational transmission of time preferences. Institute of Labor Economics (IZA) Discussion Papers, No. 12710.

Briley, D. A., Domiteaux, M., & Tucker-Drob, E. M. (2014). Achievement-relevant personality: Relations with the Big Five and validation of an efficient instrument. Learning and

Individual Differences,32:26-39.

Brown, H., & Van Der Pol, M. (2015). Intergenerational transfer of time and risk preferences. *Journal of Economic Psychology*,49:187-204.

Brown, S., Mcintosh, S., & Taylor, K. (2011). Following in your parents' footsteps? Empirical analysis of matched parent-offspring test scores. *Oxford Bulletin of Economics and Statistics*,73(1):40-58.

Busato, V. V., Prins, F. J., Elshout, J. J., et al. (2000). Intellectual ability, learning style, personality, achievement motivation and academic success of psychology students in higher education. *Personality and Individual Differences*,29(6):1057-1068.

Byford, M., Kuh, D., & Richards, M. (2012). Parenting practices and intergenerational associations in cognitive ability. *International Journal of Epidemiology*,41(1):263-272.

Cameron, S. V., & Heckman, J. J. (2001). The dynamics of educational attainment for black, hispanic, and white males. *Journal of Political Economy*,109(3):455-499.

Carmichael, C. M., & McGue, M. (1994). A longitudinal family study of personality-change and stability. *Journal of Personality*,62(1):1-20.

Carneiro, P., García, I. L., Salvanes, K. G., et al. (2021). Intergenerational mobility and the timing of parental income. *Journal of Political Economy*,129(3):757-788.

Carneiro, P., & Heckman, J. J. (2003). Human capital policy. National Bureau of Economic Research (NBER) Working Papers, No. 9495.

Cattell, R. B. (1963). Theory of fluid and crystallized intelligence—A critical experiment. *Journal of Educational Psychology*,54(1):1-22.

Cawley, J., Heckman, J. J., & Vytlacil, E. (2001). Three observations on wages and measured cognitive ability. *Labour Economics*,8(4):419-442.

Chamorro-Premuzic, T., & Furnham, A. (2003). Personality traits and academic examination performance. *European Journal of Personality*,17(3):237-250.

Chan, T. W., & Boliver, V. (2013). The grandparents effect in social mobility: Evidence from British birth cohort studies. *American Sociological Review*,78(4):662-678.

Chan, T. W., & Koo, A. (2011). Parenting style and youth outcomes in the UK. *European Sociological Review*,27(3):385-399.

Chang, F., Jiang, Y. X., Loyalka, P., et al. (2019). Parental migration, educational achievement, and mental health of junior high school students in rural China. *China Economic Review*,54:337-349.

Chao, R., & Tseng, V. (2002). Parenting of Asians. In M. H. Bornstein (Eds.), *Handbook of Parenting: Social Conditions and Applied Parenting*. Mahwah, NJ, US: Lawrence Erlbaum Associates Publishers.

Chao, R. K. (1994). Beyond parental control and authoritarian parenting style—Understanding Chinese parenting through the cultural notion of training. *Child Development*, 65(4): 1111 – 1119.

Chao, R. K. (2001). Extending research on the consequences of parenting style for Chinese Americans and European Americans. *Child Development*, 72(6): 1832 – 1843.

Chao, R. K., & Aque, C. (2009). Interpretations of parental control by Asian immigrant and European American youth. *Journal of Family Psychology*, 23(3): 342 – 354.

Cheadle, J. E. (2008). Educational investment, family context, and children's math and reading growth from kindergarten through the third grade. *Sociology of Education*, 81(1): 1 – 31.

Chetty, R., Hendren, N., Kline, P., et al. (2014). Where is the land of opportunity? The geography of intergenerational mobility in the United States. *Quarterly Journal of Economics*, 129(4): 1553 – 1623.

Cobb – Clark, D. A., Salamanca, N., & Zhu, A. N. (2019). Parenting style as an investment in human development. *Journal of Population Economics*, 32(4): 1315 – 1352.

Coleman, J. S., Campbell, E. Q., Hobson, C., et al. (1966). Equality of educational opportunity Washington. *DC: US Government Printing Office*: 1 – 32.

Collins, W. A., Maccoby, E. E., Steinberg, L., et al. (2000). Contemporary research on parenting—The case for nature and nurture. *American Psychologist*, 55(2): 218 – 232.

Costa, P. T., & Mccrae, R. R. (1992). *Revised Neo Personality Inventory (NEO PI-R) and NEO Five-Factor Inventory (NEO-FFI)*. Odessa, FL: Psychological Assessment Resources (PAR).

Crook, M. N. (1937). Intra-family relationships in personality test performance. *Psychological Record*, 1(29): 479 – 502.

Cunha, F. (2015). Subjective rationality, parenting styles, and investments in children. In A. B. Booth, & S. M. McHale (Eds.), *Families in An Era of Increasing Inequality*. Springer, 83 – 94.

Cunha, F., & Heckman, J. J. (2007). The technology of skill formation. *American Economic Review*, 97(2): 31 – 47.

Cunha, F., & Heckman, J. J. (2008). Formulating, identifying and estimating the technology of cognitive and noncognitive skill formation. *Journal of Human Resources*, 43(4): 738 – 782.

Cunha, F., & Heckman, J. J. (2009). The economics and psychology of inequality and human development. *Journal of the European Economic Association*,7(2-3):320-364.

Cunha,F.,Heckman,J. J.,& Schennach,S. M. (2010). Estimating the technology of cognitive and noncognitive skill formation. *Econometrica*,78(3):883-931.

Cunha,F.,Heckman,J. J.,Lochner,L.,et al. (2005). Interpreting the evidence on life cycle skill formation. National Bureau of Economic Research (NBER) Working Papers, No. 11331.

Dahl,R. E. (2004). Adolescent brain development:A period of vulnerabilities and opportunities-keynote address. *Adolescent Brain Development:Vulnerabilities and Opportunities*, 1021:1-22.

Darling,N.,& Steinberg,L. (1993). Parenting style as context:An integrative model. *Psychological Bulletin*,113(3):487-496.

De Coulon,A.,Meschi,E.,& Vignoles,A. (2011). Parents' skills and children's cognitive and non-cognitive outcomes. *Education Economics*,19(5):451-474.

Deary,I. J.,Strand,S.,Smith,P.,et al. (2007). Intelligence and educational achievement. *Intelligence*,35(1):13-21.

Del Boca,D.,Flinn,C.,& Wiswall,M. (2014). Household choices and child development. *Review of Economic Studies*,81(1):137-185.

Del Boca,D.,Piazzalunga,D.,& Pronzato,C. (2018). The role of grandparenting in early childcare and child outcomes. *Review of Economics of the Household*,16(2):477-512.

Delaney,L.,Harmon,C.,& Ryan,M. (2013). The role of noncognitive traits in undergraduate study behaviours. *Economics of Education Review*,32:181-195.

Deng,L. F.,& Tong,T. T. (2020). Parenting style and the development of noncognitive ability in children. *China Economic Review*,62:101477.

Dettmer,A. M.,Heckman,J. J.,Pantano,J.,et al. (2020). Intergenerational effects of early-life advantage:Lessons from a primate study. National Bureau of Economic Research (NBER) Working Papers,No. 27737.

Dippel,C.,Ferrara,A.,& Heblich,S. (2020). Causal mediation analysis in instrumental-variables regressions. *The Stata Journal*,20(3):613-626.

Dippel,C.,Gold,R.,Heblich,S.,et al. (2022). The effect of trade on workers and voters. *The Economic Journal*,132:199-217.

Doepke,M.,Sorrenti,G.,& Zilibotti,F. (2019). The economics of parenting. *Annual Review of Economics*,11:55-84.

Doepke, M., & Zilibotti, F. (2017). Parenting with style: Altruism and paternalism in intergenerational preference transmission. *Econometrica*, 85(5): 1331–1371.

Doepke, M., & Zilibotti, F. (2019). *Love, Money, and Parenting: How Economics Explains the Way We Raise Our Kids*. Princeton, NJ: Princeton University Press.

Dohmen, T., Falk, A., Huffman, D., et al. (2012). The intergenerational transmission of risk and trust attitudes. *Review of Economic Studies*, 79(2): 645–677.

Dooley, M., & Stewart, J. (2007). Family income, parenting styles and child behavioural-emotional outcomes. *Health Economics*, 16(2): 145–162.

Duckworth, A. L., et al. (2015). Measurement matters: Assessing personal qualities other than cognitive ability for educational purposes. *Educational Researcher*, 44(4): 237–251.

Duff, A., Boyle, E., Dunleavy, K., et al. (2004). The relationship between personality, approach to learning and academic performance. *Personality and Individual Differences*, 36(8): 1907–1920.

Eysenck, H. J. (1996). Personality and the experimental study of education. *European Journal of Personality*, 10(5), 427–439.

Falk, A., Kosse, F., Pinger, P., et al. (2021). Socioeconomic status and inequalities in children's IQ and economic preferences. *Journal of Political Economy*, 129(9): 2504–2545.

Farkas, G. (2003). Cognitive skills and noncognitive traits and behaviors in stratification processes. *Annual Review of Sociology*, 29: 541–562.

Farsides, T., & Woodfield, R. (2003). Individual differences and undergraduate academic success: The roles of personality, intelligence, and application. *Personality and Individual Differences*, 34(7): 1225–1243.

Fiorini, M., & Keane, M. P. (2014). How the allocation of children's time affects cognitive and noncognitive development. *Journal of Labor Economics*, 32(4): 787–836.

Firpo, S., Fortin, N. M., & Lemieux, T. (2009). Unconditional quantile regressions. *Econometrica*, 77(3): 953–973.

Flynn, J. R. (2007). *What is Intelligence? Beyond the Flynn Effect*. Cambridge, UK: Cambridge University Press.

Francesconi, M., & Heckman, J. J. (2016). Child development and parental investment: Introduction. *Economic Journal*, 126(596): F1–F27.

Frey, M. C., & Detterman, D. K. (2004). Scholastic assessment or g? The relationship between the scholastic assessment test and general cognitive ability. *Psychological Science*, 15(6):

373-378.

Furnham, A., Chamorro-Premuzic, T., & Mcdougall, F. (2002). Personality, cognitive ability, and beliefs about intelligence as predictors of academic performance. *Learning and Individual Differences*, 14(1): 47-64.

Furnham, A., & Cheng, H. (2000). Perceived parental behaviour, self-esteem and happiness. *Social Psychiatry and Psychiatric Epidemiology*, 35(10): 463-470.

Garn, A. C., Matthews, M. S., & Jolly, J. L. (2010). Parental influences on the academic motivation of gifted students: A self-determination theory perspective. *Gifted Child Quarterly*, 54(4): 263-272.

Garrett, P., Ngandu, N., & Ferron, J. (1994). Poverty experiences of young-children and the quality of their home environments. *Child Development*, 65(2): 331-345.

Gelbach, J. B. (2016). When do covariates matter? And which ones, and how much? *Journal of Labor Economics*, 34(2): 509-543.

Gertler, P., Heckman, J. J., Pinto, R., et al. (2014). Labor market returns to an early childhood stimulation intervention in Jamaica. *Science*, 344(6187): 998-1001.

Glewwe, P., Huang, Q. Q., & Park, A. (2017). Cognitive skills, noncognitive skills, and school-to-work transitions in rural China. *Journal of Economic Behavior & Organization*, 134: 141-164.

Gong, J., Lu, Y., & Song, H. (2018). The effect of teacher gender on students' academic and noncognitive outcomes. *Journal of Labor Economics*, 36(3): 743-778.

Grönqvist, E., Öckert, B., & Vlachos, J. (2017). The intergenerational transmission of cognitive and noncognitive abilities. *Journal of Human Resources*, 52(4): 887-918.

Groves, M. (2005). Personality and the intergenrational transmission of economic status. In M. Groves, S. Bowles, & H. Gintis (Eds.), *Unequal Chances: Family Background and Economic Success*. Princeton, NJ: Princeton University Press.

Guo, G., & Harris, K. M. (2000). The mechanisms mediating the effects of poverty on children's intellectual development. *Demography*, 37(4): 431-447.

Hamermesh, D. S., & Biddle, J. E. (1994). Beauty and the labor-market. *American Economic Review*, 84(5): 1174-1194.

Hanushek, E. A. (2011). Developing a skills-based agenda for "New Human Capital" research [EB/OL]. Social Science Research Network Electronic. https://papers.ssrn.com/sol3/papers.cfm?abstract_id=1889200.

Heckman, J. J. (2011). Integrating personality psychology into economics. National Bureau of Economic Research (NBER) Working Papers, No. 17378.

Heckman, J. J., & Corbin, C. O. (2016). Capabilities and skills. *Journal of Human Development and Capabilities*, 17(3): 342–359.

Heckman, J. J., Humphries, J. E., Veramendi, G., et al. (2014). Education, health and wages. National Bureau of Economic Research (NBER) Working Papers, No. 19971.

Heckman, J. J., & Kautz, T. (2012). Hard evidence on soft skills. *Labour economics*, 19(4), 451–464.

Heckman, J. J., & Mosso, S. (2014). The economics of human development and social mobility. *Annual Review of Economics*, 6(1): 689–733.

Heckman, J. J., Pinto, R., & Savelyev, P. (2013). Understanding the mechanisms through which an influential early childhood program boosted adult outcomes. *American Economic Review*, 103(6): 2052–2086.

Heckman, J. J., & Raut, L. K. (2016). Intergenerational long-term effects of preschool: Structural estimates from a discrete dynamic programming model. *Journal of Econometrics*, 191(1), 164–175.

Heckman, J. J., & Sedlacek, G. (1985). Heterogeneity, aggregation, and market wage functions: An empirical-model of self-selection in the labor-market. *Journal of Political Economy*, 93(6): 1077–1125.

Heckman, J. J., Stixrud, J., & Urzua, S. (2006). The effects of cognitive and noncognitive abilities on labor market outcomes and social behavior. *Journal of Labor Economics*, 24(3): 411–482.

Herrnstein, R. J., & Murray, C. A. (1994). *The Bell Curve: Intelligence and Class Structure in American Life*. New York, NY: Free Press.

Hill, M. A., & Oneill, J. (1994). Family endowments and the achievement of young-children with special reference to the underclass. *Journal of Human Resources*, 29(4): 1064–1100.

Hill, N. E., & Tyson, D. F. (2009). Parental involvement in middle school: A meta-analytic assessment of the strategies that promote achievement. *Developmental psychology*, 45(3), 740.

Husain, M., & Millimet, D. L. (2009). The mythical 'boy crisis'? *Economics of Education Review*, 28(1): 38–48.

Imai, K., Keele, L., & Yamamoto, T. (2010). Identification, inference and sensitivity analysis for causal mediation effects. *Statistical science*, 25(1): 51–71.

Imai,K. ,& Yamamoto,T. (2013). Identification and sensitivity analysis for multiple causal mechanisms: Revisiting evidence from framing experiments. *Political Analysis*,21(2): 141 – 171.

Insel,P. M. (1974). Maternal effects in personality. *Behavior Genetics*,4(2): 133 – 143.

Jaffee,S. R. ,Bowes,L. ,Ouellet-Morin,I. ,et al. (2013). Safe,stable,nurturing relationships break the intergenerational cycle of abuse: A prospective nationally representative cohort of children in the United Kingdom. *Journal of Adolescent Health*,53(4): S4 – S10.

James-Burdumy, S. (2005). The effect of maternal labor force participation on child development. *Journal of Labor Economics*,23(1): 177 – 211.

Jencks,C. (1979). *Who Gets Ahead? The Determinants of Economic success in America*. New York,NY: Basic Books.

Jensen, A. R. (1998). *The G Factor: The Science of Mental Ability*. Westport, CT: Greewood.

Johnston,D. W. , Schurer, S. , & Shields, M. A. (2013). Exploring the intergenerational persistence of mental health: Evidence from three generations. *Journal of Health Economics*, 32 (6): 1077 – 1089.

Kautz, T. , Heckman, J. J. , Diris, R. , et al. (2014). Fostering and measuring skills: Improving cognitive and non-cognitive skills to promote lifetime success. National Bureau of Economic Research (NBER) Working Papers,No. 20749.

Kelly, Y. , Sacker, A. , Del Bono, E. , et al. (2011). What role for the home learning environment and parenting in reducing the socioeconomic gradient in child development? Findings from the millennium cohort study. *Archives of Disease in Childhood*,96(9): 832 – U877.

Khanam,R. ,& Nghiem,S. (2016). Family income and child cognitive and noncognitive development in Australia: Does money matter? *Demography*,53(3): 597 – 621.

Kimmes,J. G. ,& Heckman,S. J. (2017). Parenting styles and college enrollment: A path analysis of risky human capital decisions. *Journal of Family and Economic Issues*, 38 (4): 614 – 627.

Kiuru,N. ,Aunola,K. ,Torppa,M. ,et al. (2012). The role of parenting styles and teacher interactional styles in children's reading and spelling development. *Journal of School Psychology*,50 (6): 799 – 823.

Ko,P. C. ,& Hank,K. (2014). Grandparents caring for grandchildren in China and Korea: Findings from CHARLS and KLoSA. *Journals of Gerontology series B: Psychological sciences and social sciences*,69(4): 646 – 651.

Laidra, K. , Pullmann, H. , & Allik, J. (2007). Personality and intelligence as predictors of academic achievement: A cross-sectional study from elementary to secondary school. *Personality and Individual Differences*, 42(3): 441 – 451.

Lamb, M. E. (2004). *The Role of the Father in Child Development*. Hoboken, NJ: John Wiley & Sons, INC..

Lamborn, S. D. , Mounts, N. S. , Steinberg, L. , et al. (1991). Patterns of competence and adjustment among adolescents from authoritative, authoritarian, indulgent, and neglectful families. *Child Development*, 62(5): 1049 – 1065.

Lareau, A. (2002). Invisible inequality: Social class and child rearing in black families and white families. *American Sociological Review*, (5): 747 – 776.

Lee, S. Y. , & Seshadri, A. (2019). On the intergenerational transmission of economic status. *Journal of Political Economy*, 127(2): 855 – 921.

Leeson, P. , Ciarrochi, J. , & Heaven, P. C. L. (2008). Cognitive ability, personality, and academic performance in adolescence. *Personality and Individual Differences*, 45(7): 630 – 635.

Li, X. W. , & Xie, J. (2017). Parenting styles of Chinese families and children's social-emotional and cognitive developmental outcomes. *European Early Childhood Education Research Journal*, 25(4): 637 – 650.

Li, Y. , Hu, T. T. , Ge, T. S. , et al. (2019). The relationship between home-based parental involvement, parental educational expectation and academic performance of middle school students in mainland China: A mediation analysis of cognitive ability. *International Journal of Educational Research*, 97: 139 – 153.

Liu, A. R. , & Xie, Y. (2015). Influences of monetary and non-monetary family resources on children's development in verbal ability in China. *Research in Social Stratification and Mobility*, 40: 59 – 70.

Lizzeri, A. , & Siniscalchi, M. (2008). Parental guidance and supervised learning. *The Quarterly Journal of Economics*, 123(3), 1161 – 1195.

Loehlin, J. (2005). Resemblance in personality and attitudes between parents and their children: Genetic and environmental contributions. In S. Bowles, H. Gintis, & M. Groves (Eds.), *Unequal Chances: Family Background and Economic Success*. Princeton, NJ: Princeton University Press.

Lugo-Gil, J. , & Tamis-Lemonda, C. S. (2008). Family resources and parenting quality: Links to children's cognitive development across the first 3 years. *Child Development*, 79(4): 1065 – 1085.

Luo, Y. H., Qi, M. D., Huntsinger, C. S., et al. (2020). Grandparent involvement and preschoolers' social adjustment in Chinese three-generation families: Examining moderating and mediating effects. *Children and Youth Services Review*, 114: 105057.

Maccoby, E., & Martin, A. (1983). Socialization in the context of the family: Parent-child interactions. In E. M. Hetherington, & P. H. Mussen (Eds.), *Handbook of Child Psychology*. New York: Wiley.

Majumder, M. A. (2016). The impact of parenting style on children's educational outcomes in the United States. *Journal of Family and Economic Issues*, 37(1): 89 – 98.

Masten, A. S., & Coatsworth, J. D. (1998). The development of competence in favorable and unfavorable environments: Lessons from research on successful children. *American Psychologist*, 53(2): 205 – 220.

Masud, H., Thurasamy, R., & Ahmad, M. S. (2015). Parenting styles and academic achievement of young adolescents: A systematic literature review. *Quality & Quantity*, 49(6): 2411 – 2433.

Mattanah, J. F., Pratt, M. W., Cowan, P. A., et al. (2005). Authoritative parenting, parental scaffolding of long-division mathematics, and children's academic competence in fourth grade. *Journal of Applied Developmental Psychology*, 26(1): 85 – 106.

Mauro, C. F., & Harris, Y. R. (2000). The influence of maternal child-rearing attitudes and teaching behaviors on preschoolers' delay of gratification. *Journal of Genetic Psychology*, 161(3): 292 – 306.

Mayer, S. E. (1997). *What Money Can't Buy: Family Income and Children's Life Chances*. Cambridge, MA: Harvard University Press.

Mayer, S. E., Duncan, G., & Kalil, A. (2004). Like mother, like daughter? SES and the intergenerational correlation of traits, behaviors and attitudes. Harris school of Public policy studies, University of Chicago, No. 0415.

McLoyd, V. C. (1998). Socioeconomic disadvantage and child development. *American Psychologist*, 53(2): 185.

Miller, J. E., & Davis, D. (1997). Poverty history, marital history, and quality of children's home environments. *Journal of Marriage and the Family*, 59(4): 996 – 1007.

Nisbett, R. E., Aronson, J., Blair, C., et al. (2012). Intelligence new findings and theoretical developments. *American Psychologist*, 67(2): 130 – 159.

Nybom, M., & Stuffier, J. (2017). Biases in standard measures of intergenerational income *dependence. Journal of Human Resources*,52(3):800 – 825.

OECD (2019). *PISA 2018 assessment and analytical framework* [EB/OL]. PISA, OECD Publishing. https://www.oecd-ilibrary.org/content/publication/b25efab8-en.

Paunonen, S. V., & Ashton, M. C. (2001). Big five predictors of academic achievement. *Journal of Research in Personality*,35(1):78 – 90.

Paxson, C., & Schady, N. (2007). Cognitive development among young children in Ecuador: The roles of wealth, health, and parenting. *Journal of Human Resources*,42(1):49 – 84.

Pinquart, M., & Kauser, R. (2018). Do the associations of parenting styles with behavior problems and academic achievement vary by culture? Results from a meta-analysis. *Cultural Diversity & Ethnic Minority Psychology*,24(1):75 – 100.

Plomin, R. (1983). Developmental behavioral-genetics-introduction. *Child Development*,54(2):253 – 259.

Plug, E., & Vijverberg, W. (2003). Schooling, family background, and adoption: Is it nature or is it nurture? *Journal of Political Economy*,111(3):611 – 641.

Poropat, A. E. (2009). A meta-analysis of the five-factor model of personality and academic performance. *Psychological Bulletin*,135(2):322 – 338.

Raven, J. C., & Court, J. H. (1998). *Manual for Raven's Progressive Matrices and Vocabulary Scales*. San Antonio, TX: The Psychological Corporation.

Richardson, M., Abraham, C., & Bond, R. (2012). Psychological correlates of university students' academic performance: A systematic review and meta-analysis. *Psychological Bulletin*,138(2):353 – 387.

Roberts, R. D., Goff, G. N., Anjoul, F., et al. (2000). The armed services vocational aptitude battery (ASVAB): Little more than acculturated learning (Gc)!? *Learning and Individual Differences*,12(1):81 – 103.

Rohde, T. E., & Thompson, L. A. (2007). Predicting academic achievement with cognitive ability. *Intelligence*,35(1):83 – 92.

Rosenberg, M. (1965). *Society and the Adolescent Self-Image*. Princeton, NJ: Princeton University Press.

Rothstein, M. G., Paunonen, S. V., Rush, J. C., et al. (1994). Personality and cognitive – ability predictors of performance in graduate business school. *Journal of Educational Psychology*,86(4):516 – 530.

Rotter, J. B. (1966). Generalized expectancies for internal versus external control of reinforcement. *Psychological Monographs*,80(1):1-28.

Sacerdote,B. (2002). The nature and nurture of economic outcomes. *American Economic Review*,92(2):344-348.

Sanchez,M. M.,Rejano,E. I.,& Troyano Rodriguez,Y. (2001). Personality and academic productivity in the university student. *Social Behavior and Personality*,29(3):299-305.

Sangawi,H.,Adams,J.,& Reissland,N. (2015). The effects of parenting styles on behavioral problems in primary school children:A cross-cultural review. *Asian social science*,11(22):171-186.

Schuerger,J. M.,& Witt,A. C. (1989). The temporal stability of individually tested intelligence. *Journal of Clinical Psychology*,45(2):294-302.

Schultz,T. W. (1961). Investment in human-capital. *American Economic Review*,51(1-2):1-17.

Segal,C. (2013). Misbehavior, education, and labor market outcomes. *Journal of the European Economic Association*,11(4):743-779.

Shi,Y. J.,Zhang,L. X.,Ma,Y.,et al. (2015). Dropping out of rural China's secondary schools:A mixed-methods analysis. *China Quarterly*,224:1048-1069.

Simons,R. L.,Beaman,J.,Conger,R. D.,et al. (1993). Childhood experience,conceptions of parenting,and attitudes of spouse as determinants of parental behavior. *Journal of Marriage and the Family*:91-106.

Solon,G. (1992). Intergenerational income mobility in the United States. *American Economic Review*,82(3):393-408.

Spearman,C. (1904)."General intelligence" objectively determined and measured. *American Journal of Psychology*,15:201-292.

Spera,C. (2005). A review of the relationship among parenting practices, parenting styles, and adolescent school achievement. *Educational Psychology Review*,17(2):120-146.

Stankov,L.,& Lee,J. (2014). Quest for the best non-cognitive predictor of academic achievement. *Educational Psychology*,34(1):1-8.

Stock,J.,& Yogo,M. (2002). Testing for weak instruments in linear IV regression. National Bureau of Economic Research (NBER) Working Papers,No. 284.

Thompson,R. A.,& Nelson,C. A. (2001). Developmental science and the media:Early brain development[J]. *American Psychologist*,56(1):5-15.

Todd,P. E.,& Wolpin,K. I. (2003). On the specification and estimation of the production function for cognitive achievement. *The Economic Journal*, 113(485): F3 – F33.

Todd, P. E., & Wolpin, K. I. (2007). The production of cognitive achievement in children: Home, school, and racial test score gaps. *Journal of Human capital*, 1(1): 91 – 136.

Villa, K. M. (2017). Multidimensional human capital formation in a developing country: Health, cognition and locus of control in the Philippines. *Economics & Human Biology*, 27: 184 – 197.

Wake, M., Nicholson, J. M., Hardy, P., et al. (2007). Preschooler obesity and parenting styles of mothers and fathers: Australian National Population Study. *Pediatrics*, 120(6): E1520 – E1527.

Wang, M. F., & Xing, X. P. (2014). Intergenerational transmission of parental corporal punishment in China: The moderating role of spouse's corporal punishment. *Journal of Family Violence*, 29(2): 119 – 128.

Weiss, L. H., & Schwarz, J. C. (1996). The relationship between parenting types and older adolescents' personality, academic achievement, adjustment, and substance use. *Child Development*, 67(5): 2101 – 2114.

Whitelaw, N. C., & Whitelaw, E. (2006). How lifetimes shape epigenotype within and across generations. *Human Molecular Genetics*, 15: R131 – R137.

Wooldridge, J. M. (2010). *Econometric Analysis of Cross Section and Panel Data*. Cambridge, UK: The MIT Press.

Wu, J., Wei, X., Zhang, H., et al. (2019). Elite schools, magnet classes, and academic performances: Regression-discontinuity evidence from China. *China Economic Review*, 55: 143 – 167.

Yang, J., & Zhao, X. H. (2020). Parenting styles and children's academic performance: Evidence from middle schools in China. *Children and Youth Services Review*, 113: 105017.

Zeng, Z., & Xie, Y. (2014). The effects of grandparents on children's schooling: Evidence from rural China. *Demography*, 51(2): 599 – 617.

Zhang, W. (2020). Shadow education in the service of tiger parenting: Strategies used by middle-class families in China. *European Journal of Education*, 55(3): 388 – 404.

Zhao, Q. R., Wang, X. B., & Rozelle, S. (2019). Better cognition, better school performance? Evidence from primary schools in China. *China Economic Review*, 55: 199 – 217.

Zhou, H., Ye, R. X., Sylvia, S., et al. (2020). "At three years of age, we can see the future": Cognitive skills and the life cycle of rural Chinese children. *Demographic Research*, 43: 169 – 182.

Zimmerman, D. J. (1992). Regression toward mediocrity in economic stature. *American Economic Review*, 82(3): 409-429.

Zumbuehl, M., Dohmen, T., & Pfann, G. (2013). Parental investment and the intergenerational transmission of economic preferences and attitudes. Institute of Labor Economics (IZA) Discussion Papers, No. 7476.

Zumbuehl, M., Dohmen, T., & Pfann, G. (2021). Parental involvement and the intergenerational transmission of economic preferences, attitudes and personality traits. *The Economic Journal*, 131(638): 2642-2670.

陈琳,袁志刚(2012). 中国代际收入流动性的趋势与内在传递机制.《世界经济》,35(6): 115-131.

程虹,李唐(2017). 人格特征对于劳动力工资的影响效应:基于中国企业—员工匹配调查(CEES)的实证研究.《经济研究》,52(2): 171-186.

池丽萍,俞国良(2011). 教育成就代际传递的机制:资本和沟通的视角.《教育研究》,32(9): 22-28.

辞海委员会(1979).《辞海》. 上海:上海辞书出版社.

杜屏,张世娇,张雅楠(2018). 父母工资收入对小学生非认知技能的影响及其机制的研究.《教育经济评论》,3(2): 81-99.

方超,黄斌(2019). 非认知能力、家庭教育期望与子代学业成绩:基于CEPS追踪数据的经验分析.《全球教育展望》,48(1): 55-70.

方晨晨(2018). 家庭背景、课外补习与学生非认知能力的关系研究:基于中国教育追踪调查数据的经验证据.《当代教育论坛》,(4): 39-46.

方平,熊端琴,郭春彦(2003). 父母教养方式对子女学业成就影响的研究.《心理科学》(1): 73-76.

冯帅章,陈媛媛(2012). 学校类型与流动儿童的教育:来自上海的经验证据.《经济学(季刊)》,11(4): 1455-1476.

郭丛斌,闵维方(2007). 中国城镇居民教育与收入代际流动的关系研究.《教育研究》(5): 3-14.

郭衍,曹一鸣,王立东(2015). 教师信息技术使用对学生数学学业成绩的影响:基于三个学区初中教师的跟踪研究.《教育研究》,36(1): 128-135.

何先友(1998). 小学生数学自我效能、自我概念与数学成绩关系的研究.《心理发展与教育》(1): 3-5.

胡咏梅,元静(2021). 学校投入与家庭投入哪个更重要?回应由《科尔曼报告》引起的关于学校与家庭作用之争.《华东师范大学学报(教育科学版)》,39(1):1-25.

黄超(2018).家长教养方式的阶层差异及其对子女非认知能力的影响.《社会》,38(6):216-240.

康丽颖(2019).家校共育:相同的责任与一致的行动.《中国教育学刊》,11:45-49.

李波(2018).父母参与对子女发展的影响:基于学业成绩和非认知能力的视角.《教育与经济》(3):54-64.

李锋亮,侯龙龙,文东茅(2006).父母教育背景对子女在高校中学习与社会活动的影响.《社会》(1):112-129.

李佳丽,张平平,武玮(2021).家庭教育投入对学生发展的异质性影响效应研究.《国家教育行政学院学报》(8):35-45.

李佳丽,赵楷,梁会青(2020).养育差异还是养育陷阱?家庭教养方式对学生发展的异质性影响研究.《中国青年研究》(9):68-75.

李丽,赵文龙(2017).家庭背景、文化资本对认知能力和非认知能力的影响研究.《东岳论丛》,38(4):142-150.

李丽,赵文龙,边卫军(2017).家庭背景对非认知能力影响的实证研究.《教育发展研究》,37(1):45-52.

李任玉,陈悉榕,甘犁(2017).代际流动性趋势及其分解:增长、排序与离散效应.《经济研究》,52(9):165-181.

李涛,张文韬(2015).人格特征与股票投资.《经济研究》,50(6):103-116.

李天燕(2007).《家庭教育学》.上海:复旦大学出版社.

李晓东,张炳松(2001).成就目标、社会目标、自我效能及学习成绩与学业求助的关系.《心理科学》(1):54-58.

李晓曼,曾湘泉(2012).新人力资本理论:基于能力的人力资本理论研究动态.《经济学动态》(11):120-126.

李晓曼,于佳欣,代俊廷,等(2019).生命周期视角下新人力资本理论的最新进展:测量、形成及作用.《劳动经济研究》,7(6):110-131.

梁文艳,叶晓梅,李涛(2018).父母参与如何影响流动儿童认知能力:基于CEPS基线数据的实证研究.《教育学报》,14(1):80-94.

刘成奎,王宙翔,任飞容(2019).努力与儿童认知能力.《经济学动态》(4):49-62.

刘靖,毛学峰(2021).信任的代际传递与青少年社会信任.《经济学动态》,9:108-119.

刘泽云,郭睿(2020).流动儿童对本地儿童学习成绩的影响:基于CEPS数据的分析.

《北京大学教育评论》,18(4):71-102.

刘中华(2018). 非认知能力对学业成就的影响:基于中国青少年数据的研究.《劳动经济研究》,6(6):69-94.

卢春天,李一飞,陈玲(2019). 情感投入还是经济支持:对家庭教育投资的实证分析.《社会发展研究》,6(1):50-67.

罗楚亮,刘晓霞(2018). 教育扩张与教育的代际流动性.《中国社会科学》(2):121-140.

马莉萍,卜尚聪(2020). 多元招生录取背景下的公平性研究:家庭背景如何影响学生进入重点大学?《教育经济评论》,5(2):31-44.

茅铭芝(2020). 家庭培育模式对人力资本形成的影响研究. 浙江大学博士论文.

缪建东(2009).《家庭教育学》. 北京:高等教育出版社.

逄宇,佟月华,田录梅(2011). 自尊和学习动机与学业成绩的关系.《济南大学学报(自然科学版)》,25(3):327-330.

孙志军,刘泽云,孙百才(2009). 家庭、学校与儿童的学习成绩:基于甘肃省农村地区的研究.《北京师范大学学报(社会科学版)》,5:103-115.

王春超,林俊杰(2021). 父母陪伴与儿童的人力资本发展.《教育研究》,42(1):104-128.

王春超,张承莎(2019). 非认知能力与工资性收入.《世界经济》,42(3):143-167.

王骏(2018). 非认知能力发展能够解释学业成绩分布的性别差异吗?来自北京市城市功能拓展区的经验证据.《世界经济文汇》(6):49-69.

王骏,孙志军(2015). 重点高中能否提高学生的学业成绩:基于F县普通高中的一个断点回归设计研究.《北京大学教育评论》,13(4):82-109.

王凯荣,辛涛,李琼(1999). 中学生自我效能感、归因与学习成绩关系的研究.《心理发展与教育》(4):3-5.

王兆先(1992).《家庭教育辞典》. 南京:南京大学出版社.

文东茅(2005). 家庭背景对我国高等教育机会及毕业生就业的影响.《北京大学教育评论》(3):58-63.

吴贾,林嘉达,韩潇(2020). 父母耐心程度、教育方式与子女人力资本积累.《经济学动态》(8):37-53.

吴愈晓,张帆(2020). "近朱者赤"的健康代价:同辈影响与青少年的学业成绩和心理健康.《教育研究》,41(7):123-142.

武玮,李佳丽(2021). 父母参与、未来信心与青少年发展:本地和流动青少年的对比分析.《教育与经济》,37(5):66-76.

谢宇,胡婧炜,张春泥(2014). 中国家庭追踪调查:理念与实践.《社会》,34(2):1-32.

邢敏慧,张航(2020).隔代抚养对初中生非认知能力发展的影响:基于CEPS数据的实证研究.《国家教育行政学院学报》(10):10.

薛海平,王蓉(2016).义务教育教师绩效奖金、教师激励与学生成绩.《教育研究》,37(5):21-33.

杨娟,赖德胜,邱牧远(2015).如何通过教育缓解收入不平等?.《经济研究》,50(9):86-99.

杨沫,王岩(2020).中国居民代际收入流动性的变化趋势及影响机制研究.《管理世界》,36(3):60-76.

杨中超(2018).家庭背景与学生发展:父母参与和自我教育期望的中介作用.《教育经济评论》,3(3):61-82.

姚植夫,刘奥龙(2019).隔代抚养对儿童学业成绩的影响研究.《人口学刊》,41(6):56-63.

尹志超,甘犁(2010).香烟,美酒和收入.《经济研究》,10:90-100.

岳昌君,周丽萍(2017).家庭背景对我国重点高中入学机会的影响:基于2014年高等教育改革学生调查的实证分析.《华中师范大学学报(人文社会科学版)》,56(3):146-153.

张帆,吴愈晓(2020).与祖辈同住:当前中国家庭的三代居住安排与青少年的学业表现.《社会》,40(3):212-240.

张皓辰,秦雪征(2019).父母的教养方式对青少年人力资本形成的影响.《财经研究》,45(2):46-58.

张建华,万千(2018).高校扩招与教育代际传递.《世界经济》,41(4):168-192.

张茜洋,冷露,陈红君,等(2017).家庭社会经济地位对流动儿童认知能力的影响:父母教养方式的中介作用.《心理发展与教育》,33(2):153-162.

张日昇,袁莉敏(2004).大学生外语焦虑、自我效能感与外语成绩关系的研究.《心理发展与教育》(3):56-61.

张勋,杨桐,万广华(2020).数字金融发展与居民消费增长:理论与中国实践.《管理世界》,36(11):48-63.

张云运,骆方,陶沙,等(2015).家庭社会经济地位与父母教育投资对流动儿童学业成就的影响.《心理科学》,38(1):19-26.

赵忠心(1988).《家庭教育学》.哈尔滨:黑龙江少年儿童出版社.

周金燕(2015).人力资本内涵的扩展:非认知能力的经济价值和投资.《北京大学教育评论》,13(1):78-95.

周兴,张鹏(2015).代际间的职业流动与收入流动:来自中国城乡家庭的经验研究.《经济学(季刊)》,14(1):351-372.

周洋,刘雪瑾(2017). 认知能力与家庭创业:基于中国家庭追踪调查(CFPS)数据的实证分析. 《经济学动态》(2):66-75.

周迎楠,毕重增(2017). 中小学生自我控制对学业成就的影响:学业可能自我和心理健康的中介作用. 《中国临床心理学杂志》,25(6):1134-1137.

朱红,张文杰(2020). 精英大学生家庭特征及其对子女能力素质的影响:以北京大学2016—2018级新生为例. 《高等教育研究》,41(10):71-82.

邹薇,马占利(2019). 家庭背景、代际传递与教育不平等. 《中国工业经济》(2):80-98.

附 录

附录1 第四章未显示的图表

附表4-1 样本选择流程

	学校数	班级数	样本量
所有样本	112	438	19 487
所有样本:仅保留七年级样本	112	221	10 279
随机分班样本:七年级			
第一步:保留"学校对新生编排班级的标准是随机或平均分配"的样本	96	189	8 771
第二步:保留"目前这个班所在的年级没有按总成绩或单科成绩分班"的样本	88	147	6 736
第三步:保留"本学期开学后,学校没有将八年级学生重新分班"的样本	77	130	5 893

附表4-2 大五人格的衡量指标及描述性统计

人格维度	各维度含义	对应问卷中的题项	基期样本		追踪样本	
			均值	标准差	均值	标准差
尽责性	个体的成就感和努力程度	就算身体不舒服仍然会尽量去上学	3.366	0.854	3.277	0.921
		会尽全力去做不喜欢的功课	3.386	0.795	3.135	0.864
		会尽力去做花很长时间的功课	3.492	0.762	3.130	0.873
宜人性	个体人际交往关系	班里大多数同学对自己很友好	3.297	0.827	3.311	0.766
		对这个学校的人感到亲近	3.039	0.935	3.009	0.893
外向性	个体自信心和活跃度	对自己的未来有信心	3.319	0.695	3.135	0.721
		经常参加学校或班级组织的活动	2.867	1.020	2.904	0.952
开放性	个体的好奇心和接受新鲜观念的能力	能够很快学会新知识	3.038	0.816	3.132	0.755
		对新鲜事物很好奇	3.514	0.777	3.374	0.705

（续表）

人格维度	各维度含义	对应问卷中的题项	基期样本		追踪样本	
			均值	标准差	均值	标准差
神经质	个体情绪状态	沮丧	3.831	0.978	3.718	1.07
		抑郁	4.107	1.031	3.811	1.112
		不快乐	3.808	1.033	3.73	1.088
		生活没有意思	4.308	1.05	4.099	1.105
		悲伤	4.032	1.017	3.907	1.073
		提不起劲儿来做事	—	—	3.885	1.099
		紧张	—	—	3.652	1.085
		担心过度	—	—	3.971	1.114
		预感有不好的事情会发生	—	—	3.71	1.204
		精力过于旺盛，上课不专心	—	—	3.952	1.081

附表4-3　父母教育投入（因子分析）

	父母教育投入				父母时间投入		父母金钱投入		均值	标准差
	因子1	因子2	因子3	因子4	因子1	因子2	因子1	因子2		
特征值	2.386	1.493	1.228	1.047	2.254	1.558	1.264	1.042		
方差贡献率	0.217	0.136	0.112	0.095	0.376	0.260	0.253	0.208		
和父母一起吃晚饭	-0.010	**0.810**	0.120	0.063	-0.035	**0.795**			5.632	1.046
和父母一起读书	**0.626**	0.344	-0.081	-0.036	**0.570**	0.422			3.612	2.077
和父母一起看电视	0.206	**0.757**	-0.046	-0.048	0.148	**0.762**			5.101	1.468
和父母一起做运动	**0.687**	0.347	-0.066	-0.046	**0.630**	0.409			3.789	2.019
和父母一起参观博物馆	**0.836**	-0.018	0.123	0.032	**0.866**	0.013			2.536	1.504
和父母一起出去看比赛	**0.835**	-0.011	0.140	0.040	**0.871**	0.021			2.598	1.591
有自己独立的书桌	0.142	0.122	**0.528**	-0.100			**0.607**	-0.110	0.845	0.361
家里的书是否多	0.232	-0.044	**0.527**	0.030			**0.614**	0.094	0.488	0.500
有电脑和网络	0.089	0.090	**0.653**	-0.089			**0.645**	-0.055	0.694	0.461
上校外辅导班或兴趣班的费用	-0.007	-0.009	0.386	**0.614**			0.289	**0.609**	1 267.2	4 075.4
交给学校的费用	0.037	0.023	-0.181	**0.800**			-0.137	**0.804**	1 311.8	3 555.5

注：父母教育投入各指标进行因子分析的KMO度量值为0.741 3；父母时间投入各指标进行因子分析的KMO度量值为0.720 0；父母金钱投入各指标进行因子分析的KMO度量值为0.813 5。

附表4-4　父母教养方式（因子分析）

	父母教养方式				父母反应		父母要求		均值	标准差
	因子1	因子2	因子3	因子4	因子1	因子2	因子1	因子2		
特征值	3.245	3.047	2.926	1.607	3.250	3.042	2.959	1.519		
方差贡献率	0.148	0.139	0.133	0.073	0.271	0.254	0.296	0.152		
与母亲讨论学校发生的事情	0.120	**0.618**	0.120	0.285	0.135	**0.691**			2.317	0.664

家庭教育对子女人力资本发展的影响研究

（续表）

	父母教养方式				父母反应		父母要求		均值	标准差
	因子1	因子2	因子3	因子4	因子1	因子2	因子1	因子2		
与父亲讨论学校发生的事情	**0.736**	0.072	0.101	0.151	0.746	0.105			2.014	0.704
与父亲讨论和朋友的关系	0.164	**0.628**	0.141	0.247	0.181	**0.695**			2.173	0.729
与父亲讨论和老师的关系	**0.760**	0.134	0.116	0.113	**0.770**	0.162			1.907	0.736
与父亲讨论和老师的关系	0.240	**0.568**	0.166	0.265	0.258	**0.643**			2.208	0.737
与父亲讨论心情	**0.736**	0.151	0.123	0.153	**0.747**	0.191			1.992	0.761
与父亲讨论心情	0.213	**0.820**	0.037	−0.072	0.229	**0.766**			2.108	0.798
与父亲讨论烦心事	**0.704**	0.389	0.018	−0.140	**0.712**	0.313			1.945	0.787
与父亲讨论烦心事	0.226	**0.799**	0.046	−0.083	0.244	**0.740**			2.039	0.814
与父亲讨论烦心事	**0.693**	0.376	0.034	−0.165	**0.703**	0.296			1.876	0.788
和母亲的关系	0.109	**0.465**	−0.007	0.270	0.107	**0.512**			2.732	0.494
和父亲的关系	**0.550**	0.093	−0.010	0.169	**0.548**	0.110			2.619	0.557
父母对作业、考试严格管理	0.148	−0.033	**0.524**	0.309			0.537	0.328	2.539	0.546
父母对学校表现严格管理	0.176	0.072	**0.591**	0.132			0.626	0.155	2.375	0.603
父母对每天上学严格管理	0.126	0.055	**0.618**	−0.029			0.652	−0.019	2.415	0.654
父母对每天几点回家严格管理	0.081	0.057	**0.657**	−0.044			0.675	−0.029	2.366	0.644
父母对和谁交朋友严格管理	0.086	0.122	**0.594**	0.007			0.621	0.009	2.161	0.705
父母对穿着打扮严格管理	0.061	0.140	**0.594**	0.015			0.609	0.052	2.141	0.700
父母对上网时间严格管理	−0.002	0.088	**0.573**	0.120			0.550	0.213	2.627	0.590
父母对看电视时间严格管理	0.049	0.121	**0.583**	0.117			0.580	0.200	2.421	0.656
父母对学业成绩有什么要求	0.047	0.020	0.056	**0.731**			0.033	**0.817**	2.893	0.871
父母的教育期望	0.077	0.069	0.065	**0.706**			0.060	**0.794**	6.610	1.969

注：父母教养方式各指标进行因子分析的KMO度量值为0.798 8；父母反应各指标进行因子分析的KMO度量值为0.773 9；父母要求各指标进行因子分析的KMO度量值为0.782 1。

附表 4-5　父母教养方式(聚类分析)

	类别1:忽视型	类别2:权威型	类别3:专制型	类别4:宽容型
父母要求	-0.385	0.286	0.175	-0.203
父母反应	-0.449	0.358	-0.240	0.168 2
该类型占比	18.94%	29.49%	26.18%	25.39%

附表 4-6　家庭教育对子女认知能力和非认知能力的影响(全样本)

变量	(1) 认知能力	(2) 非认知能力
父母教育投入	-0.039	0.074***
	(0.045)	(0.023)
父母权威型教养方式	0.060*	0.044***
	(0.034)	(0.017)
父母专制型教养方式	0.105***	0.017
	(0.031)	(0.016)
父母宽容型教养方式	0.077**	0.028*
	(0.035)	(0.017)
初始认知能力	0.376***	-0.003
	(0.021)	(0.007)
初始非认知能力	0.315***	0.514***
	(0.039)	(0.018)
性别	-0.020	0.015
	(0.021)	(0.010)
年龄	-0.106***	-0.015*
	(0.016)	(0.008)
汉族	0.030	0.033
	(0.052)	(0.026)
本地户籍	-0.019	-0.032**
	(0.035)	(0.015)
户口	0.006	-0.009
	(0.025)	(0.013)
独生子女	0.039	-0.003
	(0.026)	(0.013)
上过幼儿园	0.079***	-0.001
	(0.029)	(0.014)

家庭教育对子女人力资本发展的影响研究

(续表)

变量	(1) 认知能力	(2) 非认知能力
家庭经济条件	0.003 (0.018)	0.007 (0.010)
父亲受教育年限	0.016*** (0.005)	0.001 (0.002)
母亲受教育年限	0.007 (0.005)	0.000 (0.002)
常数项	1.306*** (0.258)	0.110 (0.131)
样本量	3 903	3 634
R^2	0.359	0.233

注：***代表在1%水平下显著，**代表在5%水平下显著，*代表在10%水平下显著。标准误都经过了班级层面的聚类调整。上表还控制了父母职业类型以及学校固定效应，限于篇幅未列出。

附表4-7 家庭教育影响子女认知能力和非认知能力的无条件分位数回归

变量	(1) 认知能力	(2)	(3)	(1) 非认知能力	(2)	(3)
	25分位点	50分位点	75分位点	25分位点	50分位点	75分位点
父母教育投入	-0.096 (0.124)	-0.065 (0.087)	-0.117 (0.078)	0.035 (0.054)	0.084** (0.042)	0.079** (0.039)
父母权威型教养方式	0.168* (0.091)	0.119* (0.063)	0.078 (0.056)	0.067* (0.038)	0.033 (0.032)	0.017 (0.029)
父母宽容型教养方式	0.264*** (0.089)	0.125** (0.061)	0.089* (0.052)	0.049 (0.039)	0.006 (0.030)	-0.010 (0.027)
父母专制型教养方式	0.221** (0.088)	0.114* (0.062)	0.137** (0.054)	0.030 (0.039)	0.009 (0.031)	0.002 (0.027)
样本量	2 123	2 123	2 123	2 010	2 010	2 010
R^2	0.187	0.187	0.139	0.160	0.167	0.130

注：***代表在1%水平下显著，**代表在5%水平下显著，*代表在10%水平下显著。标准误都经过了班级层面的聚类调整。上表还控制了子女初始认知能力和非认知能力、性别、年龄、民族、本地户籍、户口、独生子女、学前教育经历等个人特征；父母受教育年限、父母职业类型、家庭经济条件等家庭背景特征以及学校固定效应，限于篇幅未列出。

附表 4-8　变量描述性统计

变量	样本量	均值	标准差
工具变量			
生活区住着本地农民	5 647	0.406	0.491
生活区住着本地工人	5 647	0.217	0.412
生活区住着大部分外来务工人员	5 647	0.181	0.385
生活区住着教师/医生/工程师/公务员	5 647	0.191	0.393
生活区住着企业高级管理人员	5 647	0.056	0.231
学校是否提供学生宿舍？——是,全部学生寄宿	5 893	0.125	0.330
学校是否提供学生宿舍？——是,部分学生寄宿	5 893	0.294	0.456
学校是否提供学生宿舍？——否	5 893	0.581	0.493
同一学校其他家庭父母忽视型教养方式占比_基期	5 893	0.188	0.022
同一学校其他家庭父母权威型教养方式占比_基期	5 893	0.293	0.023
同一学校其他家庭父母专制型教养方式占比_基期	5 893	0.262	0.030
同一学校其他家庭父母宽容型教养方式占比_基期	5 893	0.253	0.026
同一学校其他家庭父母教育投入_基期	3 242	0.000	0.013
同一学校其他家庭父母忽视型教养方式占比_追踪	5 050	0.155	0.020
同一学校其他家庭父母权威型教养方式占比_追踪	5 050	0.285	0.024
同一学校其他家庭父母专制型教养方式占比_追踪	5 050	0.263	0.028
同一学校其他家庭父母宽容型教养方式占比_追踪	5 050	0.293	0.030
同一学校其他家庭父母教育投入_追踪	3 366	0.000	0.015
教师特征及师生关系			
班主任性别(男=1)	5 893	0.302	0.459
班主任是否毕业于师范类院校/专业?	5 893	0.938	0.241
班主任教龄	5 893	15.052	8.954
班主任是否有教学方面的高级职称?	5 893	0.177	0.381
经常被数学老师提问	5 824	2.769	0.896
经常被语文老师提问	5 840	2.8	0.887
经常被英语老师提问	5 814	2.87	0.903
经常被数学老师表扬	5 833	2.517	0.94
经常被语文老师表扬	5 825	2.573	0.923
经常被英语老师表扬	5 837	2.58	0.944

附表 4-9 家庭教育影响子女认知能力和非认知能力的 2SLS 回归第一阶段估计

变量	(1) 父母教育投入	(2) 父母权威型	(3) 父母专制型	(4) 父母宽容型
寄宿制度	-0.006 (0.010)	-0.009*** (0.002)	-0.008*** (0.003)	0.013*** (0.002)
生活区居住蓝领	-0.015 (0.010)	-0.004** (0.002)	0.003 (0.002)	0.000 (0.002)
生活区居住白领	0.051*** (0.011)	0.000 (0.002)	0.000 (0.003)	-0.008*** (0.003)
其他家庭父母教育投入	-1.624*** (0.337)	-0.115* (0.064)	0.216** (0.086)	0.062 (0.078)
其他家庭权威型教养方式占比	0.739*** (0.043)	3.364*** (0.009)	-0.066*** (0.012)	-0.054*** (0.011)
其他家庭专制型教养方式占比	0.223*** (0.049)	-0.039*** (0.010)	3.650*** (0.014)	-0.061*** (0.012)
其他家庭宽容型教养方式占比	0.428*** (0.051)	-0.044*** (0.011)	-0.076*** (0.014)	3.815*** (0.013)
常数项	-0.096*** (0.011)	0.016*** (0.002)	0.020*** (0.003)	0.013*** (0.003)
样本量	2 104	2 104	2 104	2 104

注：***代表在1%水平下显著，**代表在5%水平下显著，*代表在10%水平下显著。标准误都经过了班级层面的聚类调整。生活区居住蓝领代表"生活区住着本地农民或工人"；生活区居住白领代表"生活区住着教师/医生/工程师/公务员或企业高级管理人员"。上表还控制了子女初始认知能力和非认知能力、性别、年龄、民族、本地户籍、户口、独生子女、学前教育经历等个人特征；父母受教育年限、父母职业类型、家庭经济条件等家庭背景特征以及区县固定效应，限于篇幅未列出。

附表 4-10 与影响机制有关的变量描述性统计

	样本量	均值	标准差		样本量	均值	标准差
同伴质量				课外辅导			
学习成绩优良	5 388	2.37	0.603	奥数	5 429	0.038	0.19
学习努力刻苦	5 379	2.391	0.629	普通数学	5 429	0.283	0.45
想上大学	5 372	2.646	0.573	语文	5 429	0.125	0.331

(续表)

	样本量	均值	标准差		样本量	均值	标准差
逃课旷课	5 382	1.11	0.371	英语	5 429	0.273	0.445
违反校纪	5 387	1.141	0.398	绘画	5 429	0.068	0.252
打架	5 385	1.159	0.423	书法	5 429	0.036	0.186
抽烟喝酒	5 388	1.124	0.387	音乐	5 429	0.127	0.334
去网吧或游戏厅	5 384	1.166	0.445	舞蹈	5 429	0.039	0.193
谈恋爱	5 382	1.31	0.53	棋类	5 429	0.017	0.128
退学了	5 384	1.07	0.303	体育	5 429	0.085	0.278

附表 4-11　家庭教育对子女学业成绩的影响(2SLS 回归)

变量	(1) 总成绩	(2) 语文成绩	(3) 数学成绩	(4) 英语成绩
父母教育投入	0.226** (0.092)	0.184* (0.107)	0.101 (0.093)	0.163* (0.095)
父母权威型教养方式	0.367*** (0.060)	0.217*** (0.063)	0.243*** (0.065)	0.217*** (0.064)
父母专制型教养方式	0.243*** (0.059)	0.170*** (0.060)	0.207*** (0.063)	0.161*** (0.062)
父母宽容型教养方式	0.208*** (0.060)	0.129** (0.065)	0.140** (0.063)	0.129** (0.063)
最小特征值统计量	58.356	56.038	50.286	51.739
过度识别检验(p 值)	0.379	0.317	0.526	0.359
样本量	2 137	2 140	2 140	2 137
R^2	0.223	0.142	0.210	0.214

注：上表所用工具变量与正文表 4-3 所用工具变量一致。***代表在 1% 水平下显著，**代表在 5% 水平下显著，*代表在 10% 水平下显著。标准误都经过了班级层面的聚类调整。上表还控制了子女初始认知能力和非认知能力、性别、年龄、民族、本地户籍、户口、独生子女、学前教育经历等个人特征；父母受教育年限、父母职业类型、家庭经济条件等家庭背景特征以及区县固定效应，限于篇幅未列出。

附表 4-12　父母教育投入——因子分析

	父母教育投入		父母教养方式		均值	标准差
	因子1	因子2	因子1	因子2		
特征值	1.665	1.137	1.651	1.541		
方差贡献率(%)	0.333	0.227	0.330	0.308		
父母经常和孩子讨论学校里的事情	**0.719**	0.043			3.446	1.304
父母经常检查孩子的家庭作业	**0.737**	0.123			3.059	1.191
父母经常放弃看电视以免影响孩子学习	**0.753**	-0.035			2.835	1.374
过去12个月学校教育支出	-0.044	**0.818**			664.89	1385.33
过去12个月课外辅导费	0.192	**0.671**			226.21	844.67
父母要求孩子完成家庭作业			**0.659**	0.192	3.92	1.032
父母阻止或终止孩子看电视			**0.820**	0.036	3.485	1.144
父母限制孩子所看电视节目的类型			**0.737**	-0.064	2.647	1.408
父母关心孩子的教育			0.039	**0.863**	3.37	0.738
父母主动与孩子沟通和交流			0.024	**0.868**	3.528	0.703

注：上表数据来源于2010年CFPS。

附表 4-13　父母教养方式——聚类分析

	类别1:忽视型	类别2:权威型	类别3:专制型	类别4:宽容型
父母要求	-1.162	0.404	0.687	-1.089
父母反应	-1.115	0.906	-0.678	0.637
该类型占比	14.86%	31.86%	35.14%	18.14%

注：上表数据来源于2010年CFPS。各类型父母教养方式的命名依据与附表4-5一致。

附录2 第五章未显示的图表

附表5-1 拓展分析使用的变量的描述性统计

变量	样本量	均值	标准差	最小值	最大值
祖父母认知能力					
祖父字词能力	1 315	-0.121	1.009	-2.025	3.434
祖母字词能力	1 610	-0.211	0.892	-1.688	3.779
祖父数列能力	1 123	-0.147	0.962	-1.811	3.294
祖母数列能力	1 350	-0.212	0.873	-1.424	3.626
祖父母非认知能力					
祖父情绪稳定	1 367	-0.01	0.503	-3.006	1.406
祖母情绪稳定	1 645	-0.007	0.527	-2.819	1.794
祖父信心	1 365	-0.037	1.001	-3.015	1.342
祖母信心	1 650	-0.051	1.031	-2.915	1.418
祖父母参与照顾	7 985	0.245	0.43	0	1
子女教育(成年时期)					
是否读过高中	3 773	0.312	0.463	0	1
是否读过大学	3 773	0.735	0.441	0	1
高中及以上群体是否读过大学	2 773	0.425	0.494	0	1
父母教育					
父亲受教育年限	6 658	7.106	4.28	0	22
母亲受教育年限	6 652	5.869	4.595	0	22

附表5-2 父母教育投入和父母教养方式的因子分析

	父母教养方式		父母教育投入	
	要求	反应	时间	金钱
特征值	1.804	1.457	1.582	1.412
方差贡献率(%)	32.7	32.5	22.6	20.2
与父母教养方式有关的指标				

（续表）

	父母教养方式		父母教育投入	
	要求	反应	时间	金钱
父母要求孩子完成家庭作业	**0.667**	0.105		
父母阻止或终止孩子看电视	**0.815**	0.039		
父母限制孩子所看电视节目的类型	**0.724**	0.007		
父母关心孩子的教育	0.040	**0.897**		
父母主动与孩子沟通和交流	0.034	**0.899**		
与父母教育投入有关的指标				
父母经常和孩子讨论学校里的事情			**0.764**	0.123
父母经常检查孩子的作业			**0.744**	0.060
父母经常放弃看电视以免影响孩子学习①			**0.635**	-0.070
过去12个月学校教育支出			-0.027	**0.600**
过去12个月课外辅导费			0.086	**0.675**
家中有电脑			0.186	**0.599**
家庭存书量（不包括报纸、杂志、电子书）			-0.022	**0.462**

附表5-3　父母教养方式的聚类分析

	类别1:忽视型	类别2:权威型	类别3:专制型	类别4:宽容型
父母要求	-1.247	0.754	0.526	-0.773
父母反应	-0.941	0.782	-0.800	0.706
该类型占比(%)	17.07	30.11	29.04	23.78

附表5-4　认知能力和非认知能力代际传递的无条件分位数回归

变量	(1) 25分位点	(2) 50分位点	(3) 75分位点	(4) 25分位点	(5) 50分位点	(6) 75分位点
	字词能力			数列能力		
代际传递	0.502*** (0.025)	0.334*** (0.017)	0.256*** (0.018)	0.263*** (0.023)	0.239*** (0.023)	0.186*** (0.023)

---

① CFPS问卷中衡量父母时间投入的三个问题包括以下选项：从不、很少（每月1次）、偶尔（每周1—2次）、经常（每周2—3次）、很经常（每周6—7次）。这里的题项"父母经常放弃看电视以免影响孩子学习"意味着父母会把时间投入不影响孩子学习的活动上，可以理解为一种间接的时间投入。

（续表）

变量	(1) 25分位点	(2) 50分位点	(3) 75分位点	(4) 25分位点	(5) 50分位点	(6) 75分位点
	字词能力			数列能力		
样本量	3 523	3 523	3 523	2 832	2 832	2 832
R^2	0.147	0.170	0.130	0.126	0.214	0.207
	情绪稳定			信心		
代际传递	0.382*** (0.029)	0.238*** (0.017)	0.116*** (0.010)	0.068*** (0.011)	0.085*** (0.014)	0.040*** (0.010)
样本量	3 774	3 774	3 774	2 064	2 064	2 064
R^2	0.058	0.056	0.047	0.035	0.026	0.017

注：***代表在1%水平下显著，**代表在5%水平下显著，*代表在10%水平下显著。标准误都经过了区县层面的聚类调整。上表还控制了性别、户口、年龄、兄弟姐妹数量等个人特征，以及调查年份和区县的固定效应，限于篇幅未列出。

附录3　第六章未显示的图表及说明

本部分将具体说明各年龄组子女认知能力和非认知能力、父母教育投入、父母认知能力和非认知能力的测量指标。

(一)子女认知能力的测量指标

附表6-1展现了各年龄组子女认知能力的测量指标。选取"是否已经开始说完整的句子($talk$)""是否已经能数1—10($count$)"衡量2岁年龄组子女认知能力水平。选取"几个月大时开始说完整的句子($talkmonth$)""几个月大时能数1—10($countmonth$)"衡量4岁年龄组子女认知能力水平[①]。选取各年龄"上学期平时的语文成绩处在优、良、中、差哪个水平($chnlevel$)""上学期平时的数学成绩处在优、良、中、差哪个水平($mathlevel$)"分别衡量6岁、8岁年龄组子女认知能力水平(差=1;中=2;良=3;优=4)。选取各年龄"字词测试得分($wordtest$)""数列测试得分($mathtest$)"分别衡量10岁、12岁、14岁、16岁年龄组子女认知能力水平。为了避免量纲差异,实证分析之前将对上述所有指标按照调查年份标准化为均值为0、标准差为1的数值。下文构建其他要素投入的测量指标的标准化处理方式与之类似,不再重复叙述。

(二)子女非认知能力的测量指标

附表6-2展现了各年龄组子女非认知能力的测量指标。有关子女非认知能力的问题在CFPS问卷中比较少,其中,广为学者应用的与CES-D抑郁自评量表有关的问题仅面向10岁及以上儿童提出。对于10岁及以下的低年龄儿童,本章选取了学习或生活中的行为表现、态度等方面的问题衡量他们的非认知能力水平。具体而言,选取"是否已经开始自己走路($walk$)""是否能独立小便(pee)"衡量2岁年龄组子女非认知能力水平。选取"几个月大时开始自己走路($walkmonth$)""几个月大时能独立小便($peemonth$)"衡量4岁年龄组子女非认知能力水平。选取"学习很努力($perform\_1$)""完成家庭作业后

[①] 注意此处较大的月数代表较低的认知能力水平。

附表 6-1 主要变量描述性统计：子女认知能力

	年龄组:2	年龄组:4	年龄组:6	年龄组:8	年龄组:10	年龄组:12	年龄组:14	年龄组:16
是否已经开始说完整的句子（talk）	0.40 (0.49)							
是否已经能数 1—10（count）	0.18 (0.38)							
几个月大时开始说完整的句子（talkmonth）		20.04 (7.59)						
几个月大时能数 1—10（countmonth）		31.85 (13.77)						
上学期平时的语文成绩处在优、良、中、差哪个水平（chnlevel）			2.92 (0.97)	2.88 (0.98)				
上学期平时的数学成绩处在优、良、中、差哪个水平（mathlevel）			3.00 (0.95)	2.96 (0.97)				
字词测试得分（wordtest）					15.36 (7.06)	17.83 (8.07)	18.05 (9.11)	17.73 (9.63)
数列测试得分（mathtest）					8.19 (3.24)	10.61 (3.84)	11.51 (4.61)	12.48 (5.45)
样本量	5 513	6 289	2 228	5 077	4 094	4 093	2 944	2 787

注：上表列出了主要指标的均值，括号内为标准差。

附表6-2 主要变量描述性统计：子女非认知能力

	年龄组:2	年龄组:4	年龄组:6	年龄组:8	年龄组:10	年龄组:12	年龄组:14	年龄组:16
是否已经开始自己走路(walk)	0.74 (0.44)							
是否能独立小便(pee)	0.21 (0.41)							
几个月大时开始自己走路*(walkmonth)		13.96 (4.38)						
几个月大时能独立小便*(peemonth)		30.69 (11.48)						
学习很努力(perform_1)			3.38 (1.11)	3.32 (1.12)				
完成家庭作业后检查数遍(perform_2)			3.14 (1.13)	3.10 (1.13)				
完成家庭作业后才玩(perform_3)			3.37 (1.11)	3.37 (1.10)				
做事时注意力集中(perform_4)			3.25 (1.09)	3.22 (1.10)				
遵规守纪(perform_5)			3.49 (1.05)	3.53 (1.07)				

(续表)

	年龄组:2	年龄组:4	年龄组:6	年龄组:8	年龄组:10	年龄组:12	年龄组:14	年龄组:16
一旦开始做某事，必须完成(perform_6)			3.29 (1.07)	3.25 (1.09)				
喜欢把物品摆放整齐(perform_7)			3.18 (1.13)	3.15 (1.13)				
焦虑*(depression_1)					3.92 (0.74)	3.88 (0.72)	3.73 (0.62)	3.66 (0.62)
忧郁*(depression_2)					4.00 (0.93)	3.98 (0.91)	3.73 (0.88)	3.71 (0.84)
情绪调节困难*(depression_3)					3.90 (0.88)	3.83 (0.86)	3.69 (0.72)	3.66 (0.70)
样本量	5 325	6 489	4 378	5 108	4 489	4 481	3 302	3 183

注：上表列出了主要指标的均值，括号内为标准差。* 代表该指标将进行反向计分。

检查数遍($perform\_2$)""完成家庭作业后才玩($perform\_3$)""做事时注意力集中($perform\_4$)""遵规守纪($perform\_5$)""一旦开始做某事,必须完成($perform\_6$)""喜欢把物品摆放整齐($perform\_7$)"衡量6岁、8岁年龄组子女非认知能力(十分不同意=1;十分同意=5)。这里需要说明的是,CFPS问卷中与CES-D抑郁自评量表有关的问题在每轮调查中不尽相同:CFPS 2010、CFPS 2014使用的抑郁自评量表问卷共有6个题项;CFPS 2016、CFPS 2018的抑郁自评量表问卷共有8个题项;CFPS 2012抑郁自评量表问卷共有20个题项。这也给衡量不同调查年份10岁及以上子女的非认知能力带来困难。为此,笔者将各年份调查问卷中与抑郁有关的题目先通过因子分析法得到三个公因子,如附表6-5至附表6-7所示,分别命名为"焦虑($depression\_1, F1$)""忧郁($depression\_2, F2$)""情绪调节困难($depression\_3, F3$)",然后将这三个公因子对应的各题项得分取均值得到三项测量指标,用以衡量10岁、12岁、14岁、16岁年龄组子女非认知能力。

(三)父母教育投入的测量指标

附表6-3展现了各年龄组父母教育投入的测量指标。具体而言,选取"全年教育总支出($investment$)""经常帮助孩子学习识数($parenting\_a\_1$)""经常帮助孩子分辨色彩($parenting\_a\_2$)""经常帮助孩子分辨形状($parenting\_a\_3$)"(一年几次或更少=1;每月一次=2;每月两三次=3;一周数次=4;每天=5)衡量2岁年龄组的父母教育投入。选取"全年教育总支出($investment$)""经常读东西给孩子听,譬如故事($parenting\_b\_1$)""经常给孩子买书,譬如图画书($parenting\_b\_2$)""经常带孩子外出游玩($parenting\_b\_3$)""经常帮助孩子识字($parenting\_b\_4$)"(一年几次或更少=1;每月一次=2;每月两三次=3;一周数次=4;每天=5)衡量4岁年龄组的父母教育投入。选取"全年教育总支出($investment$)""经常放弃看电视节目以免影响孩子学习($parenting\_c\_1$)""经常和孩子讨论学校里的事情($parenting\_c\_2$)""经常检查孩子的家庭作业($parenting\_c\_3$)"(从不=1;每月1次=2;每周1次=3;每周2—4次=4;每周5—7次=5)衡量6岁、8岁、10岁、12岁、14岁年龄组父母教育投入。

附表 6-3　主要变量描述性统计：父母教育投入

	年龄组:2	年龄组:4	年龄组:6	年龄组:8	年龄组:10	年龄组:12	年龄组:14
经常帮助孩子学习识数(parenting_a_1)	2.86 (1.64)						
经常帮助孩子分辨色彩(parenting_a_2)	2.67 (1.61)						
经常帮助孩子分辨形状(parenting_a_3)	2.47 (1.59)						
经常读东西给孩子听,譬如故事(parenting_b_1)		2.78 (1.52)					
经常给孩子买书,譬如图画书(parenting_b_2)		1.80 (0.99)					
经常带孩子外出游玩(parenting_b_3)		2.71 (1.42)					
经常帮助孩子识字(parenting_b_4)		2.77 (1.49)					
经常放弃看电视节目以免影响孩子学习(parenting_c_1)			3.34 (1.35)	3.45 (1.30)	3.41 (1.31)	3.36 (1.31)	3.30 (1.31)
经常和孩子讨论学校里的事情(parenting_c_2)			3.11 (1.25)	3.11 (1.20)	3.09 (1.18)	3.09 (1.20)	3.10 (1.14)
经常检查孩子的家庭作业(parenting_c_3)			3.30 (1.41)	3.31 (1.36)	3.12 (1.35)	2.91 (1.35)	2.79 (1.39)
全年教育总支出(investment)	184.37 (1 130.02)	2 317.20 (3 155.92)	2 766.19 (3 285.80)	1 916.05 (2 758.09)	1 902.94 (2 639.28)	2 317.90 (3 035.32)	3 555.34 (3 530.68)
样本量	3 653	4 970	3 472	4 239	4 058	3 939	2 830

注：上表列出了主要指标的均值,括号内为标准差。

(四)父母认知能力和非认知能力的测量指标

附表6-4展现了父母认知能力和非认知能力的测量指标。参照Cunha et al. (2010)和Attanasio et al. (2020a)等研究,假定父母的认知能力和非认知能力不随时间的推移而改变,基于CFPS 2010调查问卷,运用父亲字词测试得分($wordtest\_f$)、父亲数列测试得分($mathtest\_f$)、母亲字词测试得分($wordtest\_m$)、母亲数列测试得分($mathtest\_m$)作为父母认知能力的代理变量。借鉴王春超和张承莎(2019)的做法,选取CFPS的多项问题设置大五人格量表来衡量父母非认知能力。包括尽责性_父亲($bigfive\_1\_f$)、宜人性_父亲($bigfive\_2\_f$)、外向性_父亲($bigfive\_3\_f$)、开放性_父亲($bigfive\_4\_f$)、神经质_父亲($bigfive\_5\_f$)、尽责性_母亲($bigfive\_1\_m$)、宜人性_母亲($bigfive\_2\_m$)、外向性_母亲($bigfive\_3\_m$)、开放性_母亲($bigfive\_4\_m$)、神经质_母亲($bigfive\_5\_m$)。

附表6-4 主要变量描述性统计:父母认知能力和非认知能力

		父亲	母亲
父母认知能力	字词测试得分	16.25 (9.26)	16.51 (9.49)
	数列测试得分	11.19 (5.26)	10.45 (5.60)
父母非认知能力_尽责性	条理性:衣着整洁程度	5.12 (1.20)	5.13 (1.21)
	事业心:有成就感的重要程度	3.82 (1.06)	3.69 (1.07)
	事业心:努力的重要程度	3.81 (0.86)	3.78 (0.80)
	审慎性:疑虑	2.54 (1.60)	2.51 (1.56)
父母非认知能力_宜人性	利他性:不被人讨厌的重要程度	3.96 (1.05)	3.95 (1.06)
	顺从性:对调查的配合程度	5.62 (1.15)	5.51 (1.22)
	顺从性:认为自己在与人相处方面能打几分	4.04 (0.83)	4.03 (0.86)

（续表）

		父亲	母亲
父母非认知能力_外向性	热情性:待人接物水平	5.25 (1.16)	5.16 (1.22)
	乐群性:不孤单的重要程度	4.06 (0.94)	4.00 (0.96)
	正性情绪:生活有乐趣的重要程度	4.03 (1.02)	3.98 (1.03)
父母非认知能力_开放性	行动:对调查的兴趣	5.06 (1.37)	4.95 (1.42)
	价值:传宗接代的重要程度	4.06 (1.11)	3.98 (1.15)
父母非认知能力_神经质	精神紧张*	4.34 (0.87)	4.23 (0.93)
	坐立不安,难以保持平静*	4.49 (0.81)	4.43 (0.85)
	情绪沮丧、郁闷*	4.57 (0.77)	4.51 (0.81)
	感到未来没有希望*	4.71 (0.67)	4.66 (0.72)
	做任何事情都感到困难*	4.43 (0.85)	4.41 (0.87)
	认为生活没有意义*	4.76 (0.62)	4.67 (0.71)

注:上表列出了主要指标的均值,括号内为标准差。*代表该指标将进行反向计分。表中与大五人格特征有关的指标主要分为两类,一类来自样本自评,取值为1—5;另一类来自他评(调查员的评价),取值为1—7。为了便于构建非认知能力变量,后文将对反映父母大五人格特征的所有指标标准化处理(令均值为0,标准差为1),然后进行加总平均,从而分别得到父母大五人格特征的取值。

附表6-5 旋转后的成分矩阵表(CFPS 2010、CFPS 2014)

	F1	F2	F3
情绪沮丧、郁闷	0.574		
精神紧张	0.625		
坐立不安,难以保持平静	0.556		
感到未来没有希望		0.502	

(续表)

	F1	F2	F3
认为生活没有意义		0.804	
做任何事情都感到困难			0.513
方差贡献率	0.437	0.411	0.152
累计方差贡献率	0.437	0.848	1.000

注：运用因子分析中迭代主因子分析法，将原始6个题项降维到3个公因子上。

附表6-6　旋转后的成分矩阵表（CFPS 2012）

	F1	F2	F3
情绪低落	0.448		
害怕	0.449		
睡眠不好	0.343		
讲话比平时少	0.329		
孤独	0.558		
觉得人们不友好	0.523		
哭过或想哭	0.605		
悲伤难过	0.643		
别人不喜欢自己	0.569		
无法继续生活	0.334		
自己不比别人差		0.353	
对未来充满希望		0.542	
心情很愉快		0.678	
生活愉快		0.684	
因一些小事而烦恼			0.378
不想吃东西，胃口不好			0.389
沮丧，即使有家人和朋友的帮助也不管用			0.425
做事时很难集中精力			0.477
做任何事都很费劲			0.488
一直以来都很失败			0.384
方差贡献率	0.456	0.298	0.247
累计方差贡献率	0.456	0.753	1.000

注：运用因子分析中迭代主因子分析法，将原始20个题项降维到3个公因子上。

附表 6-7　旋转后的成分矩阵表（CFPS 2016、CFPS 2018）

	F1	F2	F3
情绪低落	0.505		
睡眠不好	0.307		
孤独	0.625		
悲伤难过	0.600		
生活无法继续	0.374		
愉快		0.756	
生活快乐		0.705	
做任何事都很费劲			0.855
方差贡献率	0.371	0.327	0.302
累计方差贡献率	0.371	0.698	1.000

注：运用因子分析中迭代主因子分析法，将原始 8 个题项降维到 3 个公因子上。

附表 6-8　样本构造形式

person_id	age_group	cyear	x1	x2	y1	y2	…
1	2	2010	…	…	…	…	…
1	4	2012	…	…	…	…	…
1	6	2014	…	…	…	…	…
1	8	2016	…	…	…	…	…
1	10	2018	…	…	…	…	…
1	12	.	…	…	…	…	…
1	14	.	…	…	…	…	…
1	16	.	…	…	…	…	…
2	2	.	…	…	…	…	…
2	4	.	…	…	…	…	…
2	6	.	…	…	…	…	…
2	8	2010	…	…	…	…	…
2	10	2012	…	…	…	…	…
2	12	2014	…	…	…	…	…

（续表）

person_id	age_group	cyear	x1	x2	y1	y2	…
2	14	2016	…	…	…	…	…
2	16	2018	…	…	…	…	…
3	2	.	…	…	…	…	…
3	4	.	…	…	…	…	…
3	6	2010	…	…	…	…	…
3	8	2012	…	…	…	…	…
3	10	.	…	…	…	…	…
3	12	.	…	…	…	…	…
3	14	.	…	…	…	…	…
3	16	.	…	…	…	…	…
4	2	.	…	…	…	…	…
4	4	2010	…	…	…	…	…
4	6	2012	…	…	…	…	…
4	8	2014	…	…	…	…	…
4	10	.	…	…	…	…	…
4	12	2018	…	…	…	…	…
4	14	.	…	…	…	…	…
4	16	.	…	…	…	…	…
…	…	…	…	…	…	…	…

注：上表展现了本章实证分析所用数据的样本构造形式。

①这里简单列出几种常见的情况：样本1，个体在2010年第一轮调查中处于2岁年龄组，在2018年第五轮调查中处于10岁年龄组。样本2，个体在2010年第一轮调查中处于8岁年龄组，在2018年第五轮调查中处于16岁年龄组。即，2岁进入调查的样本最多只能追踪到10岁，16岁年龄组最早也只能观测到8岁的数据。样本3，个体没有在每轮调查中都出现，例如只出现在2010年和2012年两轮调查中。样本4，个体在五轮调查中缺失1次调查，例如缺失2016年调查。

②正文中的主要回归都是按年龄组进行的分析，实际上，是分别构造了每个年龄组的CES生产函数。

③上表的示例中，样本1在8岁年龄组时期参加的是2016年的调查，而样本2、3、4在8岁年龄组时期参加的是其他年份的调查。因此，为了避免出现不同调查年份带来的偏误，正文回归分析中也控制了各年龄组不同个体参与调查时的年份变量。

附表 6-9 认知能力的生产函数(不考虑父母教育投入内生性)

变量	(1)	(2)	(3)	(4)	(5)	(6)	(7)
	\multicolumn{7}{c}{$t+1$ 期子女认知能力}
	年龄组:4	年龄组:6	年龄组:8	年龄组:10	年龄组:12	年龄组:14	年龄组:16
t 期子女认知能力	0.477*** (0.038)	0.214*** (0.032)	0.392*** (0.033)	0.137*** (0.026)	0.248*** (0.027)	0.281*** (0.029)	0.225*** (0.041)
t 期子女非认知能力	0.085*** (0.027)	0.172*** (0.034)	0.192*** (0.035)	0.191*** (0.030)	0.178*** (0.027)	0.154*** (0.027)	0.222*** (0.045)
t 期父母教育投入	0.166*** (0.021)	0.183*** (0.030)	0.095*** (0.036)	0.155*** (0.036)	0.128*** (0.028)	0.144*** (0.028)	0.057** (0.026)
父母认知能力	0.146*** (0.021)	0.270*** (0.035)	0.205*** (0.039)	0.360*** (0.031)	0.320*** (0.030)	0.284*** (0.036)	0.262*** (0.050)
父母非认知能力	0.125*** (0.019)	0.161*** (0.033)	0.117*** (0.041)	0.156*** (0.028)	0.126*** (0.028)	0.137*** (0.032)	0.234*** (0.057)
全要素生产率	0.087 (0.066)	0.180** (0.090)	-0.072 (0.099)	0.451*** (0.083)	0.076 (0.083)	-0.022 (0.076)	-0.158 (0.116)
ρ	0.016 (0.143)	0.154 (0.137)	0.312* (0.185)	-0.217 (0.138)	-0.014 (0.134)	-0.320** (0.140)	-1.225*** (0.284)
替代弹性	1.016	1.182	1.453	0.822	0.986	0.758	0.449
样本量	2 732	1 217	982	1 664	1 445	1 425	801

注:***代表在1%水平下显著,**代表在5%水平下显著,*代表在10%水平下显著;括号内为bootstrap自助抽样100次后的稳健标准误。上表还控制了各年龄组不同样本分别对应的调查年份以及区县虚拟变量;性别、户口、子女数量等人口特征,限于篇幅未列出。

附表 6-10 非认知能力的生产函数(不考虑父母教育投入内生性)

变量	(1)	(2)	(3)	(4)	(5)	(6)	(7)
	\multicolumn{7}{c}{$t+1$ 期子女非认知能力}
	年龄组:4	年龄组:6	年龄组:8	年龄组:10	年龄组:12	年龄组:14	年龄组:16
t 期子女认知能力	0.164*** (0.025)	0.224*** (0.023)	0.099*** (0.030)	0.143*** (0.024)	0.105*** (0.022)	0.147*** (0.026)	0.095*** (0.032)
t 期子女非认知能力	0.338*** (0.026)	0.227*** (0.024)	0.463*** (0.035)	0.223*** (0.025)	0.373*** (0.026)	0.373*** (0.025)	0.448*** (0.037)

（续表）

变量	(1)	(2)	(3)	(4)	(5)	(6)	(7)
	\multicolumn{7}{c}{$t+1$ 期子女非认知能力}						
	年龄组:4	年龄组:6	年龄组:8	年龄组:10	年龄组:12	年龄组:14	年龄组:16
t 期父母教育投入	0.140***	0.131***	0.135***	0.208***	0.178***	0.180***	0.091***
	(0.019)	(0.023)	(0.035)	(0.030)	(0.025)	(0.023)	(0.028)
父母认知能力	0.178***	0.127***	0.037	0.245***	0.127***	0.103***	0.098**
	(0.022)	(0.026)	(0.036)	(0.026)	(0.031)	(0.033)	(0.039)
父母非认知能力	0.180***	0.291***	0.267***	0.181***	0.217***	0.197***	0.268***
	(0.022)	(0.026)	(0.046)	(0.023)	(0.036)	(0.030)	(0.042)
全要素生产率	0.023	−0.294***	−0.076	0.093	−0.222***	−0.566***	−0.262**
	(0.061)	(0.070)	(0.091)	(0.069)	(0.069)	(0.076)	(0.102)
ρ	0.416***	0.281***	0.308*	0.255**	−0.394***	−0.338***	−0.370*
	(0.109)	(0.104)	(0.167)	(0.115)	(0.142)	(0.128)	(0.216)
替代弹性	1.712	1.391	1.445	1.342	0.717	0.747	0.730
样本量	2 842	2 459	984	1 884	1 651	1 598	844

注：***代表在1%水平下显著，**代表在5%水平下显著，*代表在10%水平下显著；括号内为bootstrap自助抽样100次后的稳健标准误。上表还控制了各年龄组不同样本分别对应的调查年份以及区县虚拟变量；性别、户口、子女数量等人口特征，限于篇幅未列出。

附表6-11　不同时期父母教育投入对子女认知能力的影响

变量	(1)	(2)	(3)	(4)	(5)	(6)	(7)	(8)
	\multicolumn{4}{c}{10 岁年龄组子女认知能力}				\multicolumn{4}{c}{16 岁年龄组子女认知能力}			
2 岁年龄组父母教育投入	0.596***							
	(0.085)							
4 岁年龄组父母教育投入		0.311***						
		(0.064)						
6 岁年龄组父母教育投入			0.414***					
			(0.072)					
8 岁年龄组父母教育投入				0.259***	0.411***			
				(0.050)	(0.079)			
10 岁年龄组父母教育投入						0.437***		
						(0.099)		
12 岁年龄组父母教育投入							0.330***	
							(0.048)	

(续表)

变量	(1)	(2)	(3)	(4)	(5)	(6)	(7)	(8)
	10岁年龄组子女认知能力				16岁年龄组子女认知能力			
14岁年龄组父母教育投入								0.234*** (0.059)
t期子女认知能力	0.143*** (0.040)	0.156*** (0.032)	0.149*** (0.038)	0.130*** (0.026)	0.175*** (0.050)	0.289*** (0.066)	0.171*** (0.032)	0.175*** (0.043)
t期子女非认知能力	0.027 (0.041)	0.128*** (0.037)	0.089** (0.039)	0.135*** (0.033)	0.076* (0.045)	0.159** (0.066)	0.133*** (0.036)	0.175*** (0.053)
父母认知能力	0.187*** (0.056)	0.260*** (0.042)	0.277*** (0.049)	0.333*** (0.033)	0.125* (0.070)	0.044 (0.099)	0.230*** (0.042)	0.233*** (0.056)
父母非认知能力	0.047 (0.063)	0.144*** (0.033)	0.071 (0.046)	0.143*** (0.031)	0.213*** (0.067)	0.071 (0.055)	0.136*** (0.044)	0.184*** (0.059)
ρ	0.473** (0.227)	-0.081 (0.187)	0.157 (0.215)	-0.082 (0.146)	-0.929*** (0.295)	-1.484*** (0.470)	-0.661*** (0.166)	-1.610*** (0.336)
替代弹性	1.898	0.925	1.186	0.924	0.518	0.403	0.602	0.383
样本量	262	1 044	762	1 649	318	731	1 053	799

注:①***代表在1%水平下显著,**代表在5%水平下显著,*代表在10%水平下显著;括号内为bootstrap自助抽样100次后的稳健标准误。上表还控制了各年龄组不同样本分别对应的调查年份以及区县虚拟变量;性别、户口、子女数量等人口特征;考虑内生性之后父母教育投入函数的残差项;限于篇幅未列出。

②笔者在实际操作时也考虑过将不同时期父母教育投入同时纳入人力资本的生产函数,然而 CFPS 的许多样本并没有完整地参与五轮调查,这意味着完全获取各个时期的父母教育投入具有很大难度。此时大量缺失值的存在导致最终样本量非常小(低于50),受数据所限获得的影响系数并没有代表性。因此本书将不再讨论将所有时期父母教育投入同时纳入人力资本生产函数的结果。

附表6-12 不同时期父母教育投入对子女非认知能力的影响

变量	(1)	(2)	(3)	(4)	(5)	(6)	(7)	(8)
	10岁年龄组子女认知能力				16岁年龄组子女认知能力			
2岁年龄组父母教育投入	0.416*** (0.110)							
4岁年龄组父母教育投入		0.367*** (0.052)						
6岁年龄组父母教育投入			0.522*** (0.062)					
8岁年龄组父母教育投入				0.407*** (0.041)	0.429*** (0.095)			

(续表)

变量	(1)	(2)	(3)	(4)	(5)	(6)	(7)	(8)
	10岁年龄组子女认知能力				16岁年龄组子女认知能力			
10岁年龄组父母教育投入						0.354*** (0.055)		
12岁年龄组父母教育投入							0.414*** (0.044)	
14岁年龄组父母教育投入								0.275*** (0.046)
t期子女认知能力	0.045 (0.058)	0.115*** (0.029)	0.232*** (0.039)	0.128*** (0.024)	0.086* (0.050)	0.056* (0.030)	0.025 (0.026)	0.066** (0.032)
t期子女非认知能力	0.223** (0.091)	0.163*** (0.032)	0.044 (0.032)	0.104*** (0.027)	0.406*** (0.054)	0.379*** (0.040)	0.346*** (0.034)	0.391*** (0.041)
父母认知能力	0.232*** (0.070)	0.163*** (0.040)	0.142*** (0.054)	0.200*** (0.028)	-0.101 (0.075)	-0.009 (0.046)	0.023 (0.033)	0.048 (0.038)
父母非认知能力	0.084 (0.053)	0.192*** (0.034)	0.060 (0.057)	0.161*** (0.027)	0.181** (0.087)	0.221*** (0.055)	0.193*** (0.040)	0.221*** (0.044)
全要素生产率	0.087 (0.211)	0.043 (0.097)	-0.420*** (0.109)	-0.068 (0.070)	-0.555*** (0.181)	-0.414*** (0.106)	-0.489*** (0.087)	-0.329*** (0.098)
ρ	-0.532 (0.394)	-0.182 (0.168)	-0.693*** (0.266)	0.059 (0.129)	-0.700*** (0.250)	-0.839*** (0.211)	-0.835*** (0.192)	-0.230 (0.203)
替代弹性	0.653	0.846	0.591	1.063	0.588	0.544	0.545	0.813
样本量	289	1 152	807	1 866	381	829	1 148	842

注：①***代表在1%水平下显著，**代表在5%水平下显著，*代表在10%水平下显著；括号内为bootstrap自助抽样100次后的稳健标准误。上表还控制了各年龄组不同样本分别对应的调查年份以及区县虚拟变量；性别、户口、子女数量等人口特征；考虑内生性之后父母教育投入函数的残差项；限于篇幅未列出。

②笔者在实际操作时也考虑过将不同时期父母教育投入同时纳入人力资本的生产函数，然而CFPS的许多样本并没有完整地参与五轮调查，这意味着完全获取各个时期的父母教育投入具有很大难度。此时大量缺失值的存在导致最终样本量非常小（低于50），受数据所限获得的影响系数并没有代表性。因此本书将不再讨论将所有时期父母教育投入同时纳入人力资本生产函数的结果。

附表6-13　与子女产出有关的变量描述性统计

	样本量	均值	标准差
是否上过高中	2 985	0.788	0.409
是否参加辅导	2 725	0.981	1.823
是否在重点班	1 633	1.061	1.681

（续表）

	样本量	均值	标准差
语文成绩水平	5 355	2.836	0.972
数学成绩水平	5 356	2.834	1.021
互联网使用频率	2 075	4.216	1.995
是否阅读	2 612	0.682	0.466
是否信任别人	2 556	0.673	0.469
对未来的信心程度	3 511	4.086	0.834
对生活的满意度	3 513	3.857	0.883

附表6-14　衡量父母教养方式相关指标的描述性统计

	年龄组:6	年龄组:8	年龄组:10	年龄组:12	年龄组:14
父母要求子女完成家庭作业	3.342 (1.348)	3.448 (1.301)	3.409 (1.312)	3.366 (1.312)	3.295 (1.314)
父母阻止或终止子女看电视	3.111 (1.243)	3.116 (1.198)	3.091 (1.177)	3.087 (1.196)	3.097 (1.143)
父母限制子女所看电视节目的类型	3.299 (1.408)	3.313 (1.365)	3.124 (1.349)	2.914 (1.349)	2.793 (1.393)
父母关心子女的教育	3.348 (0.924)	3.324 (0.932)	3.33 (0.909)	3.323 (0.906)	3.342 (0.931)
父母主动与子女沟通和交流	3.411 (0.939)	3.403 (0.943)	3.411 (0.939)	3.397 (0.922)	3.382 (0.960)
样本量	3 584	4 962	4 748	4 500	3 212

注：上表列出了主要指标的均值，括号内为标准差。